GASTARBAJTERI

40 JAHRE ARBEITSMIGRATION

WIEN MUSEUM  INITIATIVE MINDERHEITEN   **Mandelbaum**

Dieses Buch erscheint anlässlich der 308. Sonderausstellung des
Wien Museums (bis 2003 Historisches Museum der Stadt Wien)
Kuratorinnen: Cornelia Kogoj (Initiative Minderheiten),
Sylvia Mattl (Wien Museum)
Dauer der Ausstellung: 22.1. – 11. 4. 2004

ISBN 3-85476-117-1

Visuelles Konzept und Gestaltung:
Sascha Reichstein, Beate Schachinger
Umschlagfoto:
Sascha Reichstein
Fotobearbeitung:
Beate Schachinger
Lektorat:
ede
Druck:
Interpress, Budapest

Die ausgestellten bzw. in diesem Buch abgedruckten Bilder und Objekte
sind sorgfältig auf Quelle und Urheberrechte geprüft worden. Für den
Fall, dass diese nicht zur Genüge eruiert werden konnten oder dass
Ansprüche bestehen, bitten wir um die Bekanntgabe.

Umschlagfoto:
Geldbörse von Mustafa Soytarıoğlu, gekauft 1970 in Wien,
verwendet bis zu seiner Rückkehr nach Adatepe/Türkei 1981;
selber zugenäht, noch in Verwendung zur Aufbewahrung von
Rechnungen als Erinnerung an die Wiener Zeit (Quelle:
Mustafa Soytarıoğlu)

Foto Seite 2-3:
Der erste Bustransport nach Österreich – Istanbul 1971
(Quelle: Fotoarchiv Hürriyet)

Foto Seite 6:
Arbeiter in Serçe Sokak, vor dem zweiten Sitz der
Österreichischen Anwerbekommission in Istanbul, 1970
(Foto: Siegfried Pflegerl, WKÖ-Archiv)

GASTARBAJTERI

40 JAHRE ARBEITSMIGRATION

HerausgeberInnen:

HAKAN GÜRSES

CORNELIA KOGOJ

SYLVIA MATTL

INHALTSVERZEICHNIS

GASTARBAJTERI – MEDIEN UND MIGRATION

NACHSPANN

VORSPANN

Wolfgang Kos (Wien Museum)

WINKEN ZUM ABSCHIED, WINKEN ZUM AUFBRUCH

VORWORT UND DANK („THE MAKING OF")

Wege zu Ausstellungen sind lang und kurvenreich. Zu den Schlüsselstellen gehören Titelgebung und Wahl des Plakatsujets. Denn beide zwingen zur radikalen Befragung eines Projekts und zu dessen eindeutiger Positionierung. Die Spielregeln der Kommunikation verlangen signalhafte Verknappung. Andererseits sollen und dürfen Titel und visuelles Leitmotiv den Geist eines Projekts nicht banalisieren oder verfehlen. Gute Ausstellungen erkennt man nicht zuletzt daran, dass sie Zuspitzungen unbeschadet überstehen, weil sie, bei aller notwendiger Komplexität, einen unverwechselbaren Ansatz, ja geradezu „Persönlichkeit" in sich tragen.

Interessanterweise hatten alle Fotos, die bei den Plakat-Diskussionen zwischen den VertreterInnen der *Initiative Minderheiten*, den MitarbeiterInnen des *Wien Museums* und den GrafikerInnen ins Spiel gebracht wurden, einen gemeinsamen Nenner: Sie haben alle mit dem Reisen zu tun und zeigen unterschiedliche Verkehrsmittel – Eisenbahn, Autobus, Privatauto.

Für ein Foto mit zwei schwer bepackten Pkws auf großer Heimfahrt sprach, dass es eine für jede Arbeitswanderschaft signifikante Differenz deutlich macht – nämlich die zwischen den beiden konkurrierenden Lebensmittelpunkten Herkunftsort und Arbeitsort und damit die zwischen zwei unterschiedlichen Wohlstandsniveaus. Man transportiert in der Ferne erworbene Güter in die immer ferner werdende Heimat. Dort, wo man das Auto voll packt, erscheint man in der Außenwahrnehmung als arm und randständig, dort, wo man es tausend Kilometer später auspackt, erscheint man als wohlhabend und erfolgreich. Das Auto selbst, auch wenn es nur ein zusammengeflickter Mercedes oder Opel ist (Hauptsache, es handelt sich um ein Qualitätsprodukt aus dem Wirtschaftswundergebiet!), ist Teil dieses Prestige-Transfers und Objekt des Stolzes – auch dann, wenn die tagelange Reise mühselige Plackerei und gefährliche Übermüdung beinhaltet. Gegen das „logische" Motiv „bepacktes Auto unterwegs" sprach letztlich, dass es medial abgegriffen und entleert ist. Immer, wenn im Fernsehen Stau- oder Unfallsmeldungen von der „Gastarbeiterroute" an der Reihe waren (damals, als es erst wenige Ortsumfahrungen und Autobahn-Abschnitte gab), wurden diese mit Fotos oder Archivfilmen von Kolonnen voll bepackter Autos illustriert. Dabei standen diese Bilder auch für die „Fremden", die auf „unseren" Straßen vor oder nach Feiertagen Staus und damit Ärger verursachten. Es gab noch ein Argument, das sich in die Debatte schob: Bilder voll bepackter Fahrzeuge sind längst zu einem universellen Symbol von Flucht und Migration geworden – und damit ähnlich unspezifisch und pathos-verdächtig wie die alten Koffer, die in hunderten von Ausstellungen und Theaterinszenie-rungen die Rolle hatten, Emigration zu veranschaulichen. Zwischen Sinnbild und Stereotyp sollte ein produktiver Abstand bestehen.

Kurz war auch ein Bild im Gespräch, das einen Eisenbahnwaggon zeigt, aus dessen Fenstern sich drei offenbar türkische Männer herauslehnen. Weil man auf dem Pressefoto gut das Signet „ÖBB" erkennen kann, schien ein Österreich-Bezug gewährleistet. Für das Bild sprach, dass die Bahn in den frühen Jahren der Arbeitsmigration (die Ausstellung hat ja deren Anfänge in den Jahren 1963/64 als Ausgangspunkt) das typische, ja das nahezu einzige Reisemittel zwischen Balkan und Kleinasien einerseits und Österreich andererseits darstellte. Drei Männer ohne Familien: das entsprach viele Jahre lang der demografischen Realität. Das Fernpendeln mit dem Auto wurde ja erst in einer späteren Phase typisch und notwendig, als immer mehr in Österreich beschäftigte „Ausländer" Familien gründeten. Klar gegen das Bahn-Motiv sprach schließlich, dass die unrasierten Männer allzu grimmig, ja geradezu düster, aus dem Waggon blicken. „Als führen sie in ein Straflager", bemerkte jemand in der Brainstorming-Runde. Das Bild war allzu mehrdeutig und in der Aussage offen. Zu groß war die Gefahr, einem Schnappschuss nach fast 40 Jahren allzu weit reichende Bedeutungen aufzuladen. Dazu kam, dass es uns voyeuristisch und indiskret erschien, die Gesichter der drei uns unbekannten Männer in all ihrer Deutlichkeit tausend-fach als Cover-Boys auf Plakaten und in Foldern auftreten zu lassen.

Schließlich einigten wir uns auf ein Foto von 1971 aus dem Archiv der türkischen Zeitung *Hürriyet*: „Der erste Bustransport nach Österreich" *(siehe Seite 2-3)*. Man sieht 81 Arbeiter vor zwei Autobussen, knapp vor der Abfahrt ins für die meisten wohl noch unbekannte ferne Land. Das Gepäck ist bereits verstaut, man versammelt sich, nach alter Fotografen-Tradition, zum großen Gruppenfoto. Die meisten Männer tragen Anzug, etliche Krawatte. Die Situation hat etwas Feierliches. Es wird, wohl auf Zuruf des Fotografen, heftig gewunken und gelacht. Damit ist diesem Bild ein wesentliches Motiv jeglicher Arbeits-migration eingeschrieben: Die positive und optimistische Energie, mit der man sich, vielleicht nach quälenden Debatten mit Familie und Freunden, auf eine neue Lebensphase einlässt, um die ökonomische Lage zu verbessern. Mir kommt vor, man spürt in diesem Foto sowohl die Kühnheit des Aufbrechens, die Motor jeder Migration ist, als auch ein durch Fröhlichkeit überspieltes Bangen.

Das Foto ist im Bildaufbau geradezu klassisch: Die Männer im Vordergrund, die zwei Busse im Mittelgrund, die eingerüsteten Neubauten im Hintergrund. Alle drei Bildebenen signalisieren Bewegung, Aufbruch und Mobilität – wenn auch unter prekären Umständen. Für das Bild sprach, so zeigte der Verlauf unserer Diskussion, dass eine kohärente Gruppe zu sehen ist, die Rückschlüsse auf eine kollektive Befindlichkeit zulässt. Weil Plakate eine gewisse Signifikanz der Bildvorlagen brauchen, wurde schließlich auf eine Teilgruppe gezoomt; man sieht im gewählten Ausschnitt also nicht alle 81 Männer.

Schließlich war es sogar möglich, den vorerst anonymen Männern wenn schon keine Namen, so doch wenigstens ein konkretes Schicksal zuzuordnen. Aus dem Artikel, der mit dem Foto am 28. März 1971 in *Hürriyet* erschienen ist, geht hervor, dass es sich um eine Aktion der österreichischen Wirtschaft handelte, die die Fahrkosten übernommen hat: „Alle 81 Männer sind Hilfsarbeiter und werden in Wien und Umgebung als Bauarbeiter beschäftigt. Sie haben vor der Abfahrt erzählt, dass sie sich schon 1964 für die Beschäftigung in Österreich angemeldet haben und erst nach sieben Jahren fahren können."

Dieser Werkstattbericht sollte zeigen, dass sich alle Beteiligten bei dieser Ausstellung, deren Initiatoren von Anfang an darauf Wert legten, eine Narration „aus der Sicht der MigrantInnen" zu entwickeln, um eine gewisse Sorgfalt bemüht haben. Auch die Wahl des endgültigen Titels mag das belegen. Als ich zum ersten Mal vom Ausstellungsvorhaben der *Initiative Minderheiten* erfuhr, war diese in ein Veranstaltungspaket mit dem Gesamttitel „Lange Zeit in Österreich" eingebettet. Im Verlauf der ersten gemeinsamen Gespräche erschien uns dieser Titel allzu umständlich. Zwar poetisch, aber irgendwie schwerfällig. Irgendjemand von der *Initiative Minderheiten* schlug „gastarbajteri" vor, das serbisch-kroatische Lehnwort für „Gastarbeiter". Ich fand diesen Titel so gut und kommunikationstauglich (schnelles Erkennen, worum es geht; Irritation beim zweiten Blick), dass sofort Misstrauen in der Runde aufkam. Kann, soll, darf man das unkorrekte Wort „Gastarbeiter", mit dem einst ja kaschiert worden ist, dass die beschäftigten ArbeiterInnen als ökonomische Verschubsmasse bei Nachlass der Konjunktur jederzeit wieder retourniert werden sollten, als Leitbegriff verwenden? Ja, wenn man ihn in seiner slawischen Version verwendet, also als Eigenbegriff jener, die sich so bezeichneten – weil in ihrer Sprache für eine historisch neue Form von organisierter Arbeitsmigration kein brauchbares Wort vorhanden war. Kaum hatten wir uns dazu entschlossen, die Ausstellung (und schließlich das gesamte Projekt) „gastarbajteri – 40 Jahre Arbeitsmigration" zu nennen, wurde dieser Titel schnell zu einem tauglichen Zeichen für etwas Wesentliches dieses Themas – für jene kulturelle Hybridität, die typisch und unabdingbar ist für pendelnde Identitäten.

Wichtig ist, dass es sich um ein Projekt an der Schnittstelle zweier unterschiedlicher Institutionen handelt: Engagierte Initiative meets Museum. Doch man sollte, obwohl strukturelle Reibungen hoffentlich erkennbar sind, die verschiedenen Zugänge nicht überbetonen. Denn schnell war klar, dass diese Ausstellung für die neue Leitung eines neu zu profilierenden städtischen Museums eine große Herausforderung darstellt. Endlich lässt sich praktisch (und hoffentlich auch: mit Risiko) zeigen, was der neue Direktor in Reden und Interviews mehrmals gesagt hat: dass ein zeitgemäßes Großstadt-museum sich nicht mehr das Ziel geben dürfe, ein homogenes Bild der Gesellschaft zu zeigen. Damit geht die Verpflichtung einher, Menschen mit unterschiedlichen Biografien und Erfahrungen zu repräsentieren.

Die Konzeptskizze der Gruppe *Büro trafo.K* zur Vermittlung der Ausstellung *gastarbajteri* beginnt mit folgenden Sätzen: „Die Geschichte der Migration nach Österreich wurde bis jetzt in der öffentlichen Wahrnehmung sehr verkürzt und wenn überhaupt, dann haupt-sächlich als ökonomisch bedingte Bevölkerungsanalyse (in den Sozialwissenschaften) oder als skandalumwitterte Fremdenschau, als Konfliktpotenzial oder kulturelle Bereicherung (in den Medien) behandelt. In diesen sich gegenseitig bedienenden Bildern fehlte weitgehend die Darstellung von MigrantInnen als politisch handelnde und autonome Subjekte." Jede Ausstellung zum Thema Migration muss, so könnte man daraus folgern, ein Stück Revision bisheriger Sichtweisen mit sich bringen. Nicht zufällig versuchen etliche internationale Stadtmuseen, etwa jene in den postkolonialen Metropolen London und Amsterdam, über eine verstärkte museologische Bearbeitung des Themas Migration zu einem neuen Selbstverständnis zu kommen.

Dass diese von der *Initiative Minderheiten* seit etlichen Jahren vorbereitete Ausstellung schließlich ins *Wien Museum* kommen konnte, geht auf ein Gespräch mit der Foto- und Filmkünstlerin Lisl Ponger zurück. Ich erkundete die Möglichkeit einer Ponger-Ausstellung (diese findet unter dem Titel „Phantom Fremdes Wien 1991/2004" parallel zu *gastarbajteri* im *Wien Museum Karlsplatz* statt) und erfuhr von einem vielschichtigen Recherche- und Vermittlungsprojekt zur Arbeitsmigration, für das – für die zentrale Ausstellung – neben der neuen Bibliothek am Gürtel eine zweite und größere Präsentationsbühne gesucht wurde. Doch es handelt sich um mehr als ein Gastspiel, war es doch beiden Partnern wichtig, eine echte Kooperation zusammenwachsen zu lassen. Wir vom Museum mussten also akzeptieren, dass jahrelange Diskussionen und Recherchen (und die Arbeit von vielen Arbeitsgruppen, ExpertInnen und assoziierten Gruppen) in das Vorhaben eingeflossen waren und diesem eine bestimmte Eigendynamik gegeben hatten. Die *Initiative Minderheiten* musste akzeptieren, dass eine große Museumsausstellung nicht nur Informationen, sondern auch anschauliche Objekte präsentieren sollte, und zwar so publikumswirksam wie möglich (vor allem dann, wenn nicht bloß ein elitäres Publikum angesprochen werden soll). Dafür, dass dieser Zusammenfluss im Zeichen von Kooperation und gegenseitigem Respekt stattgefunden hat, danke ich, stellvertretend für die *Initiative Minderheiten*, Cornelia Kogoj, Karin Widhalm und Hakan Gürses sowie, als koordinierende Kuratorin seitens des Museums, Sylvia Mattl. Zu danken ist auch dem Stadtforscher Peter Payer, den das *Wien Museum* einlud, seine historische Kompetenz in das Projekt einzubringen.

Es freut mich, dass Recherche und Umsetzung der Ausstellung *gastarbajteri* von Anfang an vom KünstlerInnengruppe *gangart* begleitet wurde, schätze ich deren urbane Untersuchungen und ästhetisch stringente Interventionen doch seit vielen Jahren. *gangart* stehen für eine Herangehensweise an soziokulturelle Phänomene, bei der dokumentarische Methodik und offene Gestaltung keine Gegensätze bilden. *gastarbajteri* ist eben keine umfassende und lehrbuchhafte sozialgeschichtliche Darstellung von 40 Jahren Arbeitsmigration nach Österreich, sondern eher eine Art Dokumentarfilm im Ausstellungsraum, erzählt in Szenenfolgen, die, um im Filmjargon zu sprechen, an einigen wenigen ausgewählten „Locations" spielen.

Jetzt schon möchte ich besonders all jenen danken, die wegen dieser Ausstellung zum ersten Mal in ihrem Leben ins *Wien Museum Karlsplatz* kommen. Sie mögen sich dort wohl fühlen.

Wien, Dezember 2003

Vladimir Wakounig (Initiative Minderheiten)

ALLIANZ IM PROJEKT

Demokratie ist ein politisches System, das sich an Mehrheitsbildung und an Mehrheitsentscheidungen orientiert. Es besteht ein historisches Band zwischen diesem System und den normativen Grundsätzen *Gleichheit* und *Gerechtigkeit*. Wie man auch diese bzw. ihr Verhältnis zueinander definieren mag – sie bilden die Legitimation der Demokratie und somit der Mehrheitsentscheidungen.

Mehrheit ist kein absoluter Wert. Schon in ihrem Begriff beinhaltet sie einen „Restbestand", der als ihr Schatten, als ihr meist unsichtbares Doppel fungiert: *Minderheit*. Die normativen Grundsätze, Gleichheit und Gerechtigkeit, dürfen daher – wenn sie die Demokratie legitimieren sollen – nicht nur auf Vorbedingungen, Prozesse und Konsequenzen der Mehrheitsbildung anwendbar sein. Darüber hinaus müssen sie die Rechte von und den Umgang mit Minderheiten berücksichtigen, konzipieren und begründen.

Ein weiteres historisches Band bringt den *Nationalstaat* als „Biotop" der Demokratie ins Spiel. Tatsächlich fällt die Entstehung der Idee und der Realisierungsschübe moderner Demokratie mit der Entstehung der modernen Staaten unter dem Vorzeichen der Nations-Ideologie zusammen. Dieser Prozess war von Anfang an verbunden mit der Bildung einer als „Nation" verfassten Mehrheit. Was wiederum, diesmal nicht nur im Sinne der Entscheidungsprozesse, die Bildung von Minderheiten nach sich zog: *nationaler, ethnischer, sprachlicher Minderheiten*.

Der Begriff Nationalstaat ist ein zusammengesetztes Wort. Er bezeichnet nicht nur das Nationale, sondern auch das Staatliche. Der Staat erzeugt nicht nur in nationaler Hinsicht Mehrheiten/Minderheiten. *Normalität*, das Entsprechen einer Norm, die in den Nationalstaaten als ein „gewaltfreier" Zwang auftritt, umfasst historisch betrachtet neben nationaler Zugehörigkeit auch andere Bereiche: Religion, Sexualität, körperliche Funktionstüchtigkeit. Wie jede Norm ließen/lassen auch die Normen in diesen Bereichen *Mehrheiten und Minderheiten* entstehen: Lesben und Schwule, Transgender-Personen, Behinderte und

Religionsminderheiten stellen einen – zunehmend sichtbar werdenden, aber immer schon vorhandenen – Bestandteil moderner Nationalstaaten dar.

Hinzu kommt eine neue Form von Minderheitenbildung, die zwar – zeitlich gesehen – nach der Bildung des Nationalstaates eintrat, strukturell aber auf diesen zurückzuführen ist: Es handelt sich hierbei um Minderheiten, die im Zuge der *Immigration* entstanden sind. Sei es als eine Bewegung „weg von ehemaligen Kolonien hin zum Zentrum", sei es in Form von Flucht-Bewegungen, verursacht durch politische, wirtschaftliche, soziale Missstände und Kriege, oder sei es im Zuge der „Arbeitsmigration", die in den 1960er-Jahren als systematische Anwerbung von Arbeitskräften aus wirtschaftsschwachen Regionen begann – all diese Kontexte der Immigration zogen und ziehen *Minderheiten* nach sich, die wieder nationalstaatlichen Normen entsprechen müssen.

Migration ist ein Begriff, der unterschiedliche Formen von „Wanderung" bezeichnet. Es finden täglich Ein-, Aus- und Zuwanderungen statt. Wenn etwa jemand von einer Stadt in die nächste zieht, werden ihm oder ihr in der Regel keine Rechte entzogen. Innerhalb des nationalstaatlichen Gefüges kann man als Angehörige/r wählen, gewählt werden, sich ohne Genehmigung aufhalten, arbeiten und soziale Sicherheiten genießen. Nicht so allerdings bei einer Immigration in ein anderes Land, das nationalstaatlich verfasst ist. Hier braucht der oder die Eingewanderte Bewilligungen zum Arbeiten, zum Aufenthalt, zur Ein- und Ausreise. Überdies kann er oder sie nicht ohne weiteres wählen oder gewählt werden, arbeiten oder in den Genuss aller Sozialrechte kommen. Der Nationalstaat macht ImmigrantInnen in mehrerer Hinsicht zu „AusländerInnen".

Angesichts all dieser unterschiedlichen Minderheiten, die allesamt nationalstaatlichen Strukturen entspringen, ist die Demokratie gefordert, ihre Legitimation zu vertiefen und zu verbreitern: Gerechtigkeit und Gleichheit müssen – als normative Grundsätze der Demokratie – Prinzipien sein, die nicht nur die Rechte von Mehrheiten erklären und begründen, sondern auch jene von Minderheiten. Angesichts der Tatsache wiederum, dass in den „westlichen" Gesellschaften seit den 70er-Jahren die Anliegen und Forderungen von Minderheiten zunehmend als *Hauptfragen* der Demokratie in die Politik hineinreklamiert werden, ist zu sagen: Einer der wichtigsten Parameter für das Funktionieren einer Demokratie ist ihr Umgang mit den Minderheiten.

Vor diesem Hintergrund bildete sich in Österreich der 80er-Jahre eine Initiative, um die Rechte von Minderheiten als ein zentrales Anliegen der Demokratisierung öffentlich einzufordern: die *Initiative Minderheiten*. Sie ist eine nicht-staatliche Organisation, die sich als Plattform versteht: eine Plattform für „autochthone" Minderheiten (in Österreich seit dem Volksgruppengesetz 1976 „Volksgruppen" genannt), für Lesben, Schwule, Transgender-Personen, für Behinderte und für die „neuen" Minderheiten: ImmigrantInnen und deren Nachfolge-Generationen.

Im Rahmen dieser – an die Öffentlichkeit gerichteten – Plattform, die weder anwaltschaftlich noch repräsentativ strukturiert ist, kommen Angehörige der aufgezählten minoritären Gruppen zu Wort. Sie verweisen auf Missstände, kritisieren diskriminierende Strukturen und Handlungen, sie formulieren ihre Forderungen, bringen ihre Anliegen ein. Es bleibt aber nicht dabei – es soll nicht dabei bleiben.

Wenn Minderheiten allesamt im normierenden Rahmen des Nationalstaats als „Nicht-Norm" entstanden sind, wenn unterschiedliche Formen der Diskriminierung die primäre Erfahrung all dieser Gruppen bildet, wenn sie zudem stets in sich Angehörige von Mehrheiten und Minderheiten in jeweils anderer Hinsicht („inländische" Behinderte oder homosexuelle türkische ImmigrantInnen) beherbergen – was liegt dann näher als eine *Allianz* zwischen den Minderheiten? Eine Allianz mit dem Ziel, eine für Minderheiten gerechtere Demokratie zu verwirklichen. Eine Allianz, die Unterschiede zwischen den Minderheiten keineswegs übersieht oder schmälert, sondern bloß auf die strategische Bedeutung der Gemeinsamkeiten zwischen ihnen verweist.

Diese *minoritäre Allianz* versucht die *Initiative Minderheiten* seit nun 13 Jahren in ihren Veranstaltungen, ihren Projekten und Publikationen stets als „gelebtes Ziel" in den Vordergrund zu rücken. Jede ihrer Veröffentlichungen wird bereits im Konzept-Stadium auf das Allianz-Potenzial und die allianz-stiftende Funktion hin überprüft. Und in jedem ihrer Projekte arbeiten Angehörige verschiedener Minderheiten zusammen. So auch im Projekt *gastarbajteri*, das zwei Ausstellungen und eine Filmreihe umfasst und dessen theoretische Hintergründe, Konzeption und einzelne Bestandteile im vorliegenden Band dokumentiert werden.

Für mich als Obmann dieses Vereins und als Angehörigen der Minderheit der Kärntner SlowenInnen ist es eine besondere Freude zu sehen, dass diese „minoritäre Allianz im Projekt" hier auch als (Vor-)Wort zu diesem Projekt über die Geschichte der Immigrations-Minderheiten Wirklichkeit wird. Worte sind Taten, denen andere Taten und Worte folgen sollen.

Klagenfurt / Celovec 2003

AM ANFANG WAREN DIE ANEKDOTEN

Als ich im Jahr 1973 nach Österreich kam, war ich noch im Kindesalter. Obwohl ich mir dessen noch nicht ganz bewusst war, verfiel ich in eine Einsamkeit, die mehrere Jahre dauern sollte. Ich glaube, jede/r, der/die sich je in einem Einwanderungsprozess befunden hat, wird eine ähnliche psychische Phase durchlebt haben. Zwei Faktoren, die meine soziale Ausgrenzung in den 70er-Jahren vertieften, hinterließen auch in mir tiefe Spuren: die Tatsache, dass ich mich in der Pubertät befand, und die Tatsache, dass ich von einer Gesellschaft in eine andere gekommen war, zwischen denen kulturelle und soziale Unterschiede bestanden.

Es ist sicher keine Übertreibung zu sagen, dass mir – wie anderen Einwanderern auch – in den 70er-Jahren, als ich in das österreichische Bundesland Vorarlberg kam, keine Möglichkeit gegeben war, die „heimische" Gesellschaft zu verstehen. Das Einzige, was wir damals wussten, war, dass die Vorarlberger Bevölkerung katholisch war und Deutsch sprach.

UNMÖGLICHKEITEN, UNZULÄNGLICHKEITEN

Ein Grund für diese Unwissenheit lag zweifelsohne in der mangelnden Bildung der Eingewanderten. Es bestanden aber auch weder im Herkunfts- noch im „Aufnahmeland" das Bewusstsein und die Verantwortung zur Informierung der Einwanderer und Einwanderinnen über die neue Gesellschaft, in der sie leben würden. Die DiplomatInnen, PolitikerInnen, Ökonomen und sogar SozialforscherInnen beider Seiten bemühten sich eifrig, das Geschehen mit dem Begriff „Gastarbeiter" zu beschreiben und zu handhaben, das dem realen Phänomen Einwanderung nicht gerecht wurde. Die Zahl der administrativen Stellen und Personen, die Einwanderung immer noch im selben „Gastarbeiter-Kontext" behandeln, sollte auch heute, nach 40 Jahren, nicht unterschätzt werden. Die 70er-Jahre waren gekennzeichnet durch die sozialen Umwälzungen in den Ländern der

„Dritten Welt". Das galt auch für die damalige Türkei. In Österreich, dessen Sprache und Sitten wir damals nicht kannten und in dem wir zu einem Leben in der Baracke und im „Wohnheim" verurteilt worden waren, in Österreich also konnten wir die gesellschaftlichen Entwicklungen in unserem Herkunftsland - trotz unserem Wunsch - nicht weiter verfolgen. Diese negativen Bedingungen führten fast zwangsläufig zu unserer Ausgrenzung und sozialen Gettoisierung in der Mehrheitsgesellschaft. Die Abwertung der Einwanderer als Menschen zweiter, ja dritter Klasse - was durch die restriktive Rechtslage noch verstärkt wurde - trug zur Fremdenfeindlichkeit und zum Rassismus wesentlich bei; zudem gilt es die in der Gesellschaft ohnehin schon vorhandenen Triebe Verdächtigung, Verachtung und Abwehr der „Fremden" zu berücksichtigen.

Die Begriffe Integration, Assimilation, Anpassung etc. waren in jenen Jahren Fremdwörter. Obwohl der Begriff „Integration" inzwischen als ein politisches Ziel Eingang ins politische Programm verschiedener Regierungen gefunden hat, da die sozialen Änderungen durch die Migration den vorhandenen Status quo zu sprengen drohten, blieb die diesbezügliche Praxis ungenügend. Die Gesetze, die keine richtige Basis hatten, wirkten sich kontra- produktiv aus. Ausnahmslos alle gesellschaftlichen Institutionen, die Gewerkschaften eingeschlossen, fungierten als Stützen des Status quo. In den ersten beiden Jahrzehnten der Arbeitsmigration wurden nicht einmal Anstrengungen dafür unternommen, dass Einwanderer Deutsch lernen konnten - von der Integration im Allgemeinen ganz zu schweigen.

Ich höre schon das einst sehr verbreitete Gerücht: „Türken wollen sowieso nicht Deutsch lernen!" Aber nur der weiß, der es erlebt hat - beispielsweise ich: Ich kann mich genau erinnern, wie ich in Vorarlberg von vielen Stellen abgewiesen wurde mit meinem Begehr, Deutsch zu lernen. Ich lernte die Sprache unter meinen schwierigen Bedingungen auf eigene Faust - mit Fehlern und Lücken. Auch in der Berufsausbildung waren die Bedingun- gen kaum anders. Bis Ende der 80er-Jahre hatten junge MigrantInnen kaum bis gar keine Chance auf Berufsausbildung. Etwa die Inanspruchnahme der Arbeitslosenversicherung in Vorarlberg war lange Jahre ein Ding der Unmöglichkeit. Ich glaube nicht, dass die Lage in den übrigen Bundesländern anders war. Es ist einfach, ähnliche Beispiele aus verschiedenen Bereichen des sozialen Lebens anzuführen. Und obwohl die Diskriminie- rungen in diesen Bereichen heute abgenommen haben, sind sie noch nicht zur Gänze abgeschafft worden.

Die Lage bezüglich des aktiven und passiven Wahlrechts ist - bis auf einige Ausnahmen - kaum fortgeschrittener als in der antiken griechischen Demokratie. Auch in der Gegenwart setzt sich, angepasst an die heutigen Bedingungen, das Herr-Sklave-Verhältnis fort. Das Traurigste ist aber, dass gerade in den Einrichtungen der ArbeiterInnen-Klasse der ignorante Schutz des Status quo herrscht.

ERWARTUNGEN, ERZÄHLUNGEN

Auch im Prozess der EU-Integration bleiben die Erwartungen von Einwanderern eben Erwartungen. Denn es hat sich mittlerweile ganz klar gezeigt, dass die großen sozialen Fragen, die in den „Aufnahmeländern" im Zuge der Migration der 60er-Jahre entstanden sind, nicht im Rahmen der vorhandenen Staatsbürgerschafts-Gesetze gelöst werden können. Der Ansatz, der für Gleichheit und gegen Diskriminierung Lösungen bieten kann, ist nur in der Umsetzung des Konzepts „Wohnbürgerschaft" zu finden. Sowohl die demokratischen Kräfte der Mehrheitsgesellschaft als auch die Einwanderer müssen es daher zum programmatischen Ziel erheben – um zu verhindern, dass die vorhandene Ungerechtigkeit noch Jahrzehnte andauert.

Diese Fragen haben mich jahrelang als einen Arbeiter und einen politischen Menschen beschäftigt. Ich habe mich bemüht, in diesem Zusammenhang aktiv zu sein, soweit es mit möglich war. Und gemeinsam mit vielen anderen MigrantInnen haben wir – trotz aller dort herrschenden Gegenpositionen und des den Status quo erhaltenden Selbstverständnisses – die Liste „Demokratie für Alle" gegründet und als Personen mit Einwanderer-Herkunft den Eingang in den Rat der Arbeiterkammer (AK) geschafft.

In vielen Versammlungen und Gesprächen erzählte ich „Gastarbeiter-Anekdoten" und tragikomische Erlebnisse besonders aus den 70er-Jahren. Dabei betrachtete ich diese Erzählungen als ganz selbstverständliche Lebensabschnitte, als Erfahrungen. Doch ich beobachtete jedes Mal die „Nicht-Insider" dabei, wie sie mich bei meinen Erzählungen anschauten, als wäre ich ein Mars-Mensch und meine Erlebnisse wären Mars-Geschichten. Ich dachte in solchen Momenten oft, dass es wichtig wäre, diese Erzählungen in eine literarische Sprache und Form zu gießen, ohne ihre Essenz zu zerstören. Ich glaube, dass diese Vorstellung mich zur Idee der Ausstellung *gastarbajteri* geführt hat. Eine dieser Geschichten sei hier wiedergegeben:

Ich lebte bereits in Wien. Ich hatte es nach langen Kämpfen geschafft, in der AK als Lehrlingsberater zu arbeiten. Es war mein erster oder zweiter Arbeitstag. Meine Kollegen damals waren hauptsächlich pensionierte Gewerkschafter und Betriebsräte. Ich plauderte mit einem von ihnen. Er fragte mich, womit ich außerhalb des Berufs beschäftigt wäre, was denn meine „Hobbys" seien. Ich antwortete, dass ich mich mit den Problemen der Migrant-Innen befasste und Arbeiterkammerrat war. Der arme Mann verstand mich falsch: „Aha, du bist Kamerad!", rief er belustigt. Ich sagte: „Nein, nein, Arbeiterkammerrat!", was wieder nicht richtig ankam. „Ah, ja, Kamerad", wiederholte er. Ich schwieg und nahm es einfach hin, dass er mich weiterhin so sah, wie er wollte.

Ja, nicht einmal ein alter Gewerkschafter und Betriebsrat konnte es sich vorstellen, dass ein „schwarzköpfiger" Einwanderer aus der Türkei in den Rat der AK gewählt werden konnte!

HOFFNUNGEN, DANKSAGUNGEN

Als ich in Wien lange Zeit arbeitslos war, hatte ich Gelegenheit, über diese Dinge eingehender nachzudenken. Es ist notwendig, das Leben der Einwanderer und Einwanderinnen, die seit den 60er- und 70er-Jahren zunehmend einen relevanten Teil der Bevölkerung in diesem Land bilden, ebenso als einen wichtigen Teil der sozialen Geschichte dieses Landes zu betrachten. Obwohl selbst nicht eingewandert, erleben die zweite und dritte Generation den Prozess der Migration mit denselben Unzulänglichkeiten und negativen Seiten.

Ich habe von Anfang an gehofft, dass im Ausstellungsprojekt *gastarbajteri*, das aus einer ganzen Reihe von Aktionen und Veranstaltungen besteht, MigrantInnen eine aktive Rolle spielen würden – auch wenn sie es nicht leiten. Ich sehe mit Freude, dass diese Hoffnung erfüllt wurde.

Die Idee zur Ausstellung, die Andrea Jatschko und ich gemeinsam entwickelt hatten, wurde zunächst von meinen lieben Freunden August Gächter und Hakan Gürses aufgenommen und positiv bewertet – ich danke ihnen dafür besonders, dass sie Andrea und mir Hoffnung und Unterstützung gegeben haben.

Ebenso zu Dank verpflichtet bin ich dem Vorstand der *Initiative Minderheiten* sowie deren Generalsekretärin und der Projektleiterin Cornelia Kogoj, die die eigentliche Last der Aus-stellung die letzten Jahre trug und zu deren Realisierung wesentlich beigetragen hat.

Ich möchte auch allen Freundinnen und Freunden, die zu diesem Projekt beigetragen haben – und deren Zahl ziemlich hoch ist –, sowie allen Institutionen, öffentlichen Stellen und Personen danken, die es finanziell und geistig unterstützt haben.

Mannheim, 2003

Hakan Gürses (Editorial)

EINE GESCHICHTE ZWISCHEN STILLE UND GETÖSE

Das vorliegende Buch stellt in dreierlei Hinsicht eine Dokumentation dar: Darin werden Fragmente aus der 40-jährigen Geschichte der Arbeitsmigration, ein kritischer Umgang mit dieser Geschichte aus heutiger Sicht und, zu guter Letzt, das Projekt *gastarbajteri* dokumentiert.

Die Geschichte der Arbeitsmigration nach Westeuropa ab den 60er-Jahren ist nur *eine* von vielen Migrationsgeschichten. Trotz aller Besonderheiten, die aus den Bedingungen, Motiven und Modalitäten dieser Migration herrühren, trägt sie Züge vieler vorheriger Ein- und Auswanderungen in sich: Hoffnung, Entbehrung, Sehnsucht, Anfeindungen. Wer erinnert sich heute noch daran, dass deutsche Einwanderer und Einwanderinnen in den USA des 19. Jahrhunderts als besonders „nicht anpassungsfähig" bezeichnet wurden? Wer weiß noch, dass das heute als multikulturelles Musterland geltende Kanada noch bis in die 1960er-Jahre hinein ImmigrantInnen aus bestimmten Weltregionen die Einreise verboten hatte?

Die Geschichte in ihrer *Geschichtlichkeit* darzustellen, als eine ereignishafte, großteils kontingente, aber nicht zufällige, jedenfalls verändernde und veränderbare Geschichte. Diese Geschichte steht bezüglich der letzten 40 Jahre Arbeitsmigration noch aus.

Die im ersten Abschnitt des Buches, MIGRATION, zu lesenden Beiträge stellen Ansätze dar, mit der Erzählung dieser „anderen" Geschichte der Migration zu beginnen. Wie bei jedem Beginn loten sie einen eigenen Bereich aus, der zwischen Wissenschaft und Gesellschaftskritik anzusiedeln ist. Max Horkheimer, der Vordenker einer kritischen Theorie, schrieb der Kritik vor, dass sie die Wirklichkeit feststellen müsse, aber so, dass die Feststellung bereits die Verurteilung jener Wirklichkeit bedeute. Diese Maxime bildet auch für die AutorInnen hier die Programmatik. So versuchen sie, eine Kartografie anzufertigen. Diese gilt zunächst mitnichten der Migration selbst: Das großteils explizite Hinterland der Beiträge bildet die Abrechnung mit der „Rede über die Migration".

An dem Projekt *gastarbajteri* arbeitete ein vielköpfiges Team fast drei Jahre lang. Die Projekt-Mitarbeiterinnen waren von Anfang an mit der Schwierigkeit konfrontiert, ein Thema in die Öffentlichkeit zu tragen, das in den letzten Jahrzehnten fast ausschließlich zur Bildung und Lenkung genau *dieser* Öffentlichkeit instrumentalisiert worden war. Eine unaufhörliche Rede über Fremdheit, über kulturelle Differenzen, über notwendige, doch unmögliche Integration ist das Resultat – die „Rede über die Migration".

An der Entstehung dieser Rede haben nicht bloß die Medien oder die Parteipolitik ihren Anteil. Die sozial- und humanwissenschaftliche Migrationsforschung und deren politische Nutzbarmachung trugen in den letzten 25 Jahren ebenso dazu bei wie die öffentlichen Legitimationsversuche für die rechtlichen, politischen und sozialen Ungleichheiten zwischen „Inländern" und „Ausländern". Doch auch der so genannte Gegendiskurs war und ist, als untrennbarer Gegenpart der offiziellen und öffentlichen Rede, an der Produktion der Rede über die Migration beteiligt.

Zum Himmel schreiend still blieb doch der *Gegenstand* der Rede: die schon als austausch-bare Arbeitskraft vergegenständlichten Menschen. Nicht, dass sie nicht sprachen. Nur wurde ihre Rede als kulturelles Gemurmel verstanden, als tagtäglicher Beweis ihrer Differenz. Ihr Gespräch musste ein leiser Monolog bleiben, da niemand daran interessiert zu sein schien, es als solches wahrzunehmen. Es sei denn durch kulturwissenschaftliche Verallgemeinerungen, mitunter geleitet von pathetischen Einfühlungsversuchen („Ihnen bedeutet noch der Begriff Ehre sehr viel"). Oder durch funktionalisierende Zuschreibun-gen, als Vorboten einer herbeigesehnten neuen Welt („Sie konstruieren transnationale Räume"). Zwischen Viktimisierung und Heroisierung fristet(e) das Gespräch der „Fremden" seine un-erhörte Existenz.

Vor diesem Schauplatz der täglichen Kämpfe um die Öffentlichkeit stehend, ja als Teil des Kampfes, versuchte das Team des Projekts *gastarbajteri*, sich zu orientieren. Dabei diente – um meine eigene Beobachtung als Team-Mitglied wiederzugeben – viel mehr die Angst vor der Wiederholung von Klischees denn eine positiv beschriebene Programmatik als Lotse. Angesichts der nahezu unmöglichen Lösung der gestellten Frage, wie ein Thema, voll in Beschlag genommen von Voyeurismus und Exhibitionismus, in einer Exhibition darzustellen sei – angesichts dieser Frage ist Angst nur zu verständlich, und sie blieb auch nicht ohne Frucht. Die Beiträge des Abschnitts MIGRATION AUSSTELLEN? reflektieren die – zum Teil sehr unterschiedlichen – Strategien zum Umgang mit Klischees. Diese Reflexionen zeichnen gleichsam die allgemeinen Linien des Projektkonzepts, und sie dokumentieren einen kritischen Umgang mit der Geschichte der Arbeitsmigration aus heutiger Sicht.

Somit wird unsere Gegenwart in diese Migrationgeschichte eingereiht; die Geschichte der Arbeitsmigration wird, in Michel Foucaults Worten ausgedrückt, zu einer Geschichte der Gegenwart.

Schließlich dokumentiert dieses Buch das Projekt *gastarbajteri*, das seinerseits einige wesentliche Fragmente der Geschichte der Arbeitsmigration dokumentiert. Es ist die Geschichte einer politischen und sozialen Spaltung entlang der Begriffe, die erfunden oder mit neuem semantischen Leben erfüllt wurden: Inländer/Ausländer, Kultur, Fremdheit, Überfremdung, Fremdenfeindlichkeit, Quoten, Integration ... Es ist eine Geschichte von Verblendungen: Soziale und politische Fragen wurden darin als ethnische Unterschiede, die eigentlichen AkteurInnen als „Betroffene" und als Objekte abgehandelt. Und es ist die Geschichte einer Ausbeutung, die kaum mehr als solche wahrgenommen wird. Von all dem erzählen die Ausstellungs-„Orte" und -Projekte.

Der Fokus der erwähnten, problematischen Rede über die Migration liegt auf Kultur und kulturellen Differenzen. Ganz bewusst wurde daher in der Konzeption der Ausstellung wie im vorliegenden Buch darauf verzichtet, die „Kultur der MigrantInnen" zu thematisieren. Die zur Darstellung der kulturellen Dimension von Migration notwendige Sprache und Strategien sind noch zu entwickeln.

In den Abschnitten GASTARBAJTERI – 40 JAHRE ARBEITSMIGRATION und GASTARBAJTERI – MEDIEN UND MIGRATION wurde - um dieser Publikation den Buch-Charakter zu lassen - nicht jedes ausgestellte Objekt abgebildet und besprochen. Wir haben uns an die Struktur der beiden Ausstellungen gehalten und „Orte" (*Museum Wien Karlsplatz*) bzw. Projekte (*Hauptbücherei*) anhand repräsentativer Texte und Bilder vorgestellt.

Das Projekt *gastarbajteri* wurde in Österreich, von großteils in Österreich lebenden Personen konzipiert und realisiert. Doch das Thema ist kein spezifisch österreichisches. Die Alpenrepublik steht hier - trotz aller Unterschiede zu anderen „Aufnahmeländern" - paradigmatisch für die Arbeitsmigration der letzten 40 Jahre. Die in den beiden Ausstellungen und in diesem Band gebotenen Inhalte werden, wie ich annehme, auch LeserInnen aus anderen europäischen Ländern bekannt vorkommen.

Die Geschichte der Migration ist eine von vielen Geschichten. Wenn sie in den letzten Jahrzehnten nur aus der Sicht der „Gastgeber" erzählt oder sogar ganz verschwiegen, wenn sie nur als Skandal oder als Unzulänglichkeit dargestellt wurde, so liegt dies an der Grundstruktur des bisherigen allgemeinen Umgangs mit *dieser* Migration. Irgendwo zwischen Stille und Getöse liegt ihre Geschichte verborgen. Wenn wir sie hören wollen, müssen wir dafür sorgen, dass sie als eine unter vielen Geschichten erzählt wird. Und von allen, die darin eine Rolle spielen. Das vorliegende Buch will dazu beitragen.

Wien, Dezember 2003

Arbeiter in Serçe Sokak, vor dem
zweiten Sitz der Österreichischen
Anwerbekommission in Istanbul, 1970
(Foto: Siegfried Pflegerl, WKÖ-Archiv)

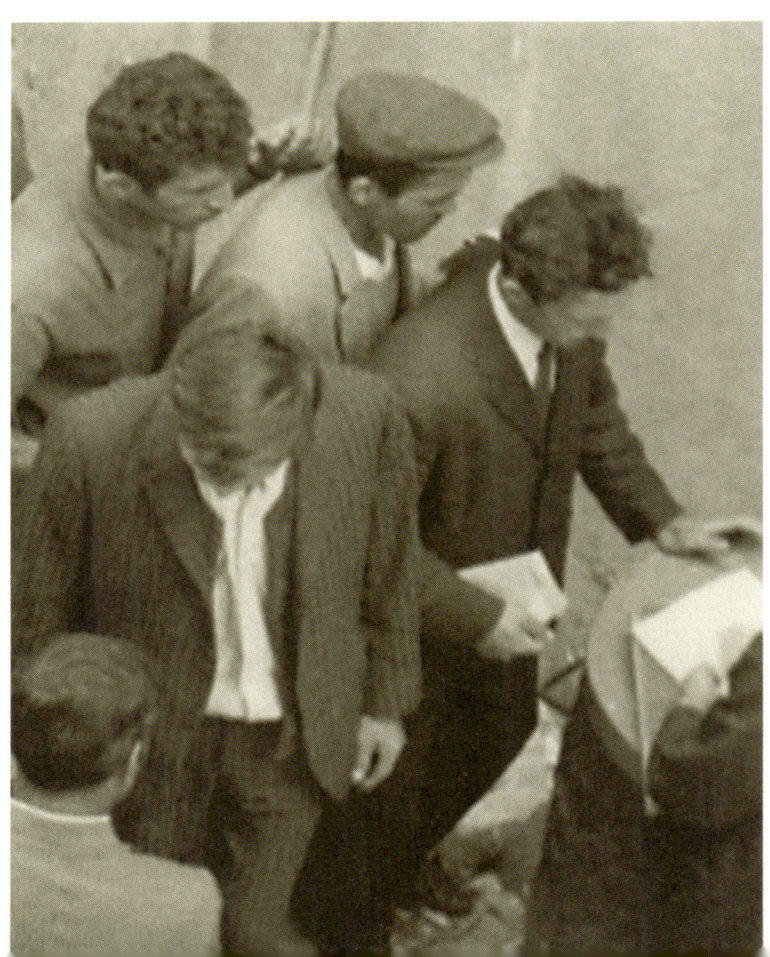

MIGRATION

Handschriftliche Aufzeichnungen der Anwerbekommission
in Istanbul über die Röntgenaufnahmen der türkischen
Arbeitskräfte - 1974 (Quelle: WKÖ-Archiv)

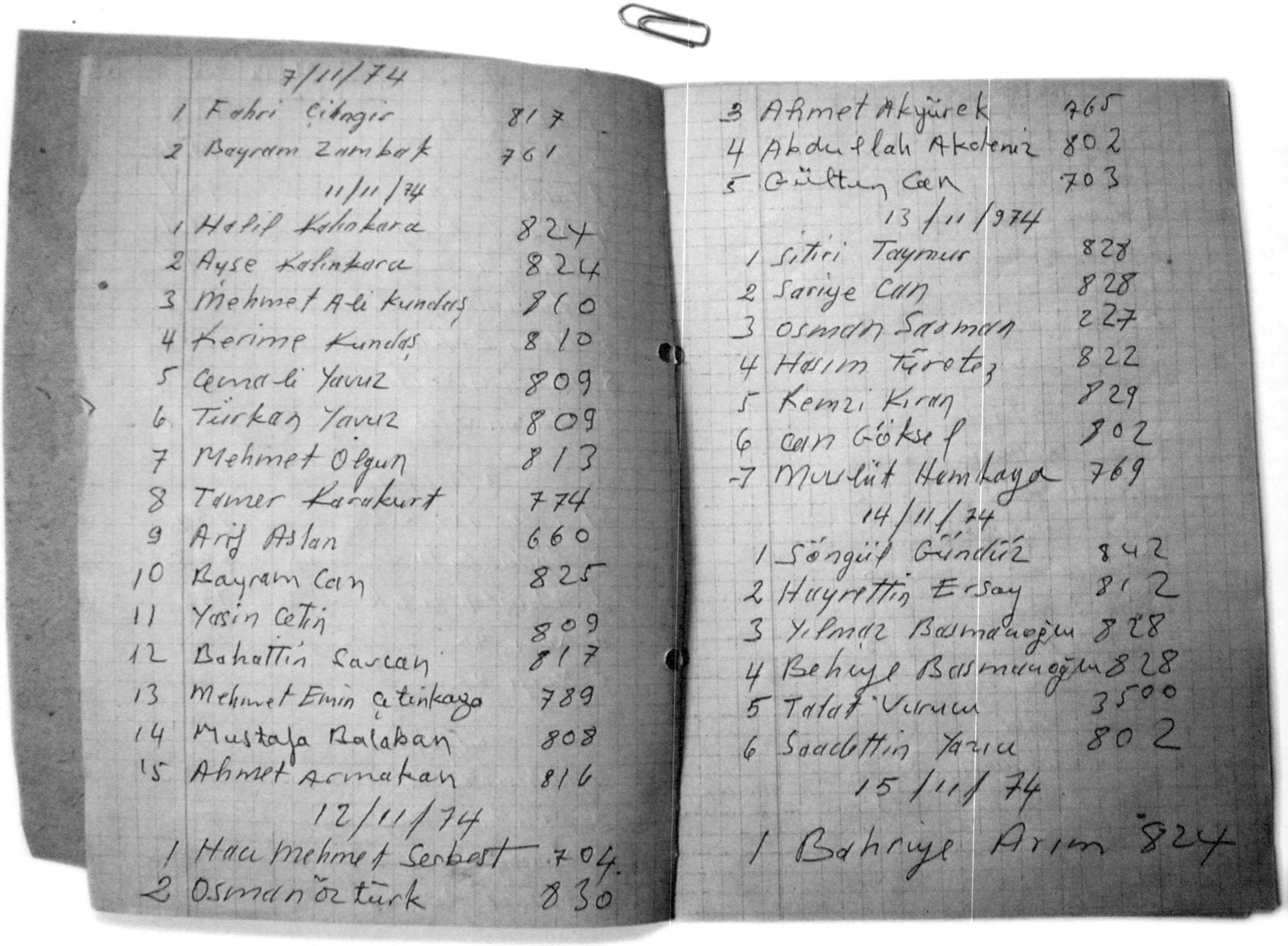

7/11/74
1 Fahri Çidngir 817
2 Bayram Zambak 761

11/11/74
1 Halil Kalinkara 824
2 Ayşe Kalinkara 824
3 Mehmet Ali Kundaş 860
4 Kerime Kundaş 810
5 Cemali Yavuz 809
6 Türkan Yavuz 809
7 Mehmet Olgun 813
8 Tamer Karakurt 774
9 Arif Aslan 660
10 Bayram Can 825
11 Yasin Çetin 809
12 Bahattin Sarçan 817
13 Mehmet Emin Çetinkaya 789
14 Mustafa Balaban 808
15 Ahmet Armakan 816

12/11/74
1 Hacı Mehmet Serbest 704
2 Osman Öztürk 830

3 Ahmet Akyürek 765
4 Abdullah Akdeniz 802
5 Gülten Can 703

13/11/1974
1 Sitki Taymur 828
2 Sariye Can 828
3 Osman Saaman 227
4 Hasim Turatez 822
5 Kemzi Kiran 829
6 Can Göksel 802
7 Muvlüt Hembaya 769

14/11/74
1 Söngüt Gündüz 842
2 Huyrettin Ersay 812
3 Yilmaz Basmanoğlu 828
4 Behiye Basmanoğlu 828
5 Talat Vuruu 3500
6 Saadettin Yarıu 802

15/11/74
1 Bahriye Arim 824

August Gächter & Recherche-Gruppe*

VON INLANDARBEITER-SCHUTZGESETZ BIS EURODAC-ABKOMMEN

Eine Chronologie der Gesetze, Ereignisse und Statistiken bezüglich der Migration nach Österreich 1925–2004.

	RECHT/POLITIK	EREIGNISSE	STATISTIK
1925	*Inlandarbeiterschutzgesetz* etabliert am Arbeitsmarkt den Vorrang von österreichischen vor ausländischen Staatsangehörigen („Inländerprimat")		
1934			*Volkszählung*: Unter 6.760.000 Einwohnerinnen und Einwohnern rund 292.000 Personen ohne österreichische Staatsangehörigkeit – größte Gruppe mit tschechoslowakischer Staatsangehörigkeit; 811.000 Personen im Ausland geboren
1938	Nach dem „Anschluss" Einführung des deutschen *Eherechts* mit Paragraf gegen „Scheinehen" zwecks Erwerb der Staatsbürgerschaft; gilt in Österreich bis heute Nach dem „Anschluss" wird eine neue deutsche *Ausländerpolizeiverordnung* erlassen, die auch in der damaligen Ostmark galt	„*Anschluss*" Österreichs an das Deutsche Reich	
1939	*Anwerbeabkommen* der damaligen Ostmark mit der damaligen Tschechei, Slowakei, Italien und Jugoslawien		
1941	Die *Deutsche Reichsverordnung über ausländische Arbeitnehmer* vom Jänner 1933 erlangt in Österreich Wirksamkeit und löst das Inlandarbeiterschutzgesetz ab		Die *ZwangsarbeiterInnen* machten im Jänner 1945 nach Schätzungen der Alliierten 1,4 Millionen aus; zu Kriegsende befanden sich vermutlich mehr als eine Million Fremdarbeiter, Ostarbeiter und Kriegsgefangene auf österreichischem Territorium; zum Jahresende vermutlich noch 500.000 bis 600.000 Einwohner-Innen ohne österreichische Staats-

RECHT/POLITIK	EREIGNISSE	STATISTIK

angehörigkeit, darunter ehemalige Zwangsarbeiter, Kriegsgefangene, Vertriebene, Flüchtlinge und vor Kriegsbeginn Ansässige

1945

Übernahme der Deutschen Reichsverordnung über ausländische ArbeitnehmerInnen in das österreichische Recht (galt bis 1975)

Neues *Passgesetz* regelt, wer für die Einreise bzw. den Aufenthalt ein Visum braucht, und die Bedingungen, um ein Visum zu erhalten oder zu verlängern

Übernahme der großen Industriebetriebe in österreichischen Staatsbesitz

Keine *Entschädigung* für Zwangsarbeiter und -arbeiterinnen

Selektive *Zulassung* der „Volksdeutschen" („Vertriebene", „Versetzte Personen"), die größtenteils ohne jede Staatsangehörigkeit („staatenlos") sind, zum Arbeitsmarkt und anhaltende Versuche, die Übrigen zu einer Übersiedelung nach Deutschland zu bewegen; Barackenlager abseits der Wohngebiete der Einheimischen bestehen bis Mitte der 1950er-Jahre

Zum Jahresende vermutlich rund 1 Mio. EinwohnerInnen *ohne österreichische Staatsangehörigkeit*, darunter ehemalige ZwangsarbeiterInnen, Kriegsgefangene, Vertriebene („Volksdeutsche"), Flüchtlinge und vor Kriegsbeginn Ansässige

1947

Neues *Betriebsrätegesetz* auf der Basis des Gesetzes von 1919, aber mit wesentlich erweiterten Mitspracherechten. Deshalb Einschränkung des aktiven und passiven *Wahlrechts* auf nur mehr österreichische Staatsangehörige (vor allem zum „Schutz" der Verstaatlichten vor dem möglichen Einfluss ausländischer Betriebsräte, gilt bis 1974)

Der Mexikoplatz war ein beliebtes Einkaufsziel. Der Handel mit „Waren aller Art" wurde in den 60er- und 70er-Jahren zum einträglichen Geschäft (Foto: Votava 1970)

1949

Neues *Staatsbürgerschaftsgesetz* regelt, wer österreichische Staatsangehörigkeit hat und wer Zugang zu ihr erhält; Kinder von österreichischen Frauen und einem ausländischen Mann können bei der Geburt nicht ÖsterreicherInnen werden (bis 1983)

Neues *Arbeitslosenversicherungsgesetz* (AIVG) löst deutsches Recht und Arbeitslosenfürsorgegesetz 1946 ab; führt Pflichtversicherung mit wenigen Ausnahmen ein; unterscheidet *Arbeitslosengeld*, das nicht von der Bedürftigkeit abhängig ist, und *Notstandshilfe*, für die Bedürftigkeit nötig ist; Notstandshilfe nur für österreichische Staatsangehörige, außer wenn österreichische Staatsangehörige in dem anderen Land vergleichbare

August Gächter & Recherche-Gruppe*

RECHT / POLITIK	EREIGNISSE	STATISTIK
Ansprüche besitzen (Gegenseitigkeit), was aber stets nur auf Deutschland, Niederlande und – mit Einschränkungen – Großbritannien zutraf		

1950 AIVG: Unter bestimmten Voraussetzungen kann auch AusländerInnen – ohne dass Gegenseitigkeit besteht – *Notstandshilfe* für höchstens ein halbes Jahr gewährt werden; das war ein Gnadenrecht des Sozialministers, um (peinliche) Härtefälle zu vermeiden (bis 1989)

1951 *Genfer Flüchtlingskonvention* wird beschlossen: Asyl wird zu einem Recht statt einer Gnade

Bundesgesetz über die Gewährung von *Notstandshilfe an Volksdeutsche*

AIVG: Erhöhung der Anforderungen, um *Arbeitslosengeld* beziehen zu können: ab sofort sind 52 Wochen Beschäftigung in den letzten zwei Jahren nötig (gilt für alle)

Volkszählung: Unter 6.934.000 EinwohnerInnen rund 323.000 Personen ohne österreichische Staatsangehörigkeit; mit Abstand größte Gruppe sind die Staatenlosen.

849.000 EinwohnerInnen *im Ausland* geboren

1954 *Fremdenpolizeigesetz* (FrPG) löst die Ausländerpolizeiverordnung von 1938 ab, ist dieser aber stark nachempfunden und nur wenig „ausländerfreundlicher"; es regelt die aufenthaltsbeendenden Maßnahmen und lässt den Behörden sehr viel Spielraum; wer sich vor Erlassung des FrPG bereits in Österreich aufhielt, brauchte nun keine Aufenthaltserlaubnis mehr, gleichgültig ob der bisherige Aufenthalt legal gewesen war oder nicht

Mit dem FrPG beginnt im Recht ein *sprachlicher Wechsel* vom „Ausländer" zum „Fremden", und zwar weil manche Behörden unsicher waren, ob der Ausdruck „Ausländer" Staatenlose mit einschließe

AIVG: Verordnung des Sozialministers: In der Schweiz und in Liechtenstein beschäftigte *GrenzgängerInnen* werden versicherungspflichtig (galt bis Februar 1959)

New Yorker Abkommen über die Rechtsstellung der *Staatenlosen*: verpflichtet (ab 1960) die Staaten dazu, auf ihrem Territorium lebenden Staatenlosen Identitätspapiere auszustellen

Arbeiter in Serçe Sokak, vor dem zweiten Sitz der österr. Anwerbekommission in Istanbul, 1970 (Foto: S. Pflegerl, WKÖ- Archiv)

1955 Genfer Flüchtlingskonvention tritt in Österreich in Kraft

Staatsvertrag und Ende der Besatzung durch alliierte Truppen

Durch das „*Optionsgesetz*" 30.000 bis 35.000 zusätzliche Einbürgerungen

RECHT / POLITIK	EREIGNISSE	STATISTIK

Knapp einjährige Sonderregelung für
die *Einbürgerung* von Volksdeutschen
(„Optionsgesetz")

Abkommen mit der Türkei zur Aufhebung
der *Sichtvermerkspflicht* (Visum) für
Aufenthalte bis drei Monate ohne
Erwerbstätigkeit

1956	1956-57: *Ungarnkrise*	Ca. 180.000 *Flüchtlinge* aus Ungarn halten sich vorübergehend in Österreich auf
1960	AlVG: *Karenzurlaubsgeld* wird eingeführt; kann nur während des Aufenthalts in Österreich bezogen werden	Militärputsch in der *Türkei*	

1961

Im Sommer *erste Anwerbungen* für die
Bauwirtschaft (ca. 1.800 von vereinbarten
7.300 Personen), teils aus Italien

Volkszählung: Unter 7.074.000 EinwohnerInnen rund 102.000 ausländische
Staatsangehörige: geringste Anzahl
überhaupt. Die größte Gruppe sind die
deutschen Staatsangehörigen

Nach mehr als sechsmonatigen Verhandlungen *Raab-Olah-Abkommen* zwischen
Bundeswirtschaftskammer (BWK) und
Österreichischem Gewerkschaftsbund
(ÖGB) über Lohn- und Preispolitik einschließlich „*Fremdarbeiterbeschäftigung*",
und damit gleichzeitig Begründung der
Sozialpartnerschaft in der seither gewohnten Form mit gleichberechtigten Partnern

1952

Anwerbeabkommen mit Spanien
(praktisch kein Anwerbeerfolg)

Arbeitsgemeinschaft für die Anwerbung
ausländischer Arbeitskräfte nimmt in der
Bundeswirtschaftskammer ihre Arbeit auf

1962 bis 1964 wurden jeweils *Kontingente*
von rund 37.000 Arbeitskräften verein-
bart, aber, soweit bekannt, nicht
ausgeschöpft.

Eine „vorläufige Vereinbarung" mit der
Türkei ermöglicht es der Außenhandels-
stelle in Istanbul, mit der Anwerbung zu
beginnen

Sozialpartner: Erste Kontingentvereinba-
rungen für die Beschäftigung von
ausländischen ArbeitnehmerInnen. In der
Folge werden jährlich mehrere hundert
Kontingente abgeschlossen – in jedem
Bundesland bis zu 50 und auf Bundes-
ebene nochmals bis zu 50

1963

Assoziationsvertrag zwischen der
Europäischen Wirtschaftsgemeinschaft
(EWG) und der Türkei

August Gächter & Recherche-Gruppe*

	RECHT / POLITIK	EREIGNISSE	STATISTIK
1964	Anwerbeabkommen mit der Türkei	Offizielle Eröffnung der Anwerbestelle in Istanbul Gründung der Vereinigung türkischer Studenten in Wien (seit 1979 „Verein der Studenten aus der Türkei")	
1965	Staatsbürgerschaftsgesetz: unabhängige Stellung der Frauen im Staatsbürgerschaftsrecht; Kinder eines staatenlosen Vaters und einer österreichischen Mutter können bei der Geburt die Staatsangehörigkeit der Mutter bekommen Abkommen mit Jugoslawien zur Aufhebung der Sichtvermerkspflicht (Visum) für Aufenthalte bis drei Monate ohne Erwerbstätigkeit	Zeitungskolporteure bekommen den Status von Selbstständigen BWK und ÖGB vereinbaren, dass Abwerbung von ausländischen ArbeitnehmerInnen zwischen Betrieben ab 1966 nicht mehr stattfinden soll Streik der jugoslawischen ArbeiterInnen bei Iso-Span in Obertrum, Salzburg, weil sie weniger als die versprochenen Löhne bezahlt bekommen; die Streikenden werden in Schubhaft genommen	
1966	Anwerbeabkommen mit Jugoslawien Sozialabkommen mit Jugoslawien (Ansprüche aus der Krankenversicherung, Pensionsversicherung, Arbeitslosenversicherung, Unfallversicherung, Familienleistungen u. ä.)	Gründung der Anwerbekommission beim jugoslawischen Bundesbüro für Beschäftigungsangelegenheiten in Belgrad; zuvor schon Anwerbung in sehr kleinem Ausmaß in Kroatien und Bosnien Streik der jugoslawischen ArbeiterInnen bei einer Baufirma in Admont, Steiermark; Abschiebung der Streikenden	
1967		Die Anwerbestellen spielen in allen Jahren nur eine geringe Rolle; bis 1973 reisen die meisten Einwanderer und Einwanderinnen als Touristen ein, deren Beschäftigung und Aufenthalt im Nachhinein legalisiert wird („Touristenbeschäftigung")	
1968	Erstes Asylgesetz löst die unmittelbare Wirksamkeit der Genfer Konvention ab New Yorker Protokoll erweitert die Gültigkeit der Genfer Flüchtlingskonvention von Europa auf die Welt	Niederschlagung des Prager Frühlings Sprachlicher Wechsel vom „Fremdarbeiter" zum „Gastarbeiter" setzt in der Öffentlichkeit ein	Ca. 160.000 tschechische und slowakische Flüchtlinge halten sich vorübergehend in Österreich auf
1969	Neues Passgesetz ohne wesentliche Änderungen gegenüber dem Passgesetz 1945; die Notwendigkeit von Sichtvermerken wird von der Regierung u. a. mit	„MLADOST – Verein der jungen Jugoslawen" in Wien gegründet	

Hıdır Emir ließ sich an den schönsten Orten Wiens fotografieren und schickte die Bilder an seine Familie in der Türkei (aus: M. Emir – „Mein Vater und ich")

RECHT / POLITIK	EREIGNISSE	STATISTIK
der Gefahr der „Überfremdung" begründet; AusländerInnen müssen den Ausweis mit dem Sichtvermerk zwar nicht jederzeit bei sich, aber griffbereit haben		
Sozialabkommen mit der Türkei		

	RECHT / POLITIK	EREIGNISSE	STATISTIK
1970	*Generalkollektivvertrag*, abgeschlossen zwischen ÖGB und BWK, erlaubt es Betriebsrat und Betriebsleitung, eine/n ausländische/n ArbeitnehmerIn als „SprecherIn" anzuerkennen. In der Folge Schulungen für potentielle SprecherInnen, vor allem in Vorarlberg und Oberösterreich Ende der 1970er-Jahre; die SprecherInnen erlangen nur sehr geringe Bedeutung	Versuch von Maßnahmen, um die *Abwerbung* von ausländischen Arbeit-nehmerInnen aus Vorarlberg in die Schweiz zu verhindern Wien: Gründung der Vereine *Jedinstvo*, *Pozarevac* und anderer	*Kontingente* für das Jahr erreichen beinahe 100.000 Personen
1971		Militärputsch in der *Türkei* Gründung von regionalen *Dachverbänden* der jugoslawischen Vereine beginnt ORF: In der Sendereihe „Kontakt", einer kritischen Jugendsendung, wird eine ganze *Sendung* über „Gastarbeiter" ausgestrahlt, die als politisch zu links eingestuft und deren Wiederholung vom ORF-Generalintendanten verboten wird	*Volkszählung*: Unter 7.492.000 Einwohner-Innen rund 212.000 ausländische Staatsangehörige, davon 138.000 berufstätig, darunter fast 92.000 in Produktionsberufen; jugoslawische Staatsangehörige sind die größte Gruppe; 605.500 EinwohnerInnen im Ausland geboren; das Statistische Zentralamt zählt ausländische Berufstätige mit Familienmitgliedern im Ausland zunächst nicht zur Wohnbevölkerung
1972	Zu Überwachungszwecken verlangt das neue *Meldegesetz*, dass neue Meldezettel von ausländischen ArbeitnehmerInnen mit einem A gekennzeichnet und von der Meldebehörde an die Fremdenpolizei übermittelt werden; wurde von den Behörden unvollständig umgesetzt	Erste serbokroatische Zeitschrift *Naš List* in Wien, herausgegeben von der Bundes-wirtschaftskammer Erste türkische Zeitschrift *Yankı* in Wien Gründung des *Wiener Zuwandererfonds* (Fonds zur Beratung und Betreuung von Zuwanderern nach Wien), anfänglich auch für Einwanderinnen und Einwanderer gedacht, konzentriert sich aber auf Zuwanderinnen und Zuwanderer aus den Bundesländern	
1973		Wien: Das Plakat „*I haaß Kolaric …*" wird erstmals aufgehängt – im Auftrag der „Aktion Mitmensch" der Werbewirtschaft Österreichs (Agentur Lintas)	Für 1973 gelten *Kontingente* von knapp 156.000 Personen. Die Sozialpartner schließen für 1974 Kontingente von 162.789 Arbeitskräften ab, mehr als je zuvor oder danach

August Gächter & Recherche-Gruppe*

RECHT / POLITIK	EREIGNISSE	STATISTIK

„*Touristenbeschäftigung*" gerät zunehmend unter gewerkschaftlichen Druck, während sie von der Bundeswirtschaftskammer vehement verteidigt wird

Gründung des „*Arbeitervereins aus der Türkei*" in Wien

Ölpreisschock im Dezember

1974

Das *Arbeitsverfassungsgesetz* löst das Betriebsrätegesetz ab und gewährt wieder ausländischen ArbeitnehmerInnen das aktive Wahlrecht zum Betriebsrat

Sichtvermerke von ausreisenden ArbeitnehmerInnen werden ohne gesetzliche Grundlage mit einem A gekennzeichnet, wenn sie später wieder zur Einreise zwecks Beschäftigung berechtigt sein sollen; gilt bis 1988

Einschränkung der Wiedereinreise von ausreisenden ausländischen Arbeitskräften, vor allem um die Arbeitslosigkeit zu „exportieren"

Ende der Toleranz für „Touristenbeschäftigung"; nur mehr im Herkunftsland *angeworbene* ArbeitnehmerInnen sollen neu beschäftigt werden

In Zusammenhang mit dem Kampf gegen die „Touristenbeschäftigung" kursieren Vermutungen, wonach sich rund 40.000 ausländische Staatsangehörige *ohne den nötigen Sichtvermerk* in Österreich aufhalten

Familiennachzug setzt ein

Erstmals *Erfassung* der Staatsangehörigkeit von *Arbeitslosen*

1975

Die Wirtschaft in Österreich schrumpft erstmals seit 1945 („*Rezession*")

Von 1975 bis 1981 im ORF verschiedentlich *Filme* zum Thema „Gastarbeiter" (Auf der Strecke, Wo sein Wäsche, Fluchtversuch)

1976

Das Ausländerbeschäftigungsgesetz (AuslBG) löst die Deutsche Reichsverordnung ab, ähnelt ihr aber sehr: Ausländische ArbeitnehmerInnen sollen nur so lange in Österreich bleiben dürfen, wie sie unbedingt gebraucht werden

Erstmals bundesweite Erfassung der *Arbeitsgenehmigungen*

1977

Wien: Bau des *Islamischen Zentrums Wien* (Moschee) mit Hilfe von Spenden aus Saudi-Arabien; der Grundstein war schon 1968 feierlich gelegt worden

	RECHT / POLITIK	EREIGNISSE	STATISTIK
		Wien: *Demonstration* gegen das Ausländerbeschäftigungsgesetz. In der Folge wird gegen den Redner Erol Sever ein Aufenthaltsverbot verhängt	
1978	AIVG: Bei berücksichtigungswürdigen Gründen kann *Arbeitslosengeld* bzw. *Notstandshilfe* auch während des Aufenthalts im Ausland bezogen werden; Karenzurlaubsgeld kann während höchstens vier Wochen im Ausland bezogen werden	Wien: *Demonstration* für die Aufhebung des Aufenthaltsverbotes gegen Erol Sever	Laut *türkischem Arbeitsamt* wurden bis 1978 rund 38.000 ArbeitnehmerInnen nach Österreich vermittelt, fast ausschließlich Männer
1979	Gesetzliche Anerkennung und Gleichstellung des *Islams*; Wiederanerkennung der Islamischen Glaubensgemeinschaft	Wien: Der *Verein der Ägypter für Kultur und Soziales*, der zu großen Teilen aus ägyptischen Zeitungskolporteuren besteht, wird gegründet	
		Umsturz im *Iran* (Islamische Revolution)	
1980	*Assoziationsrat* EWG-Türkei beschließt Zugangserleichterungen für türkische Staatsangehörige zum Arbeitsmarkt, deren Umsetzung aber in den Folgejahren erst vor Gericht erkämpft werden musste	Militärputsch in der *Türkei*	Die *türkischen Flüchtlinge* bekommen zumeist Gastarbeiterstatus, weshalb ihre Anzahl nicht bekannt ist
		Wien: *Arbeitskämpfe* und Flugblattaktion der Zeitungskolporteure „Ein Herz für Sklaven"	
		Bundesdachverband der jugoslawischen Vereine wird gegründet (1981 sind es 120 Mitgliedsvereine)	
		Gründung des *Österreichisch-türkischen Freundschaftsvereins*	
1981		Kriegsrecht in *Polen*	*Volkszählung*: Unter 7.555.000 EinwohnerInnen rund 291.000 ausländische Staatsangehörige, davon 166.000 berufstätig; jugoslawische Staatsangehörige bilden die größte Gruppe
		Wirtschaft in Österreich schrumpft ein zweites Mal leicht („*Rezession*")	
			Mehr als 35.000 *polnische Flüchtlinge*, von denen die meisten auf Dauer in Österreich bleiben
1982		Das Sozialministerium versucht in der Reinigungsbranche und in der Gastronomie ausländische durch *inländische Frauen* zu ersetzen; geringer Erfolg	Trotz der Rezession werden 1981-82 rund 30.000 erstmalige *Beschäftigungsbewilligungen* erteilt
		Vorarlberg: Die Fremdenpolizei versucht, *Sichtvermerke* mit der Begründung zu	

	RECHT / POLITIK	EREIGNISSE	STATISTIK
		verweigern, der „Ausländeranteil" an der Bevölkerung betrage schon fast 20%. Der Verwaltungsgerichtshof lässt das nicht gelten Gründung des *Vereins Volkskulturhaus* „Halk Kültür Derneği"	
1983	*Staatsbürgerschaftsgesetz*: Staatsbürgerschaft auch in weiblicher Folge vererbbar	Beginn des *islamischen Religionsunterrichts* an den Schulen Wien: Erstes arbeitsmarktpolitisches *Beratungszentrum für Migranten und Migrantinnen* gegründet; nach und nach Gründungen in allen Bundesländern, zuerst in Vorarlberg Erste große *Studie* über Einwanderung und Integration (IHS/WIFO) Wien: Der Frauenverein *„Miteinander Lernen* – Birlikte Öğrenelim" wird gegründet	
1984		Wien: *„Verein solidarischer Frauen aus der Türkei und aus Österreich"* gegründet, heute „Peregrina Bildungs-, Beratungs- und Therapiezentrum für Migrantinnen" Vorschläge der Wiener Arbeiterkammer „für eine *Neugestaltung* der Ausländerpolitik"; vieles wird ab 1988 von Parlament und Regierung umgesetzt Beginn der bewaffneten *Auseinandersetzungen* zwischen PKK und der türkischen Armee	
1986	Anlauf zu passivem *Betriebsratswahlrecht* für ausländische ArbeitnehmerInnen scheitert *Sozialabkommen* mit Jugoslawien und der Türkei werden geändert: Familienbeihilfe wird bei Auszahlung ins Ausland auf die Hälfte gekürzt	Vorarlberg: Ein Antrag auf Staatsbürgerschaft wird mit der Begründung abgelehnt, der Bewerber habe sich *„unalemannisch"* verhalten. Der Verwaltungsgerichtshof lässt das nicht gelten	
1987	Verfassungsgerichtshof hebt §3 *Fremdenpolizeigesetz* zweimal auf, weil er das Menschenrecht auf Privat- und Familien-	Gründung des *„Vereins der Zeitungskolporteure"*	

Ein von Hıdır Emir aufgenommenes Foto aus den frühen 70er-Jahren (aus: Mehmet Emir – „Mein Vater und ich")

RECHT / POLITIK	EREIGNISSE	STATISTIK

leben von Einwanderern nicht ausreichend gegen Aufenthaltsverbote schützt. Das wurde zum Auslöser aller weiteren Reformen

In Wien wird die *Einbürgerung* erleichtert

Gründung der *ATIGF* (Föderation der Arbeiter und Jugendlichen aus der Türkei in Österreich) in Wien, Tirol und Vorarlberg; sie organisiert den „Langen Marsch" von Bregenz nach Wien, der in einer Demonstration gegen Sozialabbau und Arbeitslosigkeit mündet, welche von einem breiteren Bündnis getragen wird

1988

AuslBG: Laufzeit des *Befreiungsscheins* („grüner Zettel") wird von zwei auf drei Jahre verlängert, der Zugang zum Befreiungsschein wird erleichtert (besonders für Jugendliche, was diesen den Zugang zum Arbeitsmarkt möglich macht)

AIVG: Bezug von *Karenzurlaubsgeld* und *Sondernotstandshilfe* ist während Auslandsaufenthalten möglich

Visumpflicht zwischen Österreich, Ungarn und Polen wird aufgehoben

Die Arbeitsmarktverwaltung (heute AMS) beginnt mit der *systematischen Sammlung* und monatlichen Veröffentlichung von Daten über Erteilungen nach dem AuslBG und der Beschäftigung laut AuslBG

Die „Gastarbeiterroute", 70er-Jahre
(Foto: Peter Philipp / Kleine Zeitung)

1989

Zwischen 1988 und 1998 wird das *AuslBG* zwanzigmal geändert

AIVG: Das *Gnadenrecht* des Sozialministers aus dem Jahr 1950, Notstandshilfe zu gewähren, wird für anerkannte Flüchtlinge und InhaberInnen von Befreiungsscheinen in ein Recht umgewandelt; maximale Bezugsdauer ist ein Jahr

Öffnung des „*Eisernen Vorhangs*"; in Österreich treten Phantasien von Millionen von Arbeitskräften auf, die „im Anmarsch" seien

Gründung der Zentralen Minderheitenredaktion im ORF. Die Sendereihe „Heimat fremde Heimat" beginnt

„*Verein türkischer Frauen*" gegründet, heute „Orient Express"

Sichtvermerkspflicht für bulgarische Staatsangehörige

1990

AuslBG: Einführung der *Arbeitserlaubnis* („gelber Zettel"); Befreiungsschein („grüner Zettel"): leichterer Zugang, längere Laufzeit. Einführung von Bundes- und Landeshöchstzahlen für die Beschäftigung

Sichtvermerkspflicht für türkische, polnische und rumänische Staatsangehörige; in der Folge auch Visumpflicht für österreichische Staatsangehörige in diesen Ländern

Bundesheer beginnt *Grenzeinsatz*

Alltagssprachlicher Wechsel vom „Gastarbeiter" zum „Ausländer" setzt ein

29.000 *Beschäftigungsverhältnisse* werden reglementiert

August Gächter & Recherche-Gruppe*

	RECHT / POLITIK	EREIGNISSE	STATISTIK
1991		Krieg in *Jugoslawien* beginnt	*Volkszählung*: Unter 7.796.000 Einwoh-nerInnen rund 518.000 ausländische Staatsangehörige, davon 301.000 berufstätig, davon die Hälfte in Produktionsberufen; jugoslawische Staatsangehörige sind die größte Gruppe
		Auflösung des *Bundesdachverbands* der jugoslawischen Vereine zu Gunsten von kroatischen, bosnischen, serbischen, albanischen Vereinen	
		Vorarlberg: Erster *Betriebsrat* mit türkischer Staatsangehörigkeit in der Privatwirtschaft	Umstellung der *Beschäftigungsstatistik* von Genehmigungen auf Personen
		Vorarlberg: Die Landesregierung finanziert für drei Jahre das Projekt „*KultUrSprünge*", um interkulturelle Annäherung herbeizuführen	
		Initiative Minderheitenjahr (heute *Initiative Minderheiten*) wird gegründet	
1992	Neues *Asylgesetz* löst Asylgesetz 1968 ab und schränkt die Möglichkeit zur Stellung eines Asylantrags ein	*Wiener Integrationsfonds* gegründet	Ab April im Lauf der nächsten drei Jahre ca. 90.000 *Flüchtlinge* aus dem ehemaligen *Jugoslawien*
	Gewerbeordnung erschwert ausländischen Staatsangehörigen den Einstieg in selbstständige Erwerbstätigkeit	*Visumspflicht* für jugoslawische Staatsangehörige	
		Wien: *Integrationshaus* wird gegründet	
		Initiative „Tiroler-Mosaik" wird gegründet 27. 10.: *Verband der kurdischen Vereine* in Österreich (FEYKOM) gegründet	
1993	*Fremdengesetz* löst das Fremdenpolizei-gesetz 1954 und das Passgesetz 1969 ab	*Ausländervolksbegehren* der FPÖ, das von der Regierung mit der Begründung zurückgewiesen wird, die meisten Forderungen seien schon erfüllt	Mit dem Aufenthaltsgesetz wird das *Fremdeninformationssystem* (FIS) geschaffen
	Aufenthaltsgesetz: • *Quotenregelung* für die Niederlassung • Beginn der neuen *Saisonnierregelung*	„*Lichtermeer*", Großkundgebung in Wien, organisiert von „SOS Mitmensch" gegen das Ausländervolksbegehren	
	Mit den drei neuen Gesetzen von 1992 und 1993 verlagerte sich erstmals der Regulierungsschwerpunkt vom weiteren Verbleib in Österreich zur *Einreise* und zum *Beginn des Aufenthalts*	*Anwerbekommission* in Istanbul wird eingestellt	
		Demonstrationen gegen die Durch-führung des Aufenthaltsgesetzes	
	Anlauf zum passiven *Betriebsrats-wahlrecht* scheitert	Nullnummer von *ECHO, Zeitschrift der „Zweiten Generation"*, erscheint in Wien	
1994	*EWR-Vertrag* tritt in Kraft	Der Slogan „*Integration vor Neuzuzug*" wird von der Regierung erfunden	

RECHT / POLITIK	EREIGNISSE	STATISTIK
Ausländische Familienangehörige von österreichischen Staatsangehörigen benötigen *keine Arbeitsgenehmigung* mehr		

1995   *Beitritt* Österreichs zur EU

Graz: Erstmals Wahl eines *AusländerInnenbeirats* in Österreich

MAIZ, das autonome Migrantinnenzentrum in Linz gegründet

1996   Nach einem Gerichtsbeschluss Anerkennung des *Assoziationsabkommens* EU-Türkei in Österreich

Wien: Erstmals wird eine eingebürgerte *Einwanderin*, Maria Vassilakou, Gemeinderätin

Wien: Erstmals vier Arbeiterkammerräte einer *Einwandererliste* („Demokratie für Alle", DFA)

Wien: *„Kopftuchbescheide"* („keine Anpassung an mitteleuropäische Sitten, Gebräuche und Lebensweisen") *und „Kinderzimmerbescheide"* („keine für Inländer ortsübliche Unterkunft") sowie *Scheineheüberprüfungen* der (für die Aufenthaltstitel zuständigen) Magistratsabteilung (MA 62)

1987: Die Belegschaft bei C. Warhanek in Linz produziert Rollmöpse. 1988 wird der Betrieb eingestellt (Quelle: A. Hemelik, „C. Warhanek Firmenchronik 1949–1988")

1997   *Kündigung* aller bilateralen Sozialabkommen, daher keine Familienbeihilfe mehr für im Ausland lebende Kinder

Wien: *Ablehnende Bescheide* der MA 62 tauchen auf, in denen der „Grad der Überfremdung" als Begründung angeführt wird

1998   Neues *Fremdengesetz*: Unterschied zwischen Aufenthalt und Niederlassung; Aufenthaltsverfestigung, d. h. nach acht Jahren Niederlassung hohe Aufenthaltssicherheit; Kinder dürfen nur mehr nachziehen, bevor sie 14 Jahre alt sind

Ungleichbehandlung bei der *Arbeitslosenversicherung* abgeändert Anlauf zum passiven *Betriebsratswahlrecht* scheitert

Schengener Abkommen tritt in Österreich in Kraft

Wien: *„Familienplanungsbescheide"* der MA 62 („Derartig beengte Wohnverhältnisse, die sich im Falle von Familienzuwachs noch weiter verschärfen würden")

1999   *Staatsbürgerschaftsgesetz*: Zulässige Gründe für Einbürgerung vor zehn Jahren Aufenthalt werden definiert

Ungleichbehandlung bei der *Arbeitslosenversicherung* endet

Wien: *Fremdenpolizeiliche* Angelegenheiten wandern von der MA 62 zur MA 20

Wien: Die *Demonstration* „Stoppt den rassistischen Polizeiterror" legt einen Grundstein für das „community

August Gächter & Recherche-Gruppe*

RECHT / POLITIK	EREIGNISSE	STATISTIK

Steiermark: Ein Landesgesetz wird verabschiedet, das allen Kommunen mit einer ausländischen Wohnbevölkerung von über 1000 Personen die Errichtung von *AusländerInnenbeiräten* vorschreibt

campaigning" der Afrikanischen Communities in Wien

Marcus Omofuma wird bei seiner Abschiebung nach Bulgarien getötet; in der Folge organisiert das Netzwerk der Afrikanischen Communities eine Mahnwache vor dem Innenministerium

Der erste Einsatz des großen *Lauschangriffs* im Rahmen der „Operation Spring", bei der über hundert AfrikanerInnen verhaftet und unter Sammelklage gestellt werden.

Zwei *Erdbeben* in der Türkei (August in Adapazarı, November in Düzce)

Türkischen Staatsangehörigen, die auf der Liste „Gemeinsam" kandidieren wollen, wird in Vorarlberg das *passive Wahlrecht* zur Arbeiterkammer verweigert – das Sozialministerium gibt der Liste mit drei Jahren Verzögerung Recht

Eine eigene *Liste* von Eingebürgerten türkischer Herkunft (NBZ – „Neue Bewegung für die Zukunft") erringt 7 % der Stimmen (fünf Mandate von 70) bei den Vorarlberger *Arbeiterkammerwahlen*

Wien: Erste *Wiener Integrations-Konferenz*

ANAR (Austrian Network Against Racism) wird gegründet

2000

Die EU erlässt eine *Richtlinie* gegen ethnische Diskriminierung am Arbeitsmarkt und in anderen Bereichen; sollte bis Juli 2003 umgesetzt werden

Der „Integrationserlass" öffnet den Arbeitsmarkt vor allem für nachgezogene Familienmitglieder

Leoben und Knittelfeld: *AusländerInnenbeiräte* werden gewählt

Wien: *Bunte Demokratie für Alle* (BDFA) kandidiert bei den Arbeiterkammer-wahlen (ein Mandat)

Wien: *Initiative TschuschInnenpower* wird gegründet

Vorarlberg: Bei den *Gemeinderatswahlen* in Dornbirn werden drei aus der Türkei stammende Einwanderinnen und Einwanderer zu Gemeinderäten gewählt

Ein von Hıdır Emir aufgenommenes Foto aus den frühen 70er-Jahren (aus: Mehmet Emir – „Mein Vater und ich")

	RECHT / POLITIK	EREIGNISSE	STATISTIK
2001		Wien: Bei den *Gemeinderatswahlen* im März 2001 formiert sich die von ANAR, Echo und der *Initiative Minderheiten* getragene *Wiener Wahlpartie* (WWP), die die wahlwerbenden Parteien dazu aufruft, MigrantInnen als Zielgruppe wahrzunehmen, Rassismus zu thematisieren und Maßnahmen für die Absicherung von Rechten und gegen Diskriminierung umzusetzen	*Volkszählung*: Unter 8.033.000 Einwohnerinnen und Einwohnern rund 711.000 ausländische Staatsangehörige; Serbien-Montenegro ist häufigste Staatsangehörigkeit; 1 Million Einwohner im Ausland geboren
		Wien: Zahlreiche Einwanderinnen und Einwanderer werden in den *Gemeinderat* und in die Bezirksräte gewählt; erstmals wird eine Einwanderin, Maria Vassilakou, *Stadträtin*	
		Vorarlberg: Arbeitsmarktpolitische *Ausländerberatungsstelle* wird geschlossen	
2002	Im Gefolge der WTO erleichtert die *Gewerbeordnung* ausländischen Staatsangehörigen wieder den Einstieg in selbstständige Erwerbstätigkeit	In einem großen Metallbetrieb in Vorarlberg wird vier türkischen Staatsangehörigen das *passive Wahlrecht* zum Betriebsrat verweigert, auch der ÖGB ist gegen sie; dennoch erringt ihre Liste fünf der 15 Mandate; das Gericht gibt ihnen schließlich Recht	*Zentrales Melderegister* (ZMR) geht in Betrieb
		Der Prozess gegen die drei *Polizisten*, die Marcus Omofuma bei seiner Abschiebung begleitet hatten, endet mit bedingten Freiheitsstrafen	
		Vorarlberg: Finanziert von der Landesregierung, beginnt das Projekt „*okay. zusammen leben*", das eine engere Integration der Einwanderer und Einwanderinnen in das politische und soziale Leben bewirken soll	
2003	Neues *Fremdengesetz* und Änderung des Ausländerbeschäftigungsgesetzes (AuslBG): Niederlassungsnachweis nach fünf Jahren Niederlassung befreit mehr als 90 % der niedergelassenen Drittstaatsangehörigen vom AuslBG	Wien: *Wahlrecht* für Zugewanderte auf Bezirksebene wird beschlossen	
	EURODAC-Abkommen tritt in Kraft: EUweite Vereinheitlichung der Speicherung	Wien: Das *Bezirksjournal* erscheint auch auf serbokroatisch und türkisch	
		Der Verfassungsgerichtshof erkennt die quotenorientierte Durchführung des *Familiennachzugs* als verfassungswidrig	

August Gächter & Recherche-Gruppe*

RECHT / POLITIK	EREIGNISSE	STATISTIK

und Abfrage der Daten von AsylwerberInnen über 14 Jahren (u. a. Fingerabdrücke)

2004

Wiener Integrationsfonds wird zu einer
Magistratsabteilung

Wien: Erster *islamischer Friedhof* in
Österreich wird errichtet

Arbeiterkammerwahlen: zahlreiche
Einwanderinnen und Einwanderer sind als
Kandidaten zu erwarten

* Die Recherche-Gruppe, die an dieser Zeitachse mitgearbeitet hat, besteht aus folgenden Personen:
Arif Akkılıç, Vida Bakondy, Ljubomir Bratić, Hanna Esezobor, Gamze Ongan, Thomas Schmidinger und Renée Winter.

Reisepass von Nuri Çetin, beschäftigt von 1964 bis 1994
in Wien, kehrte als erster Pensionist in seine
Heimatstadt Adatepe/Türkei zurück (Quelle: N. Çetin)

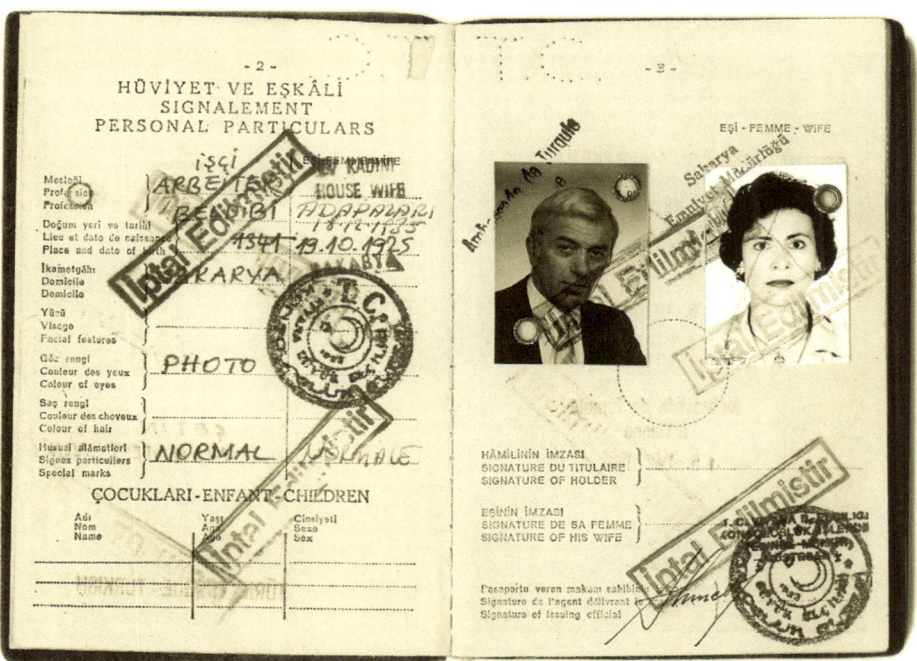

Aufgrund der Sprachkompetenz der GeschäftsinhaberInnen und der Angestellten war der Mexikoplatz in Wien besonders bei den „Gastarbeitern" aus dem ehemaligen Jugoslawien beliebt. Die Fahnen zeugen von der Mehrsprachigkeit im Geschäft (Foto: Votava 1968)

Dilek Çınar

ÖSTERREICH IST KEIN EINWANDERUNGSLAND

DREI KETZE-RISCHE THESEN ZU MIGRATION UND INTEGRATION In Österreich ist Integration kein wechselseitiger Prozess, auch wenn das so oft beteuert wird. Denn Österreich versteht sich und verhält sich nicht wie ein Einwanderungsland.

Nein, du darfst nicht arbeiten, du bist unser Gast! Diese Feststellung bekommt man in der Türkei regelmäßig zu hören, wenn man auf Besuch bei Freunden, Verwandten oder weniger Bekannten verweilt. TürkInnen sind - meinen Fremde - ein „gastfreundliches" Volk, und so wäre es nur konsequent, wenn Gast-Sein und Arbeiten einander ausschlössen. TürkInnen sind aber auch - meinen (nicht nur) Fremde - kein besonders logisches Volk. Nimmt man nämlich die gastfreundliche Regel ernst und lässt sich auf das Nichts-Tun ein, wächst proportional zur Dauer des Besuchs die Skepsis der GastgeberInnen darüber, ob denn der Gast eigentlich weiß, dass sein untätiges Dasein „selbstverständlich" ein zeitlich befristetes ist. Umgeht man hingegen die gastfreund-schaftliche Regel und verrichtet von Beginn an Arbeiten im Haushalt, kommen einem prompt all jene Rechte und Vorteile abhanden, die Gästen zustehen. Denn entweder arbeiten Gäste nicht, oder sie sind keine Gäste. Die Missachtung dieses Grundsatzes zeichnet die Geschichte der Migration nach Österreich in den letzten 40 Jahren aus und prägt deutlich die Gegenwart.

DREI THESEN

Kaum ein anderes Thema hat nach dem Fall der Berliner Mauer 1989 die österreichische politische Landschaft so sehr polarisiert wie die Frage nach der Neuzuwanderung und dem Status der bereits niedergelassenen ausländischen Staats-angehörigen. Eindrückliches Zeichen dieser Polarisierung war das sogenannte „Lichter-meer" im Jahr 1993, die größte Demonstration seit der Gründung der Zweiten Republik[1], welche durch das von der FPÖ propagierte „Ausländervolksbegehren" ausgelöst worden war. Ziel dieses Volksbegehrens war unter anderem die verfassungsmäßige Verankerung des Slogans „Österreich ist kein Einwanderungsland". In diesem Beitrag behaupte auch ich, dass erstens Österreich kein Einwanderungsland ist. Mein Anliegen ist jedoch ein ganz anderes als das der FPÖ. Ich befasse mich nicht mit der Frage, ob Österreich oder ein anderes Land ein Einwanderungsland sein soll, sondern mit der Frage, ob es eines ist. Zweitens behaupte ich, dass es in Österreich keine Einwanderer gibt. Meine dritte These hängt eng mit den ersten beiden zusammen: Ich behaupte, dass Integration in Österreich die Grundvoraussetzung von Integration ist. Diese Tautologie entsteht, weil sich der politische Wille zur Integration – im Gegensatz zur offiziellen Rhetorik – in deutlichen Grenzen hält und die gesetzlichen Rahmenbedingungen zum Teil am Prinzip der Segregation festhalten.

THESE 1: ÖSTERREICH IST KEIN EINWANDERUNGSLAND

Australien, Kanada und die USA sind Einwanderungsländer. Alle drei Staaten gestatten jedes Jahr einer beträchtlichen, aber stets begrenzten Anzahl von Personen aus dem Ausland die Einreise mit dem Zweck der langfristigen bzw. dauerhaften Niederlassung im eigenen Territorium. Im Gegensatz dazu verweigern europäische Länder die Bezeichnung als Einwanderungsland und deklarieren sich auch nicht als solches. Diesem Umstand werden in zahlreichen wissenschaftlichen Studien Daten und Fakten über den Anteil von im Ausland geborenen Personen an der Wohnbevölkerung entgegengehalten. Das Argument lautet: Auch in europäischen „Gast-Arbeiter"-Staaten wie Österreich, Deutschland und der Schweiz haben sich Hunderttausende Personen aus dem

Entweder arbeiten Gäste nicht, oder sie sind keine Gäste. Die Missachtung dieses Grundsatzes zeichnet die Geschichte der Migration nach Österreich in den letzten 40 Jahren aus.

Ausland dauerhaft niedergelassen, besitzen zum Teil die Staatsbürgerschaft ihrer neuen Heimat, und ihre Kinder und Kindeskinder sind im Inland geboren und aufgewachsen. Ehemalige europäische Anwerbestaaten sind nach diesem gängigen Argument zumindest in sozialer Hinsicht zu Einwanderungsländern geworden.
Mit dieser durch statistische Fakten untermauerten Feststellung wird häufig die Aufforderung an Regierungen verbunden, rechtliche und politische Maßnahmen mit der sozialen Realität von Einwanderung in Einklang zu bringen. Nach dem Vorbild traditioneller überseeischer Einwanderungsländer wie Australien, Kanada und USA geht es also darum,

in Form eines Einwanderungsgesetzes eine klare politische Antwort auf die Frage zu geben, wie viele Personen aus dem Ausland jährlich zum Zweck der Niederlassung aufgenommen werden sollen.

Dieser Aufforderung ist Österreich als erstes europäisches Land in den 1990ern gefolgt. Seither gibt es rechtliche Regelungen, die klar vorgeben, wie viele ausländische Staatsangehörige in welchem Status jährlich nach Österreich einreisen und wie viele von ihnen sich dauerhaft hierzulande niederlassen dürfen. Österreich erfüllt damit zwei wichtige Kriterien, die ein Land als ein Einwanderungsland kennzeichnen: zum einen bezüglich des Anteils von Personen, die im Ausland geboren sind, jedoch in Österreich leben und arbeiten[2], und zum anderen bezüglich der Regulierung von Neuzuwanderung mittels jährlicher Quoten. Beide Merkmale machen Österreich in demographischer und migrationspolitischer Hinsicht mit überseeischen Einwanderungsländern vergleichbar. Und dennoch ist Österreich *kein* Einwanderungsland. Es versteht sich nicht als solches. Es verhält sich nicht als solches. Und es gibt in Österreich keine „Einwanderer".

THESE 2: IN ÖSTERREICH GIBT ES KEINE EINWANDERER

Die in den 1960er-Jahren für ausländische ArbeitnehmerInnen geschaffene Bezeichnung „Gast-Arbeiter" ist zwar mittlerweile aus dem Vokabular von Politik und Medien verschwunden, aber sie ist nicht etwa von der Bezeichnung Einwanderer abgelöst worden. In Österreich gibt es grundsätzlich AusländerInnen und Fremde; in politisch „korrekteren" Milieus spricht man von MigrantInnen bzw. Zuwanderern. Während die beiden ersten Begriffe juristisch auf die fehlende österreichische Staatsangehörigkeit und sozial auf die gesellschaftliche Nicht-Zugehörigkeit verweisen, heben die beiden letzten Begriffe nicht mit derselben Vehemenz das Faktum der dauerhaften Niederlassung von ausländischen Staatsangehörigen und damit gekoppelte Ansprüche auf gleichwertige Teilhabe hervor. Sind Personen aus Vorarlberg, die ins Burgenland übersiedeln, nicht auch Zuwanderer? Doch sie sind deswegen keinen sonderrechtlichen Regelungen unterworfen. Und assoziieren wir mit MigrantInnen nicht eher das Kommen und Gehen und weniger das integrationspolitisch bedeutsame Bleiben?

Der spärliche Umgang mit der Bezeichnung „Einwanderer" bringt symbolisch zum Ausdruck, was sich konkret auf der Ebene gesetzlicher Regelungen niederschlägt. So gibt es in Österreich kein *Einwanderungs*gesetz, sondern ein *Fremden*gesetz, welches die Einreise, den Aufenthalt und die Niederlassung eben von Fremden regelt. Hinzu kommt: Traditionelle überseeische Einwanderungsländer wie Australien, Kanada und USA definieren sich weder als eine Gemeinschaft von Personen mit gleicher Abstammung, noch verlangen sie, dass Einwanderer zehn Jahre lang auf die Einbürgerung warten und dann auch noch nachweisen, dass sie keine Bindungen zu ihrem Herkunftsland mehr haben, indem sie ihre bisherige Staatsangehörigkeit aufgeben. Alle genannten Kriterien treffen auf Österreich zu; nicht jedoch auf Einwanderungsländer, die es mit Integration ein Stück mehr ernst meinen. Denn Einwanderern steht in Einwanderungsländern die Aussicht auf rasche Gleichstellung und Gleichbehandlung zu. Das ist ein zentrales Element von einer Politik, die nicht Assimilation meint, wenn sie Integration sagt. Dieses Prinzip gilt nicht in Österreich. Außerdem weiß man in Einwanderungsländern, dass Kinder von Einwanderern selbst keine Einwanderer, schon gar keine „Fremden" sind. Auch das trifft in Österreich nicht zu. Die österreichische Staatsbürgerschaft erwirbt automatisch nur, wer von einem österreichischen Elternteil abstammt, und nicht, wer hier bei Geburt die Heimat erblickt, weil die Eltern hier leben und arbeiten. So kommen in Österreich tagtäglich Kinder auf die Welt, die als „Fremde" gelten, obwohl sie gar keine sind, weil sie weder zu- noch eingewandert sind. Und so wachsen Kinder und Jugendliche, die gleichermaßen in Österreich beheimatet sind, von Beginn an mit dem Wissen über ihre von Amts wegen dokumentierte Unterschiedlichkeit auf: Während die einen uneingeschränkt als BürgerInnen anerkannt werden, unterliegen die anderen dem Fremdengesetz. Kurz: Es gibt in Österreich keine „Gast-Arbeiter" mehr. In Österreich leben und arbeiten im besten Fall EU-BürgerInnen, niedergelassene „Fremde" und Eingebürgerte, im ungünstigeren Fall ausländische Saisonarbeitskräfte, AsylwerberInnen und Illegale. Doch es gibt in Österreich keine Einwanderer.

THESE 3: INTEGRATION IST IN ÖSTERREICH VORAUSSETZUNG VON INTEGRATION

Die Abkehr von der Illusion, dass die als „Gast-Arbeiter" rekrutierten Arbeitskräfte und ihre Familienangehörigen entbehrlich sind und in ihre Heimatländer zurückkehren sollten, hat teilweise ab Mitte der 1970er-, teilweise erst in den 1990er-Jahren in europäischen Aufnahmeländern das Stichwort „Integration" auf die Tagesordnung gesetzt. Österreich gehört in dieser Hinsicht nicht nur zu den Nachzüglern, sondern kämpft auch heute noch gegen die simple integrationspolitische Grundregel: Weitgehende, anhaltende und generationenübergreifende rechtliche Diskriminierung ist mit sozialer

Integration unvereinbar. Das gilt zumindest in Ländern, wo Einwanderer als Einwanderer und nicht als „Fremde" bezeichnet und behandelt werden. Das gilt aber auch in europäischen Aufnahmeländern wie den Niederlanden und Schweden. Da dies in Österreich nicht der Fall ist, gilt konsequenterweise in vielen Bereichen: Wer sich „angepasst" hat, gilt als integriert; wer nicht, wird weiterhin rechtlich diskriminiert.

Mitte der 1990er hat die SPÖ-ÖVP-Koalition das politische Motto „Integration vor Neuzuwanderung" geprägt – ein Motto, das von der ÖVP-FPÖ-Koalition übernommen wurde. Doch was bedeutet dieses Bekenntnis in der Praxis? Bisher beschränken sich die entsprechenden Maßnahmen zum Abbau rechtlicher Integrationsbarrieren auf das notwendige Minimum im Bereich aufenthalts- und beschäftigungsrechtlicher Regelungen: Drittstaatsangehörige, die länger als fünf Jahre in Österreich verbracht haben, genießen nunmehr ein höheres Ausmaß an Aufenthaltssicherheit, und jene, die sich unbefristet in Österreich

Mittlerweile wissen Neuzuwanderer besser darüber Bescheid, was Integration in Österreich heißt: vertragliche Verpflichtung zum Besuch von Deutschkursen gekoppelt mit der Drohung von Verwaltungsstrafen und Verlust des Aufenthaltsrechts.

aufhalten dürfen, können seit Beginn 2003 eine unselbstständige Erwerbstätigkeit aufnehmen, ohne dass sie um eine Bewilligung ansuchen müssen. Diesen überfälligen wie unerlässlichen Fortschritten stehen allerdings überflüssige wie symbolträchtige Rückschritte gegenüber.

Während in den letzten zehn Jahren eine Reihe von europäischen Staaten die Wartefristen auf Einbürgerung verkürzt, Doppelstaatsbürgerschaften ermöglicht, Rechtsansprüche auf Einbürgerung für im Inland geborene Kinder geschaffen hat, haben es hierzulande die politisch Verantwortlichen vorgezogen, vor einigen Jahren die Einbürgerung zum „letzten Schritt einer geglückten Integration" zu erklären.[3] Im Klartext bedeutet das: Europaweit setzt sich durch, was klassische Einwanderungsländer lang praktizieren, nämlich die rasche Gleichstellung von Einwanderern durch Einbürgerung, um die gesellschaftliche Integration zu *erleichtern*. Österreich hat sich hingegen dazu entschieden, diesen Grundsatz auf den Kopf zu stellen. Wer etwa nach sechs Jahren gern die österreichische Staatsbürgerschaft annehmen möchte, muss *vorerst* die „nachhaltige" berufliche und persönliche Integration *nachweisen*. Nach zehn Jahren – das ist der Regelfall – ist dieser Nachweis nicht notwendig, es gibt aber auch keinen Anspruch auf Einbürgerung. Nach 15 Jahren erwirbt man zwar einen solchen Anspruch, doch winkt wieder der Integrationsnachweis. Wer doppelt so lange in Österreich gelebt hat, kann sich glücklich schätzen. Dann hat man einen Einbürgerungsanspruch und braucht keinen Integrationsnachweis. Nach 30 Jahren gilt die Integration nämlich von Amts wegen als „geglückt".

Doch diese Regelungen waren der österreichischen Regierung nicht genug, um zu verdeutlichen, was sie meint, wenn sie Integration sagt.

Mittlerweile wissen Neuzuwanderer besser darüber Bescheid, was Integration in Österreich heißt: vertragliche Verpflichtung zum Besuch von Deutschkursen gekoppelt mit der Drohung von Verwaltungsstrafen und Verlust des Aufenthaltsrechts. Im ersten Halbjahr nach In-Kraft-Treten dieser Regelung haben nach Angaben des Innenministers insgesamt 135 Personen entsprechende Kurse abgeschlossen.[4] Sind diese Personen nun ausreichend „integriert", so dass ihnen etwa nunmehr gestattet wird, bei Betriebsratswahlen zu kandidieren, wovon ArbeitnehmerInnen von außerhalb der EU sonst ausgeschlossen sind? Nicht, dass ich wüsste.

In Österreich ist Integration kein *wechselseitiger* Prozess, auch wenn das so oft beteuert wird. Integration in Österreich ist und bleibt kryptisch die Grundvoraussetzung für Integration. Denn Österreich versteht sich und verhält sich nicht wie ein Einwanderungsland. Wem das recht ist, der darf sich auch nicht wundern, wenn es mit der Integration nicht immer rosig ausschaut. Sonst handelt man sich – wie im Fall von TürkInnen – den Vorwurf ein, einem nicht besonders logischen Volk anzugehören.

1   Vgl. Rainer Bauböck (1996): „Nach Rasse und Sprache verschieden". Migrationspolitik in Österreich von der Monarchie bis heute. Institut für Höhere Studien, Reihe Politikwissenschaft, Nr. 31: Wien.

2   Dieser Anteil entspricht in Österreich – genau so wie in den USA – 11 % bzw. rund 900.000 Personen. Vgl. Rainer Münz / Peter Zuser / Josef Kytir (2003): Grenzüberschreitende Wanderungen und ausländische Wohnbevölkerung: Struktur und Entwicklung, in: Irene Stacher / Heinz Faßmann: Österreichischer Migrations- und Integrationsbericht. Klagenfurt/Celovec: 40.

3   Vgl. Dilek Çınar (1999): „Geglückte" Integration und Staatsbürgerschaft in Österreich, in: L'HOMME. Zeitschrift für Feministische Geschichtswissenschaft, 10. Jg., Heft 1: 45-62.

4   Vgl. 637/AB XXII. GP, schriftliche Anfragebeantwortung durch den Bundesminister für Inneres Dr. Ernst Strasser, 2. September 2003.

Renée Winter

MIGRATION
KONTROLLIEREN?

Der Kontroll-
und Überwachungsapparat, der längst beschlossen ist und nun langsam umgesetzt
wird, widerspiegelt nicht nur ein Kontrollsystem, sondern auch eine glücklicherweise
unerfüllbare Vorstellung der absoluten Kontrolle/Regulierung von Bewegungen der
Menschen.

Staatliche Reg(ul)ierungsversuche von Migration stellen nur einen Teil
einer Geschichte der Arbeitsmigration dar. Gesetzesveränderungen können als Versuch
verstanden werden, die Kontrollmechanismen an (wirtschaftliche und politische) Bedürfnisse anzupassen.

Anfangs gab es wenige, den Aufenthalt betreffende Bestimmungen: Das Fremdenpolizeigesetz 1954, das die „Ausländerpolizeiverordnung" vom 22. August 1938 ablöste, umfasst
vergleichsweise wenig Paragraphen. Abkommen zur Aufhebung der Sichtvermerkspflicht
(Sichtvermerk = Visum) wurden geschlossen (1955 mit der Türkei und 1965 mit Jugoslawien), und 1969 wurde das Passgesetz verabschiedet. Nach der erfolglosen Forderung von
Unternehmen, „die Freizügigkeit der Österreicher gesetzlich zu beschränken"[1], durchzieht
die Angst vor der Abwanderung von Arbeitskräften die Presse bis Anfang der 1970er-
Jahre:

„Einige tausend Türken, Spanier und Jugoslawen haben wohl Österreich zu ihrem Arbeits-
land erkoren, aber sie können nicht darüber hinwegtäuschen, daß wir selbst noch zu jenen
Ländern zählen, die Gastarbeiter stellen: Allein in der Bundesrepublik Deutschland sind
rund 50.000 Österreicher tätig. (...) Die Zahl der Fremdarbeiter in Österreich ist kaum halb
so groß wie das bewilligte Kontingent. Wenn doch eine vergleichsweise große Anzahl von
Fremdarbeitern ihrem österreichischen Arbeitgeber die Treue hält und nicht nach Norden
auswandert, so ist das vor allem auf das hier herrschende Arbeitsklima und die leichte
Anpassungsfähigkeit des Österreichers an Ausländer zurückzuführen."[2]

Das *Linzer Volksblatt* fordert „nicht nur 15.000, sondern noch mehr Gastarbeiter nach
Österreich!".[3]

Befristeter Aufenthalt ist gefragt und wird durch sozialpartnerschaftlich beschlossene
Anwerbungen forciert. Es werden auch Maßnahmen überlegt, die Mobilität, Arbeit und
Aufenthalt von Personen möglichst lenk- und kontrollierbar machen sollen. 1965 zahlen

beispielsweise Bauunternehmen 625 Schilling pro angeworbene Arbeitskraft, für „Transport, Untersuchungskosten, den Verwaltungsaufwand (einschließlich Visagebühren), (...) den ‚Schubhaftungsbetrag', der den Rücktransport von landesverwiesenen Hilfswilligen sichert".[4] Auch 1965, zehn Jahre vor dem neuen[5] gesetzlichen Festschreiben der Regelungen im Ausländerbeschäftigungsgesetz 1975, wird in einer Grundsatzvereinbarung zwischen Wirtschaftskammer und ÖGB beschlossen, dass „die ausländischen Arbeitskräfte ab 1. Jänner 1966 über eigene Ausweise verfügen müssen, auf denen Dienstgeber und Dienstort vermerkt sind; dadurch wird der Arbeitsplatzwechsel wenngleich nicht verhindert, so doch erschwert; gleichzeitig dient der Ausweis als Gesundheitspaß (...)" und dass „bei Personalverringerungen zuerst die Ausländer abgebaut werden müssen".[6]

„VERBOT DER ABWERBUNG VON GASTARBEITERN IN ÖSTERREICH"[7]

Die Fremdenpolizei war und ist eines der ausführenden Organe dieser wechselnden Bestimmungen/Regulierungsversuche. In Zeiten wirtschaftlicher Rezession agiert sie durchaus repressiv; während der ÖGB den „einheitlichen Beschluß, den Zuzug auf Null zu stellen"[8] fasst, schiebt die Fremdenpolizei im August 1983 15 bis 20 Leute pro Woche ab.[9]

Als Folge der Anpassung an wechselnde mehrheitsösterreichische Bedürfnisse kommt es in Mediendiskursen und in Gesetzen zu Bedeutungsverschiebungen. So bedeutete der Begriff „Schlepper" in den 70er-Jahren „Werber ausländischer Firmen", „Gastarbeiter, die sich auf Abwerbung spezialisiert haben"[10] oder „illegale Stellenvermittler"[11]. In den 90er-Jahren ist seine dominante Bedeutung nicht mehr eine Bezeichnung für diejenigen, die Leute über die Grenze raus aus Österreich bringen, sondern hinein, und er wird u. a. vom damaligen Innenminister Franz Löschnak zur Argumentation für die Wiedereinführung der Sichtvermerkspflicht für Leute mit türkischem Pass herangezogen.[12] In beiden Fällen ist „der Schlepper" eine - immer männliche - Figur, mit der (restriktive) Maßnahmen und Gesetzgebungen legitimiert werden sollen.

Die für die Legitimation von Kontrolle notwendige Arbeit an der Ideologie wird auch an der unterschiedlichen Bewertung der Grenzen zwischen Österreich und Ungarn/CSSR (später Tschechischer Republik/Slowakei) sichtbar. Die fortwährend starke Kontrolle und „Sicherung" der Grenze wurde vor 1989 als „Eiserner Vorhang" eher mit Inhumanität konnotiert; in den Neunzigern wird die technologische Überwachung als „Schengen-Außengrenze" forciert und als Notwendigkeit verstanden.

DIE ERFINDUNG DER SCHEINEHE

„Warum und wann haben Sie sich zur Heirat entschlossen? Von wem ging die Initiative aus? Spielte Geld dabei eine Rolle?"

1984 titelt die *Öffentliche Sicherheit*, das Magazin des Innenministeriums: „Scheinehe gibt es nicht". Der Verwaltungsgerichtshof befindet:

„Weder das Allgemeine Bürgerliche Gesetzbuch, noch das in Österreich geltende Ehegesetz kennt den Begriff ‚Scheinehe'."[13]

1994 beschreibt Willfried Kovarnik, ebenfalls in der *Öffentlichen Sicherheit*, eine Änderung der Rechtssprechung, nach der es sehr wohl „Scheinehen" gäbe. Er führt dies zurück auf § 23 des Ehegesetzes:

„Eine Ehe ist nichtig, wenn sie ausschließlich oder vorwiegend zu dem Zweck geschlossen ist, der Frau die Führung des Familiennamens des Mannes oder den Erwerb der Staatsangehörigkeit des Mannes zu ermöglichen, ohne daß die eheliche Lebensgemeinschaft begründet werden soll." (§23 Abs. 1, EheG)

Das österreichische Ehegesetz geht zurück auf das 1938 in Kraft getretene „Gesetz zur Vereinheitlichung des Rechts der Eheschließung und der Ehescheidung im Lande Öster-

Der Begriff „Schlepper" bedeutete in den 70er-Jahren „Werber ausländischer Firmen", „Gastarbeiter, die sich auf Abwerbung spezialisiert haben" oder „illegale Stellenvermittler". In den 90er-Jahren bezeichnete er nicht mehr diejenigen, die Leute über die Grenze raus aus Österreich bringen, sondern hinein.

reich und im übrigen Reichsgebiet"[14] Dieser Paragraph blieb von Novellierungen in der Zweiten Republik unberührt.

1996 wurden „Scheinehe-Befragungen" der MA 62 bekannt. Ein interner, von den BeamtInnen bei Amtshandlungen – zu Anträgen auf Bewilligung von Aufenthaltsgenehmigungen – verwendeter Fragebogen enthält u. a. folgende zynische, da besser mit „nein" zu beantwortende Frage:

„Haben Sie gewusst, dass man durch die Heirat eines österreichischen Staatsbürgers einen leichteren Zugang zum Arbeitsmarkt erlangt und andere fremdenrechtliche Bewilligungen bekommt?"[15]

Insbesondere seit 1. 1. 1998, mit dem In-Kraft-Treten des Fremdengesetzes 1997, in dem diesbezügliche EU-rechtliche Bestimmungen – verspätet – übernommen wurden, sind Ehe sowie Adoption eine Möglichkeit, einen Aufenthaltstitel zu erwerben als „begünstigte

Drittstaatsangehörige". Gleichzeitig mit dieser Übernahme wurde der Begriff „Scheinehe"
schließlich im Gesetzestext festgeschrieben.

ILLEGALISIERUNG PER GESETZ

„Grundsätzlich muß klar sein, daß sich das Aufenthaltsrecht in Österreich nicht primär an den Bedürfnissen der Niederlassungswilligen orientiert, sondern
nach den Bedürfnissen der österreichischen Gesellschaft auszurichten hat. Österreich muß
entscheiden können, wer sich niederlassen kann und soll. (...) Nur auf dieser Grundlage
gelangen sie dorthin, wo sie auch tatsächlich gebraucht und gewollt werden." (Allgemeiner
Teil der Erläuterungen zur RV, AufG 93)
Es verändern sich ständig die Regeln, die vorgeben, wer / wie viele / mit welchen Doku-
menten / mit welchen Voraussetzungen / mit wieviel Geld / für wie lange / mit welchen
Rechten in Österreich (zu arbeiten, Familie nachzuholen, den Arbeitsplatz zu wechseln)
nach Österreich kommen darf: Wer „legal" oder „illegal" ist, bleibt variabel. Der Prozess
der Illegalisierung ist auch dem Leiter der Fremdenpolizei Wien bekannt:
„Eines kann jedoch gesagt werden, daß die Anzahl der Illegalen aufgrund der strengeren
Fremdengesetze in den letzten Jahren sehr stark angestiegen ist."[16] Gegen das 1993 in
Kraft getretene Aufenthaltsgesetz gab es zahlreiche Demonstrationen und Aktionen. Das

1989 wird die Figur des „Schleppers" zur
Legitimation der Wiedereinführung der
Visapflicht für TürkInnen herangezogen
(Quelle: AZ, 12. 12. 1989)

Gesetz sah u. a. vor, dass einen Monat vor Ablauf eines Visums ein Verlängerungsantrag gestellt werden muss, andernfalls ein Erstantrag – vom Ausland aus – zu stellen sei. Dadurch wurde „jegliche Möglichkeit der Legalisierung des Aufenthaltsstatus in Österreich [beendet]".[17] 1993/94 wurden unzählige Menschen aufgrund von „Fristversäumnissen"

Staatliche Formen der Migrationskontrolle wurden und werden schrittweise denationalisiert, die Aufgaben vom Bund an die Bundesländer und an die EU verschoben oder privatisiert.

illegalisiert. Auch Hr. Akın war damit konfrontiert und klagte 1993/94 erfolgreich die Fremdenpolizei wegen Einschränkung der Reisefreiheit, die ihm daraufhin 13.600 Schilling zahlen musste.[18]

Das Aufenthaltsgesetz bildete auch die gesetzliche Grundlage für ein quotenfreies[19] „KünstlerInnenvisum", das eine Möglichkeit des befristeten Aufenthalts und Arbeitens als „Tänzerin" darstellte. Die Frauen erhielten jedoch keine Aufenthaltsbewilligung, was einen Wechsel der Beschäftigung erheblich erschwerte: „Für die Barbesitzer ist es sehr leicht, immer wieder neue Tänzerinnen anzuwerben, hingegen ist es für die Frauen fast unmöglich, im Land zu bleiben, wenn sie nicht mehr als Tänzerinnen arbeiten wollen."[20]

LEAVE BUSINESS AND JOIN THE DEMONSTRATION

Am 1. Mai 1999 wurde Marcus Omofuma während seiner Abschiebung von den ihn begleitenden Polizisten getötet. Nach einer starken Mobilisierung, nach Demonstrationen und Aktionen selbstorganisierter und antirassistischer Gruppen entstand eine massive mediale und polizeiliche Kriminalisierung schwarzer Männer. Im Zuge der „Operation Spring" der Polizei kommt es zu etlichen Verhaftungen. Die Prozesse sind gekennzeichnet von Beschuldigungen eines anonymen Zeugen mit Helm. Im Prozess gegen die drei Fremdenpolizisten im Jahr 2002 lautet die Anklage auf „Quälen oder Vernachlässigen eines Gefangenen mit Todesfolge" (§312 Abs. 1, 1. Fall und 3, 3. Fall, StGB), was laut Strafgesetzbuch mit einer Freiheitsstrafe von einem Jahr bis zehn Jahren zu bestrafen ist. Nach der Einvernahme von den ehemaligen Innenministern Löschnak und Einem sowie dem damaligen Innenminister Schlögl werden die drei Polizisten wegen „fahrlässiger Tötung unter besonders gefährlichen Verhältnissen" (§ 81 StGB) zu acht Monaten Haft auf drei Jahre bedingt verurteilt. Einen Milderungsgrund stellt das Wissen

der ehemaligen Innenminister um die Praxis des Mundverklebens dar, „sodass die
Angeklagten sehr wohl davon ausgehen konnten und auch ausgegangen sind, dass diese
von ihnen gewählte Vorgangsweise rechtmäßig sei".[21]

Ausgehend vom Schengen-Abkommen gibt es die Tendenz, die Migrationsregulierung zu
EU-ropäisieren. Als Ausgleichsmaßnahme „zum Wegfall der Binnengrenzen wurde ein
Kontroll- und Überwachungsapparat (...), der wesentlich flexibler ist als das herkömmliche
Grenzregime"[22] geschaffen: „Die alte Staatsgrenze, nunmehr Schengener Binnengrenze,
die laut § 2 des Abkommens eigentlich abgeschafft werden sollte, verschwindet nicht oder
verwischt nicht einfach. Die Grenze faltet und vervielfältigt sich, verschiebt sich nach
vorne und nach hinten, in Dritt- und Viertländer, sowie ins Landesinnere."[23]

KONTROLLE UND ÜBERWACHUNG

„Jeder Diskurs, der die Beherrschung der Migrationsströme mit einer
Verstärkung der Grenzkontrollen assoziiert, beruht also auf dem Mythos der Existenz eines
souveränen Staates, der sein Territorium vollkommen kontrollieren kann."[24]

Staatliche Formen der Migrationskontrolle wurden und werden schrittweise denationalisiert,
die Aufgaben vom Bund an die Bundesländer (z. B. in Wien die Magistratsabteilung MA 20)
und an die EU verschoben oder privatisiert.

Was sich 1999 abzeichnete, steht im Augenblick, in dem dieser Text entsteht, davor, ver-
wirklicht zu werden. Der Entwurf des österreichischen Asylgesetzes - nach UNHCR im
Oktober 2003 das strengste Europas[25] - sieht u. a. die Benennung von die EU umgebenden
Staaten als „sichere Drittstaaten" vor, wonach Personen, die über diese nach Österreich
gekommen sind, dorthin zurückgeschoben werden können. Abgeschoben oder „betreut"
werden die Leute von einer Firma mit dem ominösen Namen „Homecare".

Österreich ist auch Vorreiter in der Nicht-Umsetzung der EU-Richtlinien für Antidiskrimi-
nierung. Der zu spät eingereichte Gesetzesentwurf „bezieht sich nur auf individuelle persönliche Diskriminierungen und nimmt den Hauptschuldigen für die Diskriminierung der
MigrantInnen in Österreich, nämlich den Staat selber, kaum ins Visier".[26] Weiters nahm
Österreich die in der EU-Richtlinien vorgesehene Beweislastumkehr - dass nicht die diskri-
minierte Person beweisen muss, dass sie diskriminiert worden ist, sondern die angeklagte
Partei, dass sie nicht diskriminiert hat - nicht in den österreichischen Entwurf hinein.

Der Kontroll- und Überwachungsapparat, der längst beschlossen ist und nun langsam
umgesetzt wird, umfasst EU-weite Speicherung und Abfrage von Fingerabdrücken und

anderen Daten von AsylbewerberInnen. Dies widerspiegelt nicht nur ein Kontrollsystem, sondern auch eine glücklicherweise unerfüllbare Vorstellung der absoluten Kontrolle/Regulierung von Bewegungen der Menschen.

1983 wurde das Abnehmen der Fingerabdrücke von nach Japan Einreisenden in Europa und den USA als eine „Menschenrechtsfrage" diskutiert[27]; am 11. Dezember 2000 wurde es im EURODAC-Abkommen für alle in die EU einreisenden AsylantragstellerInnen beschlossen.

1   Helga Matuschek (1985): Ausländerpolitik in Österreich 1962-1985. Der Kampf um und gegen die ausländische Arbeitskraft, in: Journal für Sozialforschung, 25. Jg., 2: 159-196; 161.
2   Walter Pissecker: 2,5 Millionen arbeiten im Ausland. Europas Fremdarbeiterbewegung hat bereits die Ausmaße einer Völkerwanderung, in: AZ, 10. 9. 1964: 3.
3   „Krieg" um Gastarbeiter. Jugoslawien lockt Österreicher in die Adriahotels, Bericht im Linzer Volksblatt, 4. 5. 1971.
4   Der Antikaperbrief. Grundsatzvereinbarung der Bundeswirtschaftskammer mit dem ÖGB über ausländische Arbeitskräfte. Abwerbung soll künftig unterbunden werden, in: Wochenpresse, 29. 12. 1965.
5   Bis dahin galt die „Verordnung über ausländische Arbeitnehmer" vom 23. 1. 1933.
6   Wochenpresse, 29. 12. 1965.
7   Schlagzeile in der Neuen Zürcher Zeitung, 4. 4. 1970.
8   Hubertus Czernin: „Absolute Sperre", in: Wochenpresse, 22. 2. 1983.
9   Ulrike Davy, August Gächter (1993): Zuwanderungsrecht und Zuwanderungspolitik in Österreich, in: Journal für Rechtspolitik, Teil 1: 155-174; Teil 2: 257-281; 168.
10 Neue Zürcher Zeitung, 4. 4. 1970.
11 Geschäft mit Gastarbeiter-Plätzen. Schlepper kassieren bis 8000 S, Bericht in: Oberösterreichische Nachrichten, 21. 5. 1971.
12 Jetzt plant Löschnak Visapflicht für Türken. Schleppern soll dadurch endgültig das Handwerk gelegt werden, Bericht in: AZ, 12. 12. 1989: 1-2.
13 Öffentliche Sicherheit, 3/1984: 17.
14 Deutsches Reichsgesetzblatt I: 807/1938.
15 Vgl. auch Reinhold Jawhari (2000): Wegen Überfremdung abgelehnt. Ausländerintegration und symbolische Politik, gedr. Diplomarbeit, Wien: 78f.
16 Stefan Stortecky: „Aufbieten sämtlicher Kräfte", in: Öffentliche Sicherheit, 10/95: 10-12.
17 Karin König (1998): Das österreichische Migrationsregime von 1945 bis heute, in: Staatsarchitektur (= Vor der Information 7/8): 150-155; 151.
18 Siehe auch: Wiener Integrationsfonds (Hg.) (2002): Wir, die Zugvögel. Mi, ptice selice. Biz, Göçmen Kuşlar: Zehn Lebensgeschichten der ersten „GastarbeiterInnen" in Wien. Klagenfurt/Celovec: 41-63.
19 Auch mit dem Aufenthaltsgesetz wurden Quoten für willkürlich festgelegte Gruppen eingeführt. Quoten sind bis heute Bestandteil der staatlichen Migrationsregulierungspraxis. Am 8. 10. 2003 befand der Verfassungsgerichtshof die „Durchführungspraxis", aber nicht die Quotenregelung, beim „Familiennachzug" für verfassungswidrig.
20 LEFÖ: Eine Analyse der „Ausländer"-Gesetzgebung Österreichs, in: Staatsarchitektur, a. a. O.: 130-143; 134.

21 Aus dem Urteil: http://no-racism.net / racismkills / prozess_urteil290902.htm, auf
http://no-racism.net / racismkills / befinden sich auch Prozessprotokolle.

22 Florian Schneider (1999): Verblaßter Mythos Grenze? Innere und äußere Widersprüche des
neuen Grenzregimes, in: cross the border (Hg.Innen): kein mensch ist illegal. Ein Handbuch zu
einer Kampagne. Berlin: 90-96; 95.

23 Ebd.

24 Ayşe Ceyhan & Anastassia Tsoukala (1997): Contrôle de l'immigration: mythes et réalités, in:
Cultures et conflits, Sociologie politique de l'international, 26-27, 997Contrôles: frontières,
identités. Les enjeux autour de l'immigration et de l'asile, Übersetzung von der Autorin.

25 Der UNHCR kritisiert insbesondere, dass Berufungsverfahren keinen Eingang ins
Asylverfahren finden.

26 Ljubomir Bratić (2002): Neue Égaliberté. Kampflinien der antirassistischen Szene in Österreich, in: Kulturrisse 01 / 02: 6-8; http://www.no racism.ne / wahlpartie / Dokumentation.html.

27 Fingerabdrücke als Menschenrechtsfrage?, Öffentliche Sicherheit, 6/1983: 10.

Demonstration des
Jugoslawischen
Dachverbands auf
dem Heldenplatz,
Wien am 1. 3. 1999,
gegen die NATO–
Bombardierung
Jugoslawiens
(Quelle:
Ljubomir Bratić)

Ljubomir Bratić

DIE FRAGE DER
SELBSTORGANISATION[1]

Die Gründe für die Bildung von partizipationsorientierten Selbstorganisationen sind vor allem darin zu finden, dass sich die neuen AktivistInnen in der MigrantInnenszene von Fragen, die sich mit Identität beschäftigten, auf Fragen von Macht und Machttheorie umorientierten.

Ausgangspunkt aller Selbstorganisation der MigrantInnen ist eine soziale Situation, in der die MigrantInnen trotz ihrer Anwesenheit ständig darauf hingewiesen werden, nicht dazuzugehören. Mehr noch, durch das ständige Hinterfragen, woher sie kommen[2], werden sie diskursiv auch an diesen ihren ursprünglichen Ort verdrängt. Gewissermaßen handelt es sich dabei um eine ständige Aufforderung zur „Rückkehr", was auch mit einer Verweigerung der Niederlassung einhergeht. Die verbale Aufforderung findet ihr rechtliches Pendant im gesetzlichen Verbot der Niederlassung, wodurch die MigrantInnen in einer prekären Lage gehalten werden: nicht nur arbeitsmäßig, sondern insgesamt was die Lebensplanung betrifft. Der Ort, wo sich der Alltag der MigrantInnen abspielt, wird durch den Gesetzgeber zu einem Provisorium erklärt[3]. Insofern waren und sind die Prozesse der Verwurzelung in sozialen Orten des Aufnahmelandes von zentraler Bedeutung für die MigrantInnen. Um diese Verwurzelung - die gleichzeitig ein anfänglich stillschweigender Aufruf zur Veränderung ist - voranzutreiben, entstehen verschiedene Organisationsformen innerhalb des vom Nationalstaat vorgegebenen Beziehungsgeflechts „MigrantInnen". Der Selbstorganisation der MigrantInnen liegt also nicht die viel kolportierte Absicht der Erhaltung der eigenen „kulturellen Identität" zugrunde, auch nicht die Absicht, sich innerhalb des Aufnahmestaates zu integrieren, sondern ein Streben nach Emanzipation.

Die MigrantInnen sind ein Teil der soziopolitischen Auseinandersetzungen, egal innerhalb welchen nationalstaatlichen Gebildes sie sich befinden. Sie sind eine Herausforderung für den Nationalstaat und seine - auf die Integration und Homogenisierung der Bevölkerung ausgerichteten - Regulierungstechniken. Dementsprechend ist in vielen Theorieansätzen der sozialwissenschaftlichen Migrationsforschung die Tendenz zu beobachten, die sogenannte Integration zu forcieren: eine Integration in die Institutionen und Gebilde, deren Dauerhaftigkeit und ausschließender Charakter vorausgesetzt werden. Dieser Sicht

der Dinge setzen die theoretischen Bemühungen um die Selbstorganisation der MigrantInnen eine andere Auffassung entgegen: Die sozialen Kämpfe bestreiten AkteurInnen, die
innerhalb der ihnen zur Verfügung stehenden soziopolitischen Gegebenheiten darauf
bedacht sind, ihre Machtpotenziale zu vergrößern.

DIALEKTIK DES ALLTAGS

Die Selbstorganisation ist eine von MigrantInnen verwirklichte Strategie,
die eigene Macht zu vergrößern. Das Ziel jedweder Selbstorganisation der Individuen ist
die Vergrößerung ihrer politischen Handlungspotenziale. Insofern können wir die Selbst-
organisationen der MigrantInnen als deren politischen Bestandteil im Rahmen der sozialen
Kämpfe im jeweiligen Nationalstaat begreifen.
Die spezifische Art der Machtrationalität gegenüber MigrantInnen schafft eine spezifische
Widerstandsrationalität[4]. Die Selbstorganisation kann als eine Voraussetzung für die Mög-
lichkeit der Emanzipation verstanden werden, als eine notwendige Bedingung, um die
Forderung nach Emanzipation überhaupt stellen zu können.
Alle Maßnahmen, die seitens der Sozialpartner und der Parteien innerhalb des österreichi-
schen Staates zur Eindämmung und im Besonderen zur Kontrolle der Migration getroffen
worden sind, sind an der Autonomie der Migration gescheitert. Migration ist – wie Moulier
Boutang richtig feststellt – „niemals die Aktion eines isolierten, asozialen, ausgestoßenen
Individuums". Sie ist ein Projekt von „gesellschaftlichen Individuen (...), die in einer Gruppe,
in einem familiären und sozialen Umfeld leben".[5] Dieses Netzwerk trägt als wichtigster
Faktor die Verantwortung für den Weiterbestand der Migration und scheint, zumindest bis
jetzt, der Sieger zu sein über alle nationalstaatlichen und nationalistischen Bestrebungen,
die Migration zu stoppen. Die Tatsache der wachsenden Zahl der MigrantInnen deutet auf
eine Unmöglichkeit einer kohärenten staatlichen Regulierung der Migration hin. Entscheidend dabei ist, wenn man die Tatsache der Selbstorganisation der MigrantInnen vor Augen
hat, eben diese – ausgehend von der Autonomie der Migration und den Bestrebungen zur
Selbstbestimmung – existierenden Praktiken der MigrantInnen zu berücksichtigen.
Die Selbstorganisation der MigrantInnen korreliert mit einer Vielfalt von Taktiken, „mit
denen entlang der vom Ausländergesetz diktierten Unverschämtheiten Spielräume
erkämpft werden. Man verschafft sich Jobs, einen Krankenversicherungsausweis, heiratet
oder organisiert die richtigen Kontakte".[6] In dieser Hinsicht war, den österreichischen Staat
betreffend, auch die Praxis der Adoption von Bedeutung.

Um nicht missverstanden zu werden: Ich behaupte hier nicht, dass diese vielfältigen Praktiken ein neues revolutionäres Subjekt konstruieren. Ich betrachte sie eher im Sinne von Charteaus Begriff des Alltags, als viele der möglichen Arten des „Wilderns"[7]. Es handelt sich dabei um die Aktivitäten von gesellschaftlichen Subjekten, die „Kombinations-möglichkeiten von Handlungsweisen" herausarbeiten, die zur Bildung einer spezifischen Umgangsweise mit der herrschenden, ihnen aufgezwungenen Ordnung führen. Es geht um ein Spiel mit der Macht der herrschenden Ordnung, welches die MigrantInnen nicht abweisen können. Sie entfliehen dieser Ordnung, ohne sie zu verlassen.[8] Aber genau wie es im Fall der oben erwähnten Adoption schon passierte, stellen diese Abweichungen einerseits die Macht der souveränen Ordnung in Frage und gleichzeitig führen sie zu einer Affirmation der rassistischen Gesetzgebung, indem sie dem Souverän die Möglichkeit bieten, seine Kraft zu demonstrieren. Das österreichische politische System, aus dem die Gesetzgebung hervorgeht, ist – wie im Prinzip jeder Nationalstaat – strukturell rassistisch ausgerichtet: Strukturell werden MigrantInnen in allen gesellschaftlichen Bereichen systematisch ausgeschlossen und benachteiligt, wobei ständig neue Formen des Aus-schlusses entwickelt werden. Ökonomisch und ideologisch werden Ausschlussregelungen und -praktiken mit dem „Schutz der inländischen ArbeitnehmerInnen" gerechtfertigt. Der

Der partizipationsorientierte Typus der Selbstorganisation ist immer ein Versuch, für bestimmte, bewusst gewordene Problemlagen eine politische Lösung herbeizuführen.

strukturelle Rassismus zeigt sich konkret in folgenden Bereichen: Ausschluss von Wahlrechten und Einschränkungen für Möglichkeiten politischer Partizipation; abgestufter Ausschluss vom Arbeitsmarkt (Beschäftigungsbewilligung, Arbeitserlaubnis, Befreiungs-schein) und von der Niederlassung (Möglichkeiten zur Illegalisierung und Abschiebung); Schlechterstellungen im Sozialrecht und vielen anderen Rechtsbereichen; Diskriminierun-gen bei der Vergabe von geförderten Wohnungen; Gettoisierung, Segregation und Konzentration der MigrantInnen in bestimmten Bereichen; mangelnde Aufstiegs- und Ausbildungschancen. Man mag es eine Dialektik des Alltags nennen, dass diese Überschrei-tungen und Umformulierungen das Gesetz nicht nur in Frage stellen, sondern immer auch affirmieren[9]. In diesem Zwiespalt leben nicht nur die MigrantInnen. Er charakterisiert all die modernen Bevölkerungs-Regulierungstechniken. Es gibt, wie schon Foucault sagte, keinen Widerstand außerhalb der Macht.[10] Foucault weiter in einem seiner wichtigsten Texte folgend[11], können wir aber in diesem Widerstand eine Unmittelbarkeit erblicken. Ein

Kampf um das, was den Menschen am nächsten ist; um die Machtinstanzen, die direkt auf die Individuen einwirken.

TYPEN MIGRANTISCHER SELBSTORGANISATION

Im Wesentlichen sollen hier zwei Formen migrantischer Selbstorganisation unterschieden werden: Erstens Defensivorganisationen, die sich in erster Linie mit der Verteidigung von diversen, nach innen orientierten Anliegen („kulturelle Identität", Sprache, andere Themen einer jeweils ethnisch geschlossenen Diaspora usw.) beschäftigen, und zweitens partizipationsorientierte Formen von Selbstorganisation. Im Folgenden liegt die Aufmerksamkeit vor allem auf dem partizipationsorientierten Typus. Bevor wir aber zu diesem übergehen, will ich kurz skizzieren, welche anderen Organisationen es unter MigrantInnen überhaupt gibt. In einer allgemeinen Verwendung bezieht sich Selbstorganisation auf eine selbst gewählte Organisationsbewegung von Menschen innerhalb eines soziales Raums. Selbstorganisation ist für die Entwicklung sozialer Bewegungen notwendig. Unter Selbstorganisation der MigrantInnen verstehe ich jene defensiven und partizipationsorientierten Gruppen, die das soziale Gefüge und das politische Agieren der MigrantInnen wesentlich prägen.

An erster Stelle ist in diesem Zusammenhang die *Verwandtschaft* zu erwähnen. Die Verwandtschaftsbeziehungen und vielfach auch Ortschaftsverbände und Nachbarschaftsbeziehungen von Menschen sind Ausgangspunkte für die ersten migrantischen Organisationseinheiten. Dabei können wir nicht von einer Selbstorganisation im politischen Sinn sprechen, weil hier nur zeitweise und vorübergehend bestimmte Organisationsformen aufgegriffen werden, die MigrantInnen in ihrer ursprünglichen Sozialisation, in den geographischen und sozialen Gegebenheiten ihrer Ursprungsländer, erfahren und gekannt haben. Weitere mögliche Organisationsformen für derartige „ethnische Kolonien"[12] im Aufnahmeland sind: religiöse Gemeinden, bestimmte politische Organisationen, informelle soziale „Verkehrskreise" und Treffpunkte sowie ein (vielfältiges) Vereinswesen. Außerdem kommt es zur Entwicklung ethnischer Medien und ethnischer Ökonomien.

Die religiösen Gemeinden, parteipolitischen Organisationen und zum großen Teil auch die ethnischen Medien zielen auf die Erhaltung oder Veränderung der gesellschaftspolitischen Wirklichkeit im Herkunftsland ab. Die informellen sozialen „Verkehrskreise" und Treffpunkte sind wesentliche Strukturelemente der migrantischen Gemeinschaften im Aufnahmeland: Sie werden vor allem auch für den Informationsaustausch, den Aufbau von Netzwerken über Bekanntschaften, politische Agitation usw. genutzt. Ein Beispiel für informelle soziale Verkehrskreise sind die gut funktionierenden Busverbindungen, welche die MigrantInnen bis in die entlegensten Dörfer ihrer Herkunftsländer bringen. Diese Verbindungen sind für die Aufrechterhaltung der sozialen Bindungen zwischen den Menschen einer Region von großer Bedeutung.

Des Weiteren sind die „ethnischen Ökonomien" wichtig. Es handelt sich um Wirtschafts-formen, die sich auf eine spezielle Nachfrage einstellen, die aus der Migrationssituation resultiert und von einheimischen AnbieterInnen nicht abgedeckt wird. Am sichtbarsten sind die „türkischen GemüsehändlerInnen". Andere Branchen ethnischer Ökonomien sind Video- und Musikträger-Geschäfte, Buchläden, Kreditbüros, Busunternehmen, Begräbnis-gesellschaften, Gastronomiebetriebe usw. Diese Ökonomien entstehen auch dadurch, dass MigrantInnen vom regulären Arbeitsmarkt verdrängt werden. Die finanzielle Kapitalaus-stattung der relativ jungen Unternehmen ist gering, was jedoch durch die Arbeitsmoti-vation und mit Hilfe von Familie, Verwandtschaft und FreundInnen teilweise kompensiert werden kann.[13]

Schließlich möchte ich noch die Vereine erwähnen, in denen sich bis zu 50 % aller MigrantInnen aktiv betätigen.[14] Diese Vereine sind ursprünglich dem *defensiven* Typus von Selbstorganisation zuzurechnen. Mitte der 90er-Jahre wurden diese Vereine für die heranwachsenden AktivistInnen der nächsten Generation politisch und kulturell zu eng. Politisch zu eng wurden sie deshalb, weil der bisherige Lobbyismus zu keinen konkreten Veränderungen der rassistischer Migrationspolitik, sondern eher zur Stabilisierung sowohl der Aufnahmegesellschaft als auch der ethnischen Gruppen geführt hatte. Kulturell wurden sie deshalb zu eng, weil die Vorstellungen, Interessen und Orientierungen der meist männlichen Wortführenden der ersten Generation (meistens *Leader* der defensiv orientierten Vereine) nicht mit jenen der nachfolgenden Generationen übereinstimmten.[15]

PARTIZIPATIONSORIENTIERTE SELBSTORGANISATIONEN

Daher hat sich in Österreich seit dem Ende der 90er-Jahre eine wichtige Entwicklung vollzogen: Die defensiven Formen von Selbstorganisation der ersten Generation wurden durch die partizipationsorientierten Organisationen ergänzt und in ihrem politischen Wirken teilweise ersetzt. Der partizipationsorientierte Typus der Selbstorganisation ist immer ein Versuch, für bestimmte, bewusst gewordene Problem-lagen eine politische Lösung herbeizuführen, und unterscheidet sich von den Defensiv-

Demonstration des Jugoslawischen Dachverbands auf dem Heldenplatz, Wien am 1. 3. 1999, gegen die NATO-Bombardierung Jugoslawiens (Quelle: Ljubomir Bratić)

organisationen durch folgende Merkmale: viel größere ethnische Inhomogenität, einen nicht von Lobbying geprägten politischen Stil, den Aufbau von Netzwerken mit arbeitsteilig spezialisierten Knotenpunkten und mit flachen Hierarchien, eine eher internationalistische Orientierung sowie einen hohen Politisierungsgrad, um Gleichstellung der MigrantInnen zu erreichen.

Partizipationsorientierte Formen von Selbstorganisation lehnen ein Gefolgschaftsmodell von Politik ab. Die Defensivorganisationen sind Gefolgschaftsorganisationen mit klaren inhaltlichen und strukturellen Vorgaben, differenzierten Aufnahme- und Ausschlusskriterien für ihre Mitglieder sowie arbeitsteilig und hierarchisch genau festgelegten Aktionen: Diese finden auch regelmäßig statt, wie etwa die jährlich durchgeführten Arbeitersportspiele des jugoslawischen Bundesdachverbandes.[16]

Die Entwicklung des migrantischen Widerstands in Österreich umfasst zwei entsprechende Stufen: Zunächst orientierte sich das Interesse des migrantischen Widerstandes an Familiennachzug und Kettenmigration. Aufgrund der schwachen gesellschaftlichen Verwurzelung der ersten Generation konnte er nur mit den Mitteln des Lobbyismus gegen die Restriktionen im Fremdenrecht (Ausländerbeschäftigungsgesetz, Fremdenpolizeigesetz) vorgehen. Dieser Widerstand sicherte sich die Unterstützung zivilgesellschaftlicher PartnerInnen sowohl im Ursprungs- als auch im Aufnahmeland. Für die jugoslawische *Community* in Österreich war bis Anfang der 90er-Jahre paradoxerweise gerade der Österreichische Gewerkschaftsbund (ÖGB) ein Partner, obwohl der ÖGB bis heute eine nationale Identitätspolitik betreibt, die alle ArbeitnehmerInnen ausschließt, die keinen österreichischen Pass besitzen. Zwar dürfen die MigrantInnen ÖGB-Mitglieder werden, zu BetriebsrätInnen dürfen aber nur österreichische StaatsbürgerInnen gewählt werden.

Die Betriebsratsfunktion ist der Grundstein für den Aufstieg in der Hierarchie des ÖGB. Die Ausschließung vom passiven Betriebsratswahlrecht hat zur Folge, dass – außer auf der Ebene der Beratung – in der Hierarchie des ÖGB auf keiner Stufe MigrantInnen zu finden sind. Damit drängte das strukturell rassistische System des Aufnahmelandes Österreich die MigrantInnen in eine Form von defensiver Selbstorganisation – entsprechend ihren Vorstellungen und Organisationskapazitäten. Interessenvertretungen sowohl in den Aufnahme- als auch in den Herkunftsländern versuchten die neuen migrantischen Organisationen gleichzeitig für ihre eigenen Interessen und Machtpositionen zu instrumentalisieren. Dadurch wurde aber ein gleichberechtigter Dialog unmöglich, was wiederum zur Folge hatte, dass sich alle Seiten möglichst stark voneinander abzugrenzen versuchten.

Die Gründe für die politische Umorientierung und die Bildung von partizipationsorientierten Formen der Selbstorganisation, die als zweite Stufe des migrantischen Widerstands gelten können, sind vor allem darin zu finden, dass sich die neuen AktivistInnen in der MigrantInnenszene von Fragen, die sich mit Identität beschäftigten, auf Fragen von Macht und Machttheorie umorientierten. Mit diesem Schritt erreichten die AktivistInnen eine neue Position, um in einen möglichen Dialog mit der Gesellschaft des Aufnahmelandes einzutreten und an dieser Kritik zu üben. Diese Kritik wurde begleitet von einer Wende vom „moralischen" zum „politischen Antirassismus" und betraf jene Non-Governmental-Organisations (NGOs), die den „moralischen Antirassismus" noch immer vertreten.[17] In den 90er-Jahren entwickelte sich während der Großen Koalition aus SPÖ und ÖVP ein „moralischer Antirassismus", der gegen die oppositionelle FPÖ gerichtet war, die durch offene rassistische Sprache vor allem bei Wahlen Zulauf gewann. Diese Form des Antirassismus bezog sich jedoch allein auf die offen rassistische Rhetorik der FPÖ: Im Windschatten dieses Antirassismus wurden die rassistischen Strukturen des Staates Österreich durch restriktive Gesetze (z. B. Asylgesetz 1992, Aufenthaltsgesetz 1993, Fremdengesetz 1997) weiter ausgebaut. Diese Gesetze wurden durch die Konzentration des moralischen Antirassismus auf die FPÖ der notwendigen, wichtigen Kritik entzogen. „Politischer Antirassismus" konzentriert sich dagegen meinem Verständnis nach auf die strukturellen rassistischen Gegebenheiten, wie etwa den Ausschluss aus Politik, Staatsdienst, von geförderten Wohnungen und Sozialleistungen, und zwar unabhängig von der Rhetorik der gerade amtierenden Regierung.

Weiters wurden jene Organisationen kritisiert, die eine Stellvertreterpolitik betreiben, also im Namen der MigrantInnen auftreten und für sie etwas fordern, ohne dass diese in den

Diskussionsprozess zu diesen Forderungen einbezogen werden oder überhaupt eine Rolle in diesen Organisationen spielen.

Die AktivistInnen der partizipationsorientierten Organisationen distanzierten sich aber auch von den Anführern der migrantischen Defensivorganisationen, die durch ihre jahrzehntelange Lobbyarbeit in ein Beziehungsgeflecht mit EntscheidungsträgerInnen von Parteien und Gewerkschaft integriert worden waren: Damit waren ihnen offensivere und unabhängige politische Aktivitäten abseits des Lobbyismus unmöglich.

Als Ergebnis der Umorientierung der 90er-Jahre konzentrieren sich die partizipationsorientierten Formen migrantischer Selbstorganisation auf nach außen gerichtete politische Aktionen.

1   Teile dieses Essays wurden bereits im Text „Selbstorganisation im migrantischen Widerstand. Ein Diskussionsbeitrag", in: SWS-Rundschau, Heft 4 / 2001: 516-536 veröffentlicht.

2   Vgl. Mark Terkessides: Orte der Verstrickung, www.ifa.de / zfk / themen / 99-3-hysterie / dterkessidis.htm.

3   Vgl. Selçuk Yurtsever-Kneer: Vortrag über „Transnationale Identitäten", www.femigra.com.

4   Vgl. Ljubomir Bratić (2002): Rassismus und migrantischer Antirassismus in Österreich, in: Ljubomir Bratić (Hg.): Landschaften der Tat. Vermessung, Transformationen und Ambivalenzen des Antirassismus in Europa. St. Pölten: 119-142; 127.

5   Yann Moulier Boutang (2002): Nicht länger Reservearmee. Thesen zur Autonomie der Migration und zum notwendigen Ende des Regimes der Arbeitsmigration, in: Subtropen / Jungle World Nr. 15: 1-2; 1.

6   Manuela Bojadzijev / Serhat Karakayalı / Vassilis Tsianos (Kanak Attak). Verfügbar unter: www.kanak-attak.de / ka / aktuell / papers.htm.

7   Michel de Charteau (1988): Kunst des Handelns. Berlin: 12.

8   Ebd: 14.

9   Vgl. zu dieser Problematik: „Dialektik der Grenzverletzer" von Stefan Kaufmann / Ulrich Bröckling / Eva Horn, in: dies. (Hg.) (2002): Grenzverletzer. Berlin: 8-22.

10 „Wo es Macht gibt, gibt es Widerstand. Und doch oder vielmehr gerade deswegen liegt der Widerstand niemals außerhalb der Macht." (Michel Foucault (1999): Der Wille zum Wissen. Sexualität und Wahrheit I. Frankfurt / M.: 116.)

11 Michel Foucault (1994): Das Subjekt und die Macht, in: Hubert L. Dreyfus / Paul Rabinow: Michel Foucault. Jenseits von Strukturalismus und Hermeneutik. Weinheim: 243 - 261; 246.

12 Friedrich Heckmann (1992): Ethnische Minderheiten, Volk und Nation. Soziologie interethnischer Beziehungen. Stuttgart: 97 u. 110.

13 Regina Haberfellner / Martina Böse (1999): „Ethnische" Ökonomien, in: Heinz Fassmann / Helga Matuschek / Elisabeth Menasse (Hg.): abgrenzen - ausgrenzen - aufnehmen. Empirische Befunde zu Fremdenfeindlichkeit und Integration. Klagenfurt / Celovec: 93.

14 Sabine Kroißenbrunner (1996): Soziopolitische Netzwerke türkischer MigrantInnen in Wien. Wien: 23.

15 Eveline Viehböck / Ljubomir Bratić (1994): Die Zweite Generation. Migrantenjugendliche im deutschsprachigen Raum. Innsbruck 1994: 120.

16 Ljubomir Bratić (2000): Soziopolitische Organisationen der MigrantInnen in Österreich, in: Kurswechsel, Heft 1 / 2000: 6-20; 13.

17 Andreas Görg (2000): Bunte Vorarbeit für die Vierte Republik, in: derive, Heft 1, Wien: 28-29; 28.

Alev Korun

FRAUEN IN
DER MIGRATION

NICHTS ALS

DISKRIMINIERUNG UND STEREOTYPEN?   Trotz der gesellschaftlichen und rechtlichen Diskriminierungen geht es bei der Beschäftigung mit Migration und Frauen auch immer um die Sichtbarmachung von Migrantinnen als handelnde Subjekte.

Über Frauen in der Migration zu schreiben, ist angesichts der Vielfalt der eingewanderten Frauen und ihrer unterschiedlichen Positionen in der österreichischen Gesellschaft keine leichte Aufgabe. Ganz zentral bei der Behandlung des Themas sind Fragen wie „Welche Frauen?" und „Welche Migration?". Womit wir genau im Herzen des Themas wären: Die vorherrschende Sicht auf Migrantinnen in Österreich ist eine verallgemeinernde, homogenisierende und allein dadurch stereotypisierende. Man tut so, als wären Migrantinnen eine einheitliche Gruppe – meistens von unterdrückten, uneigenständigen, abhängigen Opfern, denen im besten Fall geholfen werden kann bzw. muss, die aber keine eigenen Handlungsstrategien haben. Die Vielfalt der sprachlichen, kulturellen, religiösen, sozio-ökonomischen Herkünfte wird dadurch verschleiert und unsichtbar gemacht. So wird es möglich, Migrantinnen als eine einheitliche Gruppe zu phantasieren und ihnen je nach Bedarf bestimmte Merkmale zuzuschreiben.

Um Missverständnissen vorzubeugen und eine Binsenweisheit zu wiederholen: Genauso wenig, wie es *die* Österreicherin schlechthin gibt, gibt es auch *die* Migrantin. Dabei sind die durch die Medien (mit-)transportierten Bilder über eingewanderte Frauen in Österreich recht eindeutig: Die durchschnittliche Migrantin ist nach diesem Klischee eine über „Familiennachzug" nach Österreich gekommene, schlecht Deutsch sprechende, schlecht ausgebildete, unter Männerunterdrückung leidende und an ihrem Äußeren leicht zu erkennende Frau (siehe „Kopftuchfotos" in den Medien).

BLIND GEGENÜBER WEIBLICHER MIGRATION

Eigentlich sollte uns dieses Bild nicht wundern, wurden doch (auch) in Österreich Migrantinnen jahrelang höchstens als Anhängsel ihrer einwandernden oder eingewanderten Ehemänner behandelt. Dieses Bild der Männerlastigkeit der Arbeitskräfte-

Einwanderung mag am Anfang der 60er- und der 70er-Jahre noch gestimmt haben: 1971 waren nur 37 % der in Österreich lebenden JugoslawInnen und 13 % der TürkInnen Frauen[1]. Aber selbst zu dieser Zeit wurde die Tatsache der weiblichen Migration, und zwar dass es durchaus auch Frauen gab, die ohne ihre Ehemänner oder andere Familienangehörige nach Österreich eingewandert waren, kaum gesehen. Diese Blindheit bezüglich der weiblichen Migration ist nicht unwichtig für das Verständnis des heutigen, vorherrschenden Migrantinnenbildes in Österreich und führte auch zur Nicht-Berücksichtigung von weiblichen Lebenswirklichkeiten durch österreichische Behörden und Politik.

Die Haltung, Frauen bloß als ihren Männern „Nachziehende" zu thematisieren, machte sie im öffentlichen Bewusstsein zu Abhängigen, während die österreichischen Gesetze mit diskriminierenden Bestimmungen sie von ihren Ehemännern tatsächlich abhängig machten: Bis heute erhält ein/e „nachziehende/r" EhepartnerIn kein eigenständiges Aufenthaltsrecht und die ersten fünf Jahre ihres/seines Aufenthalts in der Regel auch keine Arbeitsgenehmigung.

STAAT ALS STÜTZE DER FRAUENUNTERDRÜCKUNG

Die Paradoxie der Situation liegt darin, dass der Staat dem öffentlich vorherrschenden Klischee der unterdrückten Frau zur Wirklichkeit „verhilft", indem er die finanzielle und aufenthaltsrechtliche Abhängigkeit der Frauen von ihren Ehepartnern vor- und festschreibt. Das bedeutet, dass eine ausländische Frau die ersten fünf Jahre ihrer Ehe an ihren Ehemann „gekettet" ist und bis vor kurzer Zeit bei Trennung oder Scheidung auch aufgrund häuslicher Gewalt ihr Aufenthaltsrecht verloren hat. Nur unter der Bedingung, dass der Ehemann wegen Gewalt eine Wegweisung aus der gemeinsamen Wohnung erhielt oder strafrechtlich rechtskräftig verurteilt wurde oder dass eine schuldhafte Ehescheidung erfolgte, kann der Ehefrau derzeit eine Arbeitsbewilligung ausgestellt werden, wobei sie aufgrund der Kann-Bestimmung auch in diesen Fällen keinen Rechtsanspruch auf den Arbeitsmarktzugang hat. Dass Frauen ohne eigenes Einkommen und ohne familiäre Unterstützung, ohne ausreichende Sprachkenntnisse in einem fremden Land den Schritt ins Ungewisse, nämlich zur Scheidung oder zu einer Anzeige gegen den Ehemann, nur schwer wagen, scheint den Gesetzgeber dabei nicht interessiert zu haben. Wer nicht anzeigt oder eine schuldhafte Scheidung durchsetzen kann, muss weiter Schläge ertragen und bekommt keine Arbeitsbewilligung. Weitere rechtliche Bestimmungen diskriminieren drittstaatsangehörige Frauen (Nicht-EU-Staatsbürgerinnen) bei Transferleistungen wie der

Familienbeihilfe oder bei sozialen Rechten wie beispielsweise beim Unterhaltsvorschuss. Für den Bezug der Familienbeihilfe müssen Drittstaatsangehörige entweder unselbstständig erwerbstätig sein oder schon fünf Jahre in Österreich leben. Diese auf den ersten Blick geschlechtneutrale Gesetzesbestimmung wirkt sich so aus, dass im Fall von nach ihren Ehemännern nach Österreich eingewanderten Migrantinnen – auch in Verbindung mit dem faktischen Arbeitsverbot der ersten fünf Jahre in Österreich – fünf Jahre lang kein Anspruch auf Familienbeihilfe besteht. Abgesehen von den Fällen, wo die Familie die vom Ehemann bezogene Familienbeihilfe nie zu Gesicht bekam, kam (und kommt) es auch in Fällen einer Trennung oder Scheidung zu der skurrilen Situation, dass eine Migrantin zwar das Sorgerecht für die Kinder bekam und sie auch versorgen musste, aufgrund der „ausländerrechtlichen" Bestimmungen aber keine Familienbeihilfe für ihre Kinder beziehen durfte.

Der Unterhaltsvorschuss steht überhaupt nur österreichischen StaatsbürgerInnen zu, was zu einer krassen sozialen Benachteiligung von geschiedenen oder allein erziehenden Ausländerinnen führt und sie außerhalb des Sozialstaats stellt. Denn wenn sich der Vater der Kinder weigert, seiner Pflicht der Unterhaltsleistung nachzukommen, fühlt sich der österreichische Staat nicht zuständig, der Frau einen Unterhaltsvorschuss zu gewähren, den er dann beim betroffenen Mann eintreiben würde. Sollen ausländische Kinder und vor allem die sie versorgenden Ausländerinnen schauen, wo sie bleiben, scheint die Devise zu sein.

DISKRIMINIERUNG AM ARBEITSMARKT

Die soziale Deklassierung, die die Migration in der Regel mit sich bringt, hat auf Frauen insofern negativere Auswirkungen, als sie den Einsatz ihrer Qualifikationen zusätzlich erschwert. Während es für Eingewanderte aus Nicht-EU-Ländern allgemein ein großes Problem ist, ihre in den Herkunftsländern erworbenen Qualifikationen hier als gleichwertig anerkennen zu lassen, werden Migrantinnen zusätzlich zu diesem Problem trotz Vorliegens einer Berufsausbildung aufgrund ihres Geschlechts in „typisch weibliche" Berufe wie Reinigung gedrängt. Und diese sind bekanntlich sehr schlecht bezahlt und haben flexibilisierte Arbeitszeiten, was wiederum mit Kinderbetreuungspflichten kollidiert. Auch besser Ausgebildete und Akademikerinnen unter den Migrantinnen wurden und werden immer wieder z. B. vom Arbeitsmarktservice (AMS) in unqualifizierte Jobs vermittelt, woran das Klischee der Migrantin als Putzfrau nicht unwesentlich eine Rolle spielen dürfte. Anzuführen ist das Beispiel einer in Wien lebenden Akademikerin aus der

Türkei, bei deren Daten die Gebietskrankenkasse aus ihrem Beruf „Raumplanerin"
kurzerhand „Raumpflegerin" machte, widerspricht es doch offensichtlich dem öffentlichen
Bild der „typischen" Migrantin.

Die extrem restriktive Arbeitsmarktpolitik in Österreich betreffend MigrantInnen ver-
weigerte und verweigert eingewanderten Frauen auch staatlich geförderte Aus- und
Weiterbildung, denn wer sich beim AMS zumindest nicht als arbeitsuchend melden kann,
kann auch keine solchen Kursmaßnahmen in Anspruch nehmen. Und arbeitsuchend
melden dürfen sich nur die, die in Österreich auch legal arbeiten dürfen. Wie oben bereits
geschildert, erhalten aber EinwanderInnen, die über Familienzusammenführung nach
Österreich gekommen sind, in den ersten fünf Aufenthaltsjahren in Österreich keine
Arbeitsbewilligung. So ergibt eine Diskriminierung die andere, eine Ausgrenzung die nächste. Das Ergebnis sind große Einkommensunterschiede zwischen Migrantinnen und
Migranten und eine massive Armutsgefährdung der alleinstehenden und/oder unquali-
fizierten Migrantinnen.

FRAUEN ALS OPFER?

Trotz der geschilderten massiven rechtlichen Benachteiligung von
Migrantinnen in Österreich ist die Herausforderung bei der Beschäftigung mit dem Thema,
die betroffenen Frauen nicht zu Opfern zu degradieren und die Diskriminierung damit zu
verdoppeln. Denn diese Sichtweise lässt die Betroffenen als passive Objekte erscheinen
und blendet damit ihre Handlungsstrategien beim Umgang mit der Migration aus. Sie bedeutet eine Ignoranz gegenüber der Vielfalt der Herkünfte und Zugänge der Frauen und
will sie auf eine Identität, nämlich die „der Migrantin", reduzieren. Obwohl Frauen mit
unterschiedlichsten Rollen und diversen sozialen, kulturellen, schichtspezifischen, „ethnischen" Hintergründen nach Österreich einwandern, werden sie – vor allem wenn sie nicht
aus einem EU-Land kommen – hier von der Dominanzgesellschaft hauptsächlich als eines
gesehen: nämlich als „Migrantin". Das bedeutet eine Reduktion der Zugehörigkeiten und
sozialen Bindungen, die ein Menschenleben ausmachen, auf eine Identität, die noch dazu
von der – vorerst fremden – Aufnahmegesellschaft definiert wird.

Der anfänglichen Ignoranz gegenüber der weiblichen Migration und den spezifischen
Bedürfnissen von Migrantinnen in Österreich ist ihre Festschreibung auf die Opferrolle
gefolgt, die sich in der Hervorstreichung der „mehrfachen Unterdrückung der Migrantin"
manifestierte. Die gegenseitige Beeinflussung und/oder Kreuzung der Merkmale „Ethnie"

und „soziale Schichtung" wurden viel zu lange völlig außer Acht gelassen, und man blendete krampfhaft alle Migrantinnen, die nicht ins Schema passten, als „untypisch" aus. Die Festschreibung „der Migrantin" zu einer sozial schwachen, passiven, „unterentwickelten" Frau verlangte nach einer stabilen, unwandelbaren Identität, und diese wurde meistens in der „Kultur" und „Tradition" gefunden. Das Fremde sollte in seiner „Kultur" festgeschrieben und die kulturellen Traditionen, aus denen Migrantinnen kamen, als Gegensatz zur „Moderne" konstruiert werden.

Somit war es nicht möglich, die Handlungsstrategien von Frauen differenziert zu betrachten, die sich in einer für sie neuen Gesellschaft neu definieren mussten und dabei logischerweise vorerst nur auf die ihnen bekannten Traditionen und deren Sinngebungen zurückgreifen konnten. Oft wurde und wird der Rückgriff auf die Tradition bzw. auf das von der Mehrheitsgesellschaft als traditionell Interpretierte nicht als eine Handlung zur Herstellung von Kontinuität (und somit als eine Überlebens- und Sinngebungsstrategie) gesehen, sondern als rückständig, zurückgeblieben oder fundamentalistisch.

Die Zuweisung der niedrig entlohnten Haushaltsarbeit an Migrantinnen führt auch zur Teilung und Ethnisierung des Arbeitsmarktes.

Das läuft auf eine Haltung der Dramatisierung von Differenz[2] hinaus, die, wo sie Differenz erkennt, diese zur eigenen Identitätsstiftung als Gegenpol zu sich und als Anti-Selbst definiert: Hier das eigene, „moderne" Selbst, dort das fremde, „zurückgebliebene, vormoderne Andere". Das „Andere" kann dann als total anders und somit mit einem selbst nichts zu tun habend ausgegrenzt werden. Dabei greift sowohl in der Mehrheitsgesellschaft als auch bei den Migrantinnen immer mehr eine Pluralisierung der Lebensentwürfe um sich, welche das Entweder-oder-Denken und die Festschreibung auf eine eindeutige Identität zusehends verunmöglicht.

Gerade Frauen mit Migrationserfahrung, die auch die unterschiedlichen Formen von Frauendiskriminierung in unterschiedlichen Ländern erlebt und Strategien zur Bewältigung dieser entwickelt haben, stellen mit ihrer Existenz und ihren Lebensentwürfen das Entweder-oder-Denken in Frage. Denn sie haben die „angeborenen Bindungen und vererbten Zugehörigkeiten durchschritten und stecken für sich einen neuen Handlungs-, Erfahrungs- und Kommunikationshorizont ab".[3] Es gilt daher, den Blick für die Lebensrealitäten sowie Handlungsspielräume und -strategien von Migrantinnen auszuweiten, um einer vielfältigen und natürlich auch im Übergang und in Veränderung begriffenen Realität gerecht zu werden.

DIE „NEUE" ALTE ARBEITSTEILUNG

Vor allem seit den 90er-Jahren gibt es einen massiven Anstieg der Nachfrage nach Haushaltsarbeit in privaten Haushalten in europäischen Ländern. Nach einer Studie der britischen Forschungsgruppe Mintel ist z. B. allein in Großbritannien die für die Beschäftigung von Haushaltspersonal aufgewendete Summe von 1,1 Milliarden Pfund (1987) auf 4,3 Milliarden Pfund (1997) gestiegen.[4] Dies hat einerseits mit der gestiegenen und steigenden Arbeitsmarktbeteiligung von Frauen zu tun – auch wenn diese in den letzten Jahren immer stärker im Bereich der Teilzeit- und „atypischen" Arbeit stattfindet –, andererseits mit dem eklatanten Mangel an staatlich geförderten Kinderbetreuungsplätzen. Die demographische Verschiebung hin zu einer alternden Gesellschaft mit einem größeren Anteil an Über-60-Jährigen erfordert zudem in den meisten europäischen Ländern den Ausbau der Altenpflegeeinrichtungen bzw. -kapazitäten, der bisher ausgeblieben ist.

Cvijeta Bojanović (li.) und zwei
Kolleginnen in der Mittagspause in der
Fischfabrik C. Warhanek, Troststraße/Wien
(Quelle: Cvijeta Bojanović)

Auf der anderen Seite bleiben sowohl Kinderbetreuung und Haushaltsarbeit – also die für die Produktion und Reproduktion von Arbeitskraft notwendige gesellschaftliche Arbeit – als auch die Pflege von (älteren) Familienangehörigen trotz der genannten gesellschaftlichen Veränderungen weiterhin „Frauenarbeit". Diese Tätigkeiten können in einer Zeit der steigenden Frauenerwerbszahlen, in der weniger Frauen „zu Hause" sind, um unbezahlte

Reproduktions- und Pflegearbeit zu leisten, nicht mehr wie bisher organisiert werden. Auch aufgrund des weltweiten Gefälles an Reichtum entsteht ein Trend, der es ermöglicht, dass die bisher zwischen Männern und Frauen ungleich verteilte – unbezahlte – Reproduktions- und „Familienarbeit" in den Industriestaaten weiterhin als Frauenarbeit angesehen wird, allerdings an Migrantinnen aus ärmeren Ländern und/oder Regionen delegiert wird. Und davon profitieren nicht nur Männer, die sich weiterhin für diese notwendige, aber gesellschaftlich wenig angesehene, da „unsichtbare" und unbezahlte Arbeit nicht zuständig fühlen müssen. Auch Frauen aus der Mittel- und Oberschicht in den Industrieländern haben dadurch die Möglichkeit, sich ihrer bisher unbezahlten Arbeit im Haushalt ganz oder teilweise zu entledigen, um einer bezahlten Beschäftigung nachzugehen. Damit diese Delegation an Migrantinnen für die ArbeitgeberInnen attraktiv ist, muss die betroffene Arbeitskraft von Frauen billig und flexibel gehalten werden: Ausländische Frauen lassen ihre eigenen Familien und Kinder zurück, um in einem anderen Land fremde Kinder, ältere Menschen u. a. zu pflegen und Teil einer ihnen fremden Familie zu werden, in der sie 24 Stunden am Tag zur Verfügung stehen können. Dabei wird die Frage, wer sich um die Kinder, die sie im Herkunftsland zurücklassen, kümmert, wer die Haushaltsarbeit in diesen Familien übernimmt und die Familie versorgt, meist nicht gestellt. Die Antwort auf diese Frage wäre sehr oft, dass diese Tätigkeiten von weiblichen Verwandten der auswandernden Frauen unbezahlt übernommen oder für ein geringes Entgelt an andere Frauen delegiert werden. So entstehen „globale Pflegeketten"[5], die die am stärksten örtlich gebundenen Bedürfnisse im privaten Bereich wie etwa Kinderpflege mit der globalisierten Arbeitskraft und der Einwanderung verbinden.

Die Zuweisung der niedrig entlohnten Haushaltsarbeit an Migrantinnen führt auch zur Teilung und Ethnisierung des Arbeitsmarktes. Diese Zuweisung von Tätigkeiten mit niedrigem Prestige und schlechtem Image an eingewanderte Frauen schreibt ihnen einen sozial niedrigen Status zu. Denn wem welche Arbeit gesellschaftlich zugewiesen und zugeschrieben wird, ist ein Ausdruck von seinem/ihrem gesellschaftlichen Status und bedeutet die (Re-)Produktion von gesellschaftlichen Machtstrukturen und sozialen Beziehungen – nicht nur zwischen den Geschlechtern, sondern auch zwischen den „Ethnien". So gesehen werden durch die zunehmende Delegierung von Haushalts- und häuslichen Pflegetätigkeiten an Migrantinnen diese Tätigkeiten immer mehr mit bestimmten ethnischen Herkünften verbunden. Im gesellschaftlichen Bewusstsein heisst dann z. B. eine Polin oder Slowakin zu sein: „Putzfrau zu sein". Diese Ethnisierung von gesellschaftlich notwendiger, aber unbezahlter oder schlecht bezahlter Arbeit schreibt – ausländische –

Frauen einerseits auf die Rolle der Reproduktionsarbeiterin fest und verschleiert andererseits die wahren Kosten und den gesellschaftlichen Wert der Reproduktionsarbeit. Denn die Illusion, dass sich diese quasi „naturwüchsig" ergebe und kostenlos oder sehr billig zur Verfügung stehe, wird weiterhin aufrechterhalten, nur mit einer „neuen" Arbeitsteilung. Und diese Arbeitsteilung führt sowohl zur *Hausfrauisierung* der Migrantinnen als auch zur Ethnisierung der Haushalts- und Pflegetätigkeiten.

Trotz der aufgezählten gesellschaftlichen und rechtlichen Diskriminierungen geht es bei der Beschäftigung mit Migration und Frauen auch immer um die Sichtbarmachung von Migrantinnen als handelnde Subjekte. Damit uns Klischees nicht den Blick auf die konkreten Menschen und ihre Lebensrealitäten versperren. Und damit eine differenzierte Sicht, eine Begegnung in Respekt und ein Austausch zwischen MigrantInnen und Nicht-MigrantInnen stattfinden können. Denn nur wer als gleichberechtigt und gleichwertig angesehen wird, wird auch ernst genommen.

1   Erna Appelt (2003): Frauen in der Migration - Lebensform und soziale Situation, in: Heinz Fassmann, Irene Stacher (Hg.): Österreichischer Migrations- und Integrationsbericht. Wien: 148.

2   Martina Weber (1999): Zuschreibungen gegenüber Mädchen aus eingewanderten türkischen Familien in der gymnasialen Oberstufe, in: Heide Gieseke / Katharina Kuhs (Hg.): Frauen und Mädchen in der Migration. Lebenshintergründe und Lebensbewältigung. Frankfurt / M.: 45-71.

3   Elka Tschernokoshewa (1999): Nachdenken über Zugehörigkeiten: Leben im Spagat, in: Entweder-und-Oder. Vom Umgang mit Mehrfachidentitäten und kultureller Vielfalt. Hg. von Eva Müllner für Kulturkontakt Austria. Klagenfurt / Celovec: 106-125.

4   Bridget Anderson (2001): Who Needs Yehudi Menuhin? Costs and Impacts of Migration. Vortrag gehalten auf der First European Green Academic Network Conference, 14.-16. Dezember 2001 in Maastricht.

5   Vgl. Bridget Anderson (2001): a. a. O.: 5.

Die Stammbelegschaft bei C. Warhanek in St. Martin/Linz im
Sommer 1977 (Quelle: Angela Hemelik, „Firmenchronik
C. Warhanek 1949–1988")

MIGRATION AUSSTELLEN?

1961
Zweigbetrieb - Haid (Holly-Baracke)

Cornelia Kogoj

GESCHICHTEN ZUR MIGRATIONSGESCHICHTE

Die Initiative Minderheiten hat ein Projekt initiiert, das zwei Ausstellungen und eine Filmreihe umfasst und sie in Institutionen hineinträgt, in deren Beständen und Archiven sich Teile des kulturellen, historischen und visuellen Gedächtnisses dieses Landes befinden.

Die Erzählungen haben ihren Ausgangspunkt im Jahr 1964. Das Anwerbeabkommen mit der Türkei trat in Kraft, dem 1966 ein weiteres mit Jugoslawien folgte. Die Österreichische Wirtschaftskammer errichtete Anwerbestellen in Istanbul und Belgrad und begann damit, Arbeitskräfte aus diesen beiden Ländern nach Österreich zu holen. Während ursprünglich beide Seiten von einer temporären Etappe ausgingen – von einem Aufenthalt auf Zeit –, wurde der Zeitpunkt der Rückkehr immer weiter verschoben. Viele sind überhaupt geblieben, und ihre Kinder und Enkel wurden hier geboren. Nicht zuletzt durch diese Arbeitskräfte hat sich Österreich in diesen vier Jahrzehnten zu einer Wohlstandsgesellschaft entwickelt. Eher unsichtbar blieben hingegen die Folgen für die MigrantInnen selbst. Trotz einer mittlerweile 40-jährigen Migrationserfahrung gibt es bisher so gut wie keinen institutionalisierten Diskurs darüber. Es ist daher an der Zeit, diese Geschichte öffentlich zu machen, sie auch als Teil der österreichischen Geschichte zu betrachten und an ihrer Repräsentation zu arbeiten.

AUFNAHME IN DAS KOLLEKTIVE GEDÄCHTNIS

Dabei stellen sich Fragen nach der Form einer adäquaten Repräsentation. Soll diese Geschichte „von unten", also von den MigrantInnen selbst, geschrieben werden? Oder sollen die strukturellen wie globalen Ursachen und Bedingungen von Arbeitsmigration herausgearbeitet und dargestellt werden? Wie können neue Bilder

Fischverarbeitung im Zweigbetrieb Haid des Linzer C. Warhanek-Betriebs, der „Holly Baracke", Anfang der 60er-Jahre. Die „Holly Baracke" ist zugleich Arbeits- und Wohnort für die Arbeiterinnen – in der Mehrzahl nach dem Zweiten Weltkrieg geflüchtete Donauschwäbinnen (Quelle: Angela Hemelik, „C. Warhanek Firmenchronik 1949-1988")

hergestellt und andere Realitäten gezeigt werden, denen es gelingt, die seit langem verfestigten Vorstellungen aufzulösen? Von wem soll die Geschichte geschrieben werden, angesichts der Tatsache, dass MigrantInnen in den dominanten öffentlichen Diskursen und medialen Bildern in erster Linie als Objekte der Repräsentation fungieren, während sie als Subjekte weitgehend marginalisiert sind? Und nicht zuletzt: Wo soll diese Geschichte geschrieben werden, in welchen institutionellen und medialen Räumen soll sie ihren Platz finden?

Die Aufnahme in eine Gemeinschaft erfolgt unter anderem – neben der Ausstattung mit politischen und sozialen Rechten – auch über die Aufnahme in das kollektive Gedächtnis dieser Gemeinschaft. Die *Initiative Minderheiten* hat daher ein Projekt initiiert, das zwei Ausstellungen und eine Filmreihe umfasst und sie in Institutionen hineinträgt, in deren Beständen und Archiven sich Teile des kulturellen, historischen und visuellen Gedächtnisses dieses Landes befinden. Das *Wien Museum Karlsplatz* und die *Hauptbücherei der Büchereien Wien* scheinen uns dafür geeignete Räume zu sein.

Ein Ausgangspunkt dieses Projekts, zu dem der ursprüngliche Anstoß von Cemalettin Efe und Andrea Jantschko kam, war die Überlegung: Die Geschichte der Arbeitsmigration kann nur über verschiedene Geschichten, über Fragmente geschrieben werden, die sich nicht neutral in eine Allgemein-Erzählung einschreiben lassen, sondern Standpunkte vertreten. Daher wurden von Beginn an Personen und Institutionen angesprochen, die sich seit Jahren praxisorientiert, theoretisch oder künstlerisch mit dem Thema Migration auseinander setzen, um vorhandenes Wissen zusammenzuführen. Diese Form der diskursiven Vernetzung und des breit angelegten Wissenstransfers aus den Bereichen der politischen Praxis, Kunst und Theorie lässt unterschiedliche Blickwinkel zu und ermöglicht Gegenerzählungen zum hegemonialen Diskurs.

Die beiden Ausstellungen *gastarbajteri – 40 Jahre Arbeitsmigration* im Wien Museum Karlsplatz und *gastarbajteri – Medien und Migration* in der Hauptbücherei der Büchereien Wien fragen nach dem Zusammenhang zwischen verschiedenen strukturellen Bedingungen und nach den Strategien, mit diesen umzugehen. Die Geschichten, die in den Ausstellungen erzählt werden, lassen eines erkennen: dass MigrantInnen als handelnde Subjekte auf unterschiedliche, meist sehr kreative Weise mit den Rahmenbedingungen umgegangen sind und dies weiterhin tun.

Cornelia Kogoj

ORTE DER MIGRATION

Mit dem serbokroatischen Lehnwort „gastarbajteri" werden im ehemaligen Jugoslawien ArbeitsmigrantInnen bezeichnet, die seit den 1950er-Jahren nach Deutschland und ab 1964 auch nach Österreich gingen. Anhand von elf paradigmatischen Orten und Zeitpunkten unternehmen die *Initiative Minderheiten* und das *Wien Museum Karlsplatz* einen kritischen Rückblick auf 40 Jahre Arbeitsmigration.

Die Route der Geschichte beginnt in der Türkei, in der kleinen Ortschaft *Adatepe*, zwei Stunden östlich von Istanbul. Die Hälfte der EinwohnerInnen ist nach Österreich emigriert. Die Dorfstruktur hat sich dadurch völlig verändert: Viele Häuser stehen leer, weil deren BesitzerInnen in Österreich leben und nur im Sommer für einige Wochen ins Dorf kommen. Ein paar kleine Fabriken, in denen Haselnüsse und Mais verarbeitet werden, wurden aus den Ersparnissen der MigrantInnen aus Österreich mitfinanziert. Und einige sind wieder zurückgekehrt. Sie haben ihre Häuser mit Kühlschränken, Küchengeschirr,

> Die Aufnahme in eine Gemeinschaft erfolgt unter anderem über die Aufnahme in das kollektive Gedächtnis dieser Gemeinschaft.

Lampen und Tischdecken aus Österreich eingerichtet und beziehen eine österreichische Rente.

Die *Anwerbestelle* in Istanbul, die Arbeitskräfte nach Österreich vermittelt hat, ist ein weiterer exemplarischer Ort im Herkunftsland. Durch die Fokussierung von Orten in den Herkunftsländern wird die Situation dort erklärbar, und der Blick auf Migrationsprozesse beschränkt sich nicht auf das Einwanderungsland.

Über die sogenannte *„Gastarbeiterroute"* folgt die Ausstellung den MigrantInnen in die *Arbeitersiedlung Walddörfl* in Ternitz. Eine der ersten legalen Beschäftigungsmöglichkeiten für eingewanderte Frauen bot die *Fischfabrik* C. *Warhanek* in Wien mit Zweigstellen in Linz und Villach. Die Fischfabrik, traditionell ein Ort, an dem im untersten Segment nur Frauen arbeiten, steht für den Bereich weibliche Arbeitsmigration.

Die *Fremdenpolizei* nach ihrer Übersiedlung ins Gebäude des Schubhaftgefängnisses am Hernalser Gürtel; das Büro des *Vereins der Zeitungskolporteure*; die zweite Lokalzeile am *Naschmarkt*; der *Herbert-von-Karajan-Platz*, Treffpunkt von jugoslawischen und türkischen Vereinen, um gegen das Aufenthaltsgesetz zu demonstrieren, sowie der zukünftige *islamische Friedhof* bilden weitere Orte, über die diese Geschichte erzählt wird.

Um diese fragmentarischen Erzählungen zu kontextualisieren, finden alle Orte eine Entsprechung auf einer *Zeitachse*, die sich durch die gesamte Ausstellung zieht. Ereignisse, die für die Zuwanderer und Zuwanderinnen wichtig waren, sowie politische und gesetzliche Veränderungen werden auf dieser Achse bildlich und textlich dargestellt.

Um einer kulturalistischen Vereinnahmung der MigrantInnen-Communities zu entgehen, hinterfragt *gastarbajteri - 40 Jahre Arbeitsmigration* sowohl gängige Repräsentations-formen, die Kultur als festgefügtes Konstrukt überliefern, als auch die Praxis der Selbst-Exotisierung, die von der globalen Massenkultur gerne als „Differenzreservoir einverleibt wird"[1]. Denn kulturelle Differenz verkauft sich gut, befriedigt sie unter anderem doch die Lust am Exotischen. *gastarbajteri - 40 Jahre Arbeitsmigration* versucht daher, kritisch in die gängige Bilderwelt einzugreifen und sie umzuwandeln: „Bilder spielen eine entscheidende Rolle bei der Definition und Kontrolle politischer und sozialer Macht".[2] Indem die Ausstellung die enge Verbindung von Wissen und Macht auf dem Gebiet der Geschichtsschreibung thematisiert, versucht sie stereotype Erzählweisen zu dekonstruieren.

MEDIENRÄUME

Die zweite Ausstellung, *gastarbajteri - Medien und Migration*, beschäftigt sich mit der Bedeutung von Kommunikationsmitteln zur Aufrechterhaltung von Kontakten mit den Familien und Freunden im Herkunftsland, aber auch mit jenen, die ebenfalls in der Diaspora leben. Und mit der Bedeutung von Massenmedien.

Als im Jahr 1964 die ersten ArbeitsmigrantInnen nach Österreich kamen, war nicht abzu-sehen, welche Folgen die zwischenstaatlichen Vereinbarungen für die gesellschaftliche, politische und kulturelle Situation im Einwanderungsland, aber auch in den Herkunfts-ländern haben sollte. Über die Anwerbestellen in Istanbul und Belgrad kamen die ersten, meist jungen und männlichen, Arbeitskräfte. Später zogen ihre Familien nach. Briefe, Fotos, Telefon und Audiokassetten waren anfangs jene Kommunikationsmittel, mit denen der Kontakt zu den Verwandten und Bekannten im Herkunftsland weiter gepflegt wurde. Erst viel später kam das Internet hinzu. Über diese privaten Medienkanäle wurden Gemein-schaften aufrechterhalten, aber auch neu definiert, da diese Gemeinschaften nicht mehr als lokale Beziehungsgefüge konzipiert waren, sondern als Formen sozialer oder virtueller Bindung, die sich nun auch über größere Entfernungen hinweg ausprägen konnten. Gleichzeitig markieren diese 40 Jahre aber auch jenen Zeitraum, in dem sich das Fernsehen zu einem Massenkommunikationsmittel entwickelt hat. Waren es Anfang der

Cornelia Kogoj

80er-Jahre Videokassetten mit Spielfilmen aus der Türkei und Jugoslawien, die von den in Österreich lebenden MigrantInnen konsumiert wurden, so können heute Filme und Programme aus den Herkunftsländern direkt über Satellit empfangen werden. Es entstand eine Medienlandschaft, die für die meisten Mehrheitsangehörigen nicht sichtbar ist, während sie für MigrantInnen eine Alternative oder eine Ergänzung zu den österreichischen Medien darstellt. Für die Ausstellung wurden KünstlerInnen eingeladen, deren Arbeiten sich um Kommunikationsmittel drehen, mit deren Hilfe Bilder und Momente der „verlorenen und der neuen Heimat" entworfen werden. Mit den Realitäten im Herkunfts- oder Einwanderungsland stimmen diese meist gar nicht überein.

So zeigt etwa Mehmet Emir Fotos seines Vaters, des Fotografen Hıdır Emir, und stellt sie seinen eigenen gegenüber. Der Vater des Künstlers kam Mitte der 60er-Jahre als einer der ersten Gastarbeiter aus der Türkei nach Österreich. Als Hobbyfotograf nahm er nicht nur seine damaligen Kollegen, Hochzeiten und andere Feiern auf, sondern er fotografierte vor allem auch sich selbst. Gut gekleidet posiert er vor dem Belvedere, im Schweizergarten, im

Um einer kulturalistischen Vereinnahmung zu entgehen, hinterfragt „gastarbajteri" sowohl gängige Repräsentationsformen als auch die Praxis der Selbst-Exotisierung.

Heeresgeschichtlichen Museum und immer wieder vor Rosensträuchern und schafft so Selbst-Inszenierungen für die Daheimgebliebenen. Der Sohn wird Ende der 70er nach Österreich geholt. Die Bilder, die er von den Fotos des Vaters kennt, stimmen mit der Wirklichkeit, die er in Österreich vorfindet, kaum überein. Er versucht diese dann in eigenen Bildern festzuhalten.

Daneben gibt das private Medienarchiv von Ali Gedik, der 1976 aus der Türkei nach Vorarlberg immigriert ist, Auskunft über eine sehr persönliche Wahrnehmung der politischen Ereignisse in Österreich und der Türkei zwischen 1984 und 1993. Wie ein roter Faden ziehen sich durch das Archiv seine eigenen politischen Aktivitäten, die als Auflehnung und Widerstand gegen die strukturellen Bedingungen von MigrantInnen in Vorarlberg, aber auch insgesamt in Österreich gelesen werden können.

Begleitet werden die beiden Ausstellungen von Veranstaltungen sowohl im Museum als auch in der Bücherei und von einem eigens erarbeiteten Vermittlungsprogramm für SchülerInnen und Lehrlinge sowie von Jugendprojekten.

Zusätzlich schafft die Filmreihe *gastarbajteri - MigrantInnen im Film*, die in Zusammenarbeit mit dem *Filmarchiv Austria* entstanden ist, eine inhaltliche Klammer. Der Eröffnungsfilm „Gute Arbeit" von Karin Macher, im Auftrag der *Initiative Minderheiten* und des Migrantinnenberatungszentrums *Peregrina*, zeigt in drei Episoden das Leben der Migrantinnen als Arbeiterinnen, Pendlerinnen und Alleinerhalterinnen. Er erzählt, mit welchen Problemen diese Frauen zu kämpfen haben, zeigt die Strategien, die sie entwickeln, um zurechtzukommen und um zu überleben.

INTERVENTIONEN IM ÖFFENTLICHEN RAUM

Für die *Initiative Minderheiten*, die seit mehr als zehn Jahren für eine minderheitengerechte Gesellschaft eintritt, in der individuelle Lebensentwürfe unabhängig von Merkmalen wie ethnischer, sozialer oder religiöser Zugehörigkeit, sexueller Orientierung und Behinderung als gleichberechtigt und gleichwertig anerkannt sind, ist dieses Projekt die Fortsetzung eines Diskurses – eines Diskurses, der auf einer breiten Basis seinen Anfang 2000 im Rahmen von *gettoattack* und in der Folge im Rahmen der *Wiener Wahlpartie*[3] genommen hat, als es in Österreich zu einem Regierungswechsel mit der FPÖ in der Koalition gekommen ist. Es ist ein Diskurs über die Rechte von MigrantInnen, über ihre Repräsentation und über antirassistische Strategien. Daher soll diese Ausstellung einen weiteren kritischen Diskussionsbeitrag im öffentlichen Raum liefern und durch die Sichtbarmachung dieser Geschichte eine neue Form der Aushandlung von Geschichtsbildern, Ethnizität, Identitätskonstruktionen und von politischen Handlungsfeldern bieten.

[1] Mark Terkessides: Vertretung, Darstellung, Vorstellung. Der Kampf der MigrantInnen um Repräsentation, verfügbar unter: http://www.eipcp.net/diskurs/d02/text/terkessidis01.html, abgerufen am 13. 11. 2003.
[2] bell hooks (1994): Black Looks. Popkultur – Medien – Rassismus. Berlin: 14.
[3] Die Wiener Wahlpartie (wwp) formierte sich im Rahmen der Wiener Gemeinderatswahlen (März 2001), um die wahlwerbenden Parteien aufzufordern, MigrantInnen als Zielgruppe wahrzunehmen und Maßnahmen für die Absicherung von Rechten und gegen Diskriminierung umzusetzen. Diese Plattform wurde von Echo, dem Österreichischen Netzwerk gegen Rassismus (ANAR) und der *Initiative Minderheiten* getragen.

Gamze Ongan

Die Recherche # ORTE WIEDERERKENNEN
für die Ausstellung konzentrierte sich auf Orte, an denen sich die vielfältige
Geschichte der Arbeitsmigration in bestimmten Zeitstrecken ereignet hat.

Die Entstehung des Recherchekonzepts zur historischen Dokumentation
der Arbeitsmigration nach Österreich in den letzten 40 Jahren kann rückblickend weder
zeitlich noch was die Anzahl der daran beteiligten Personen betrifft eingegrenzt werden.
Das Recherchekonzept entstand im wahrsten Sinne des Wortes als „work in progress".

POLITISCHE FORDERUNGEN IM ZENTRUM

Das von August Gächter erarbeitete erste Ausstellungskonzept wurde
im Herbst 2001 dem wissenschaftlichen Beirat der Ausstellung vorgelegt und in mehreren
Sitzungen ausführlich diskutiert. In diesen teils kontroversiell geführten Diskussionen entstanden viele Ideen und Anregungen, die vom Rechercheteam beherzigt und weiterverfolgt
wurden. In einem ersten Recherchekonzept, das im November 2001 von Anna Kowalska
unter Berücksichtigung des Diskussionsstandes erstellt wurde, hieß es:
„Im Vordergrund soll die Perspektive der MigrantInnen selbst stehen. Ihre Sicht auf
Österreich, ihr Leben und ihre Arbeit sollen zentral sein. Ausgangspunkt der Recherche ist
die Dokumentation der politischen Forderungen, die von MigrantInnen selbst in den letzten
40 Jahren formuliert, eingebracht und zum Teil durchgesetzt wurden."
Es ging vor allem darum, zu vermeiden, lediglich die „offizielle" Geschichte der Migration,
wie sie von der Mehrheitsbevölkerung wahrgenommen wird, zu dokumentieren und somit
die eigentlichen ProtagonistInnen dieser Geschichte auf StatistInnen zu reduzieren. Statt
dessen sollte eine Gegenerzählung produziert werden, deren Schwerpunkt auf die Realität
der MigrantInnen verlagert ist und die erkennbar macht, mit welchen Strategien sie auf die
vorgefundenen Strukturen reagiert haben.
Doch von der Idee, die Recherche entlang der Dokumentation der politischen Forderungen
von MigrantInnen anzusetzen, haben wir uns in weiteren Diskussionen verabschiedet.

Dieser Entscheidung lag das Problem der *Repräsentation* zugrunde, das uns in dieser Phase der Arbeit weder zum ersten noch zum letzten Mal beschäftigen sollte. Als Folge der jahrzehntelangen Fürsprache- und Stellvertreterpolitik wurden und werden nämlich die meisten politischen Forderungen *im Namen* der und *für* die MigrantInnen von Betreuungsorganisationen gestellt, die mehrheitlich von Nicht-MigrantInnen geleitet werden.

Zu diesem Zeitpunkt herrschte aber weitgehend Übereinstimmung in den folgenden Grundsätzen, die in Kooperation mit dem gesamten Projektteam entwickelt worden waren und den Rechercheprozess leiten sollten:

• Die vierzigjährige Geschichte der Arbeitsmigration nach Österreich kann nur fragmentarisch dargestellt werden. Die Vielfalt der Information soll deshalb vor Vollständigkeit gehen. Das Thema soll in all seiner Widersprüchlichkeit gezeigt werden.

• Das Fixieren von Klischees, folklorisierende und exotisierende Inhalte und Formen werden vermieden. Die bestehenden Bilder sollen nicht verstärkt, sondern dekonstruiert oder zumindest in Frage gestellt werden. Die Intention ist aber nicht, diese Bilder durch neue zu ersetzen. Das soll dem Publikum überlassen werden.

• Die Maxime, die Perspektive der MigrantInnen in den Vordergrund zu stellen, leitet die Recherche; doch sie ist nicht zur Gänze realisierbar. Allein der Glaube, von „den MigrantInnen" sprechen zu können, ist trügerisch. Doch das Wissen um diese Unmöglichkeit, die Abschiednahme vom Anspruch einer neutralen Darstellung und die laufende kritische Hinterfragung der eigenen Arbeit sollen für die Recherche richtungweisend sein.

• Folglich gibt es keine Geschichte, höchstens Geschichten. Aus diesen können der Beginn und die Entwicklung der Arbeitsmigration nach Österreich sowie der Umgang aller partizipierenden AkteurInnen damit abgelesen werden. Die Geschichte der Arbeitsmigration setzt sich zusammen aus den Geschichten der einzelnen Individuen und den Historien der Herkunfts- sowie Einwanderungsländer. Sie ist aber vor allem die Geschichte der Nutzbarmachung, der Verhinderung und des Profits und – in Interaktion damit – die Geschichte des Kampfes um das Überleben, der sich notwendigerweise als Widerstand gestaltet.

Gamze Ongan

LESBARE ORTE

Es fehlte nur mehr der rote Faden, entlang dem die vierzigjährige Geschichte der Arbeitsmigration nach Österreich erzählt, bzw. das Leitmotiv, durch das die vorhandenen Materialien strukturiert und weitere gezielt recherchiert werden konnten. Aufbauend auf einer Idee von Simonetta Ferfoglia entstand schließlich das Recherchekonzept um die „erlebten und lesbaren Orte", an denen sich die Geschichte der Arbeitsmigration in bestimmten Zeitstrecken ereignet hat. Orte, die für die ProtagonistInnen dieser Geschichte von Bedeutung waren oder sind, an denen das Leben eine Wendung genommen hat, Entscheidungen gefallen oder mitunter Dinge passiert sind, über die heute nur mehr geschwiegen werden kann (siehe etwa *Fischfabrik*). Und auch solche Orte, die zwar das biografische Ende, aber auch einen neuen Abschnitt im Gesamtphänomen Arbeitsmigration markieren (siehe leere Wiese zur Errichtung eines *islamischen Friedhofs*). Selbstverständlich sind auch die Institutionen und Individuen der Mehrheitsgesellschaft als Handelnde in die Geschehnisse an diesen Orten involviert und kommen in den Geschichten vor. Die Auswahl der Orte und die Rekonstruktion ihrer Geschichten anhand der Biografien einzelner Personen - unter Einbeziehung der politischen und wirtschaftlichen Umbrüche in Österreich sowie in den Herkunftsländern - wurden den einzelnen Mitgliedern des Rechercheteams überlassen. Somit sind die recherchierenden Personen auch die AutorInnen ihrer Bereiche. Dem ging eine umfassende Auseinandersetzung mit der Geschichte der Arbeitsmigration nach Österreich allgemein voran. Während der - die einzelnen Schwerpunkte übergreifenden - Recherche „begegneten" wir den Orten, die manchmal klar erkennbar, manchmal aber versteckt in einem Halbsatz eines Interviews oder eines Zeitungsberichts auftraten. Wenn der Ort feststand, wurde die weitere Recherche von den

Wien, 2. Bezirk, Mexikoplatz, 1979
(Foto: Alfred Cermak für die AZ)

Fragen geleitet, was genau sich in Bezug auf Arbeitsmigration an diesem Ort abgespielt hat, welche Geschichten diesen zu einem „lesbaren Ort" gemacht haben, zu welchem Zeitpunkt oder in welcher Zeitstrecke es geschah sowie wofür der Ort vor diesem Zeitpunkt gestanden ist und wofür er heute steht. Wichtig dabei war die Ausforschung der *Krisenmomente*, also die Antworten auf die Fragen: Wann entsteht ein Ort? Wann kippt er? Was sind die Auswirkungen der strukturellen Maßnahmen auf das Private?

LEBEN TROTZ DER STRUKTUREN

Wir haben versucht, uns an die jeweiligen Orte biografisch anzunähern, ohne den historischen und politischen Bezug zu verlieren. Die biografischen Erzählungen stellen keine Einzelschicksale dar, sondern stehen exemplarisch für die einzelnen Facetten der Arbeitsmigration. Folglich geht es an einem Ort weder allein um den Ort selbst noch um die eine oder andere biografische Erzählung, die sich an diesem Ort abgespielt hat. Die Orte stehen symbolisch für Handeln und Verändern, Fallen und Aufstehen, *Leben und Überleben in, mit und gegen die Strukturen* – und vor allem *trotz der Strukturen* (August Gächter), welche die ArbeitsmigrantInnen in Österreich vorgefunden haben.

Entstanden sind elf Stationen, die unterschiedliche Themenbereiche aus den Jahren von 1964 bis 2004 widerspiegeln. In den Stationen werden weder Erfolgsgeschichten erzählt, noch werden Bilder der systematischen Unterdrückung gezeigt. Dafür dokumentieren sie das Streben nach der Herstellung der Normalität durch ein laufendes Verhandeln neuer Rahmenbedingungen:

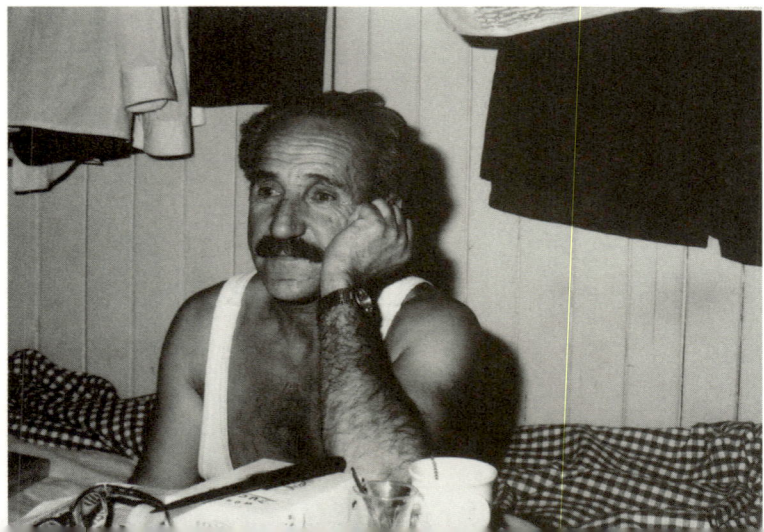

Hıdır Emir in seiner „Baracke" (aus: Mehmet Emir – „Mein Vater und ich")

Gamze Ongan

Narmanlı Han in Istanbul markiert den Beginn der vierzigjährigen Geschichte. In diesem Gebäude in Istanbuls historischem Stadtviertel Beyoğlu wurde 1964 die österreichische Anwerbekommission eröffnet.

Die sogenannte Gastarbeiterroute, die ganze Strecke als Ort, findet ihre zeitliche Markierung im Jahr 1972 mit dem Ausbau des Gernzüberganges Spielfeld für die mehrspurige Abfertigung.

Die Gründung der „Gutlić OHG" in der Wachaustraße 21 / Mexikoplatz, 1020 Wien, im Jahr 1973 führt zum Thema selbstständige Erwerbstätigkeit.

Ausgehend von der ehemaligen Arbeitersiedlung Walddörfl in Ternitz, die im Jahr 1979 teilweise abgerissen und zum Teil mit den „Gastarbeiterfamilien" neu besiedelt wurde, wird die Wohnsituation der ArbeitsmigrantInnen thematisiert.

Um die ehemalige Fischfabrik C. Warhanek in der Troststraße 61, 1110 Wien, wird das Thema Arbeit mit Schwerpunkt auf die oft vernachlässigte Geschichte der Frauenarbeitsmigration erörtert. *Um 1980* ersetzte die zunehmende Beschäftigung ansässiger Migrantinnen aus der Türkei die Anwerbung von Arbeiterinnen aus Jugoslawien.

Über den Ägyptischen Club, in dem 1987 der Verein der Zeitungskolporteure gegründet wurde und bis heute ein Büro unterhält, werden die prekären Arbeitsverhältnisse von Kolporteuren und ihr politischer Kampf erzählt.

Im Jahre 1993 haben verschiedene MigrantInnen-Gruppen in Wien anlässlich des neuen Aufenthaltgesetzes am Herbert-von-Karajan-Platz, 1010 Wien, demonstriert. Diese Demonstration ist der Ausgangspunkt für Selbstorganisation und migrantischen Widerstand.

Die Rückkehr der ersten PensionistInnen im Jahr 1994 nach Adatepe, einem kleinen Dorf in der Marmara-Region der Türkei, ist ein weiterer Meilenstein in der Geschichte. Adatepe, aus dem über die Hälfte der EinwohnerInnen nach Österreich emigriert ist, steht symbolhaft für Herkunft und Rückkehr.

Die Etablierung einer Lokalszene in der zweiten Zeile des Naschmarkts um *1995* und deren Beitrag zum urbanen Flair der Großstadt führen zum Thema Migration und Gastronomie.

Rechtliche, mediale und polizeiliche Regulierungsbestrebungen von Aufenthalt und Einreise werden vom neuen Sitz der Fremdenpolizei ausgehend dargestellt, die im Jahr *2002* ins Gebäude des Schubhaftgefängnisses am Hernalser Gürtel, in den 8. Bezirk Wiens übersiedelt ist.

Und die leere Wiese schließlich zwischen Laxenburgerstraße, Haböckgasse und Großmarktstraße, wo *2004* ein islamischer Friedhof entstehen wird, stellt einen neuen Abschnitt für die vermeintlichen Fremden dar, die – in Abwandlung des berühmten Spruchs von Georg Simmel – kommen und trotz mehrheitlich entgegengesetzten Bestrebungen der Aufnahmegesellschaft auch bleiben.

Ankunft in Wien, April 1964
(Foto: Harald Nap für die AZ)

Nora Sternfeld / Renate Höllwart

ANLEITUNG ZUR SELBSTERMÄCHTIGUNG

Die Vermittlungsarbeit in der Ausstellung „gastarbajteri" stellt den historischen Kontext in den Mittelpunkt und beschäftigt sich mit den Machtverhältnissen und Ausschlussmechanismen.

Das Konzept für das Vermittlungsprogramm zur Ausstellung *gastarbajteri* entstand in Zusammenarbeit zwischen dem Büro *trafo.K*, der *Initiative Minderheiten*, Arif Akkılıç und Ljubomir Bratić. Der Konzepterstellung ging ein langer Prozess voraus, in dem sehr vieles überlegt, diskutiert, wieder verworfen und neu adaptiert wurde. Der folgende Beitrag soll einerseits Teile der Ergebnisse dieses Prozesses vorstellen und andererseits die Prämissen und Diskussionspunkte offen legen, die mit der Arbeit an den Vermittlungsangeboten und Begleitveranstaltungen für die Ausstellung verbunden waren.

Die Geschichte der Migration nach Österreich wird in der öffentlichen Wahrnehmung sehr verkürzt und, wenn überhaupt, hauptsächlich als ökonomisch bedingte Bevölkerungsanalyse (in den Sozialwissenschaften) oder als skandalumwitterte Fremdenschau, als Konfliktpotenzial oder kulturelle Bereicherung (in den Medien) behandelt. In diesen sich gegenseitig bedienenden Bildern fehlt weitgehend die Darstellung von MigrantInnen als politisch handelnde Subjekte. Die Präsenz des Themas in der Schule spiegelt diese Bilder wider: Wenn es im Unterricht behandelt wird, dann sehr oft als „Problem" oder in psychologisierender Form, im Hinblick auf die Prävention von Rassismus.

Die Ausstellung *gastarbajteri* stellt sich diesen Bildern entgegen.[1] Das ist der Kontext, in dem das Vermittlungsteam[2] arbeitet und das Vermittlungsprogramm stattfindet.

GEGENERZÄHLUNGEN

Als Projekt, das von einer NGO (mit-)kuratiert und in Zusammenarbeit mit MigrantInnenorganisationen entwickelt wurde, nimmt die Ausstellung eine Perspektive auf die Migrationsgeschichte ein, die in der öffentlichen Darstellung zumeist ausgeblendet bleibt. Insofern stellt sie in gewisser Weise einen Eingriff in den gesellschaftlichen Konsens dar und bricht mit Bildern und Erklärungsmodellen, von denen auch die Wahrnehmung der

BesucherInnen geprägt ist. Diese Verschiebung des Blickwinkels und der Kontrast zu den Erwartungshaltungen werden in der Vermittlung bewusst thematisiert: Unterschiedliche Angebote stellen die Bilder, die BesucherInnen in die Ausstellung mitbringen, den Thesen und Inhalten der Ausstellung gegenüber. Die Geschichten, die die Ausstellung erzählt, werden in diesem Sinne als „Gegenerzählungen" zu den weit verbreiteten medialen und politischen Diskursen vorgestellt. Im Hintergrund steht dabei die Frage, warum die präsentierten historischen Zusammenhänge, strukturellen Ausschlussmechanismen und die Darstellung von MigrantInnen als handelnde Subjekte außerhalb der Ausstellung kaum öffentliche Präsenz haben; warum und mit welchen Mitteln sie verdeckt und vergessen gemacht werden. So wird der Blick auf die Wirksamkeit der objektivierenden medialen Bilder gerichtet, und es wird auf die Lücken in der offiziellen Geschichtsschreibung aufmerksam gemacht.

Dabei geht die Vermittlungsarbeit auf den historischen Kontext ein, in dem Machtverhältnisse und Ausschlussmechanismen entstanden sind – den Kontext, der in der Diskussion über Migration in der Schule und in pädagogischen Konzepten nur sehr selten thematisiert wird, da er außerhalb des individuellen Blickfeldes liegt. Neben dieser ideologiekritischen Sicht auf die Geschichte der nationalstaatlichen „Normierungsbestrebungen" rücken die Vermittlungsangebote auch Gegengeschichten migrantischer Widerstandsformen in den Blick. Eine Reihe von thematischen Rundgängen widmet sich etwa verschiedenen Strategien des Kampfes gegen „offizielle Geschichtsbilder".[3]

AKTIV-REFLEXIVER ANSATZ

Das Vermittlungsprogramm zur Ausstellung richtet sich in unterschiedlichen Projekten speziell an Jugendliche, gleich welcher Herkunft. Einerseits in einem Jugendprojekt und einem Lehrlingsprojekt, die beide im Vorfeld der Ausstellung durchgeführt und deren Ergebnisse im Ausstellungszusammenhang präsentiert werden; andererseits mit einem speziellen Angebot für Schulklassen. Die Vermittlungsprojekte für Jugendliche verfolgen einen aktiv-reflexiven Ansatz: Die Reflexion der eigenen Bilder und Vorstellungen sowie ihre Verbindung mit der öffentlichen Darstellung bzw. Ausblendung der Migrationsgeschichte, von denen sie geprägt sind, spielen dabei eine entscheidende Rolle. Neben einer Auseinandersetzung mit den Inhalten der Ausstellung wird auch auf die Bedeutung von Gegen-Öffentlichkeit aufmerksam gemacht. Die Geschichten, die die Ausstellung erzählt, werden mit dem Publikum nicht nur nachvollzogen: Texte und Bilder,

Deutungen und Strukturen, die bisher öffentlich nicht zu sehen und zu hören waren, werden besprochen und in die Öffentlichkeit getragen. In diesem Zusammenhang kann zunächst deutlich werden, wie Medien, Institutionen und Schulbücher Fakten und gesellschaftliche Verhältnisse oft gerade dadurch verstecken, dass sie etwas anderes zeigen. Der Blick wird darüber hinaus auch auf mögliche „andere" Veröffentlichungsstrategien gelenkt.

Exemplarisch sei hier etwa der Ablauf eines eineinhalbstündigen Ausstellungsgesprächs mit SchülerInnen vorgestellt: Nach einem Einleitungsgespräch, das die Hintergründe, Grundthesen und den Aufbau der Ausstellung vorstellt und sie mit dem Erfahrungshintergrund der Jugendlichen in Verbindung bringt, erkunden die Jugendlichen die Ausstellung

Eine Gefahr, die die Vermittlungsarbeit zu politischen und historischen Themen begleitet, ist die Reduktion politischer Zusammenhänge auf persönliche Konflikte.

selbstständig – im Hinblick darauf, was ihnen so wichtig erscheint, dass es eine Öffentlichkeit bekommen sollte, die über den begrenzten Raum der Ausstellung hinausgeht. Die SchülerInnen wählen Themen der Ausstellung aus, von denen – ihnen zufolge – mehr Menschen erfahren sollten als das zu erwartende Ausstellungspublikum. Die ausgewählten Informationen werden bei einem gemeinsamen Ausstellungs-Rundgang diskutiert und im Anschluss daran in einer Leuchtschriftzeile am Wiener Karlsplatz zu lesen sein.

SELBSTERMÄCHTIGUNG

Mehrere Projekte mit Jugendlichen finden bereits vor der Eröffnung der Ausstellung statt. Der partizipatorische Ansatz dieser Projekte zielt darauf ab, dass Jugendliche nicht nur Bezüge, sondern auch – noch unabhängig von der Ausstellungssituation – eigene Kommentare entwickeln, die im Ausstellungszusammenhang sichtbar werden. In einem Projekt, das sich speziell an Jugendliche einer sogenannten „Zweiten Generation"[4] richtet, geht es unter anderem darum, dass die Jugendlichen zur Ausstellung ihren eigenen Blick beisteuern (und ihn jenem der KuratorInnen und WissenschaftlerInnen hinzufügen). Sie sind damit nicht nur Thema, sondern auch AkteurInnen der Ausstellung.

Bei einem Workshop mit Lehrlingen erarbeiten Jugendliche eigene Forderungen und entwickeln Formen ihrer Veröffentlichung. Anhand eines Fundus künstlerischer und aktivistischer Veröffentlichungsstrategien politischer Forderungen bespielen sie in Kooperation mit dem Künstler Andreas Fogarasi eine begehbare Skulptur – eine „autonome Zone" – im öffentlichen Raum mit Installationen, die während der gesamten Ausstellungsdauer zu sehen sind.

Die Projekte sind so konzipiert, dass sie in ihrem Verlauf und ihren Ergebnissen wesentlich von den Jugendlichen mitbestimmt sind. Durch die Aneignung und Diskussion von Strategien zur Veröffentlichung politischer Forderungen werden Instrumentarien erarbeitet, die über den Zeitraum des Projektes und der Ausstellung hinaus Möglichkeiten eröffnen, eigene Forderungen zu formulieren und diese sichtbar zu machen.

STRUKTUREN UND GESELLSCHAFTLICHE ZUSAMMENHÄNGE

Eine Gefahr, die die Vermittlungsarbeit zu politischen und historischen Themen begleitet, ist die Reduktion politischer Zusammenhänge und sozialer Probleme auf persönliche Konflikte, für die individuelle Lösungen erarbeitet werden.[5] Es gibt eine Tendenz in der Pädagogik, gesellschaftliche Phänomene zu personalisieren und dabei die Analyse realer Macht- und Herrschaftsverhältnisse auszublenden: Selbst wenn pädagogische Programme einen aufklärerischen Anspruch haben und diskriminierende Vorstellungen und Logiken problematisieren, bleibt die Auseinandersetzung zumeist dem Persönlichen verhaftet. Die gesellschaftlichen, politischen und ökonomischen Strukturen – die die materielle Basis der sozialen Konstruktionen darstellen – geraten somit aus dem Blick. In diesem Zusammenhang stellt sich die Frage, ob sich pädagogische Konzepte nicht missbrauchen lassen, indem sie so tun, als könnten sie Antworten auf Diskriminierungen geben, die aber bei kritischer Betrachtung innerhalb des pädagogischen Diskurses nicht lösbar sind.[6] Es handelt sich dabei um ein Problem, das der Pädagogik selbst inhärent ist, insofern sie es immer mit Individuen zu tun hat. Wie können wir dieser Gefahr entgegentreten? Wie kann eine pädagogische Arbeit aussehen, die keine „heile Welt eines toleranten und friedlichen Miteinanders vorgaukelt"[7], die die realen politischen Hintergründe und rassistischen Strukturen nicht verschleiert, sondern sie selbst zum Thema macht? Es schien uns notwendig, Vermittlungsformen zu entwickeln, die keine persönlichen Lösungsmöglichkeiten suggerieren, sondern eine Kritik an den gesellschaftlichen Verhältnissen implizieren, von denen die Jugendlichen bestimmt sind.

Die Erarbeitung von Veröffentlichungsstrategien politischer Forderungen oder die Erweiterung der musealen Öffentlichkeit auf den sozialen Raum „Straße" mit SchülerInnen schienen uns Ansätze zu bilden, die die Auseinandersetzung mit der historischen

Ausstellung – über den Aspekt der persönlichen Bildung hinaus – in einen gesamtgesellschaftlichen Zusammenhang stellen.

Dies soll nicht darüber hinwegtäuschen, dass die Projekte Vermittlungsprojekte bleiben
und nicht als realer politischer Aktivismus zu verstehen sind. Die „Anleitung zur
Selbstermächtigung" bezieht sich in diesem Sinn auch nicht auf die partizipatorische
Aktivität beim Besuch der Vermittlungsangebote. Diese können im besten Fall das Thema
der Ausstellung aus einer politischen Perspektive beleuchten. Die Selbstermächtigung
findet vielleicht darüber hinaus und außerhalb unserer Obhut statt.

1   Vgl. dazu den Text von Cornelia Kogoj in diesem Band.

2   Die AkteurInnen der Vermittlung kommen aus unterschiedlichen Bereichen wie Jugendarbeit,
      Kunst- und Kulturvermittlung, Aktivismus, Theorie und Kunst. Dabei war es auch wichtig,
      Menschen mit Migrationserfahrung in die Vermittlung der Ausstellung einzubeziehen. Die
      Mehrsprachigkeit der VermittlerInnen ermöglicht uns auch, nicht nur ein deutschsprachiges
      Publikum mit der Vermittlung anzusprechen.

3   Vgl. Ljubomir Bratić (Hg.) (2002): Landschaften der Tat. Vermessung, Transformationen und
      Ambivalenzen des Antirassismus in Europa. St. Pölten.

4   Mit „Zweite Generation" werden Jugendliche mit Migrationshintergrund bezeichnet, die
      entweder in Österreich geboren oder vor dem schulpflichtigen Alter bzw. während der Schul-
      oder Ausbildungszeit nach Österreich gekommen sind. Der Begriff erscheint wegen der
      Fremdzuschreibung problematisch, die dazu führt, dass Jugendliche über Generationen
      hinweg über die Herkunft ihrer Vorfahren definiert werden.

5   Es gibt eine gesellschaftliche Tendenz, den Rassismus auf ein psychologisches Problem zu
      reduzieren, und diese lässt sich nicht nur in pädagogischen Konzepten ausmachen, sondern
      auch in Analysen der Sozialwissenschaften und in offiziellen Werbekampagnen gegen
      Rassismus. Der Politikwissenschaftler Gazi Çağlar sieht diese „Tendenz zur Subjektivierung
      und Psychologisierung" in einem zeithistorischen Kontext und stellt fest, „dass die
      Pädagogisierung eines Problems regelmäßig dann einsetzt, wenn kein Konsens für politisches
      Handeln, welches bitter nötig wäre, zu erreichen ist". (Gazi Çağlar (1998): Rasse, Klasse,
      Nation. In: Gazi Çağlar, Peyman Javaher-Haghighi (Hg.): Rassismus und Diskriminierung im
      Betrieb. Hamburg: 14.)

6   Vgl. Angelika Paseka (2001): Gesellschaft und Pädagogische Praxis, in: Bettina Fritzsche et al.
      (Hg.): Dekonstruktive Pädagogik. Opladen: 187-199.

7   Ebd.: 196.

Wiener Südbahnhof: Ankunft türkischer
„Gastarbeiter" 1964 (Foto: Harald Nap,
Verein für Geschichte der Arbeiterbewegung,
AZ-Archiv)

Sylvia Mattl / Peter Payer

WIEN: DER LANGE WEG ZUR „MULTIKULTURELLEN WELTSTADT"

Für die Stadtmuseen, die sich mit dem Thema der Zuwanderung und der Migration konfrontieren, hat sich in den letzten Jahren ein Wechsel vollzogen.

Die Entwicklung und Bedeutung von Großstädten verdankte sich immer schon dem Zuzug von Menschen auf der Suche nach Arbeit, Austausch, Freizügigkeit und Neuem. Die Kultur der Städte, so meinte einmal der Historiker Richard Sennett, zeige sich in deren Fähigkeit, dieses Aufeinandertreffen von unterschiedlichen Lebens- und Verhaltensweisen so zu organisieren, dass das Interesse am Anderen, am Fremden zur Quelle von Innovation und Kreativität wird – eine Erneuerungsbereitschaft, die nur aus einer kritischen Selbstbetrachtung kommen kann, für die die Begegnung mit den noch Unbekannten den Anstoß liefert. Es hat allerdings lange gedauert, ehe die politischen und kulturellen Institutionen der Großstädte die Zuwanderer, insbesondere die ArbeitsmigrantInnen, nicht mehr in erster Linie als Problem sozialer Kontrolle behandelten, sondern begannen, vor allem die ethnisch und konfessionell definierten Zuwanderergruppen in der von ihnen gelebten oder gewünschten Eigenart zu respektieren. Dieser Prozess steht allerdings erst am Beginn, und man muss sich mit noch mehr Nachdruck fragen, wie man im Zeitalter der Globalisierung und weltweiten Vernetzung der Großstädte den Begriff der *Stadt-Bürgerschaft* fassen und erweitern kann.

MIGRATIONSGESCHICHTE IN STADTMUSEEN

Die Stadtmuseen haben in den 1990er-Jahren auf ihre Weise reagiert und das zentrale Thema einer pluralistischen Stadtkultur in Ausstellungen und in ihren Schausammlungen aufgegriffen. Die Migrationsgeschichte ist ein Muss für Stadtmuseen geworden. Mit „The Peopling London"[1] begann das *Museum of London* 1993 eine seither anhaltende Auseinandersetzung mit Ursachen und Effekten der ethnischen Diversität der ehemaligen imperialen Hauptstadt. Der Beitrag von indischen, chinesischen, italienischen oder deutschen Zuwanderern zum Aufstieg Londons zur Weltstadt wurde ebenso benannt wie jener der „Africans and Carribeans in London", die in den späten 50er-Jahren Ziel rassistischer Angriffe in Vierteln wie Nottinghill gewesen waren, während sie heute als wesentlicher Impulsgeber für das Image Londons als Stadt einer faszinierenden hybriden Weltkultur angesehen werden.[2]

Das Stadtmuseum Amsterdam folgte mit einer Serie von Ausstellungen über Amsterdams Migrantenmilieus und öffnete seine ständige Präsentation auch den Porträts von Arbeits- migrantInnen. Kaum mehr ein deutsches Museum, das sich nicht mit Migration, und hier vor allem mit der „Gastarbeitergeschichte", der letzten Jahrzehnte befassen würde. Das beginnende 21. Jahrhundert brachte „Migrationsgeschichte(n)" im *Museum Europäischer Kulturen* in Berlin, „Geteilte Welten" in Hamburg, „Da und fort. Leben in zwei Welten", „Fremde Heimat" (Köln), „Hier geblieben" (Hannover), „Altern in der Migration", „Migra- tion – Interkulturalität – Schule", „Bewegliche Habe. Zur Ethnografie der Migration"

Die Stadtmuseen haben in den 1990er-Jahren das zentrale Thema einer pluralistischen Stadtkultur in Ausstellungen und in ihren Schausammlungen aufgegriffen.

(Schloss Hohentübingen) etc. Auch in Österreich läuft in diesem Jahr eine Ausstellung mit dem Titel „migration. eine zeitreise nach europa", veranstaltet im *Museum Industrielle Arbeitswelt* in Steyr.

„The Peopling of London" wurde 1996 auch für das *Wien Museum* zum Anreger. „Wir. Zur Geschichte und Zuwanderung nach Wien" präsentierte quer durch 500 Jahre Wiener Stadtgeschichte konfessionell, ethnisch oder national umgrenzte Berufs- und Sozialmilieus – wie italienische Rauchfangkehrer und Musiker, afrikanische Diplomaten des 18. Jahrhun- derts oder slowakische Kindermädchen des späten 19. Jahrhunderts. Der im *Wien Museum* tätige Fotograf Didi Sattmann betrieb für diese Ausstellung mit seiner Kamera „Feldfor- schung" zur Wiener Alltagsgeschichte und stellte Fotoserien her, die sich mit der Multi- kulturalität Wiens beschäftigten. Diese Fotos repräsentieren heute den gewichtigsten Bestand zum Thema Migration und Gastarbeit in einem Wiener Museum.[3]

KLISCHEE SCHMELZTIEGEL

Das bis heute gerne bemühte Bild vom imperialen Wien als „multikul- turellem Schmelztiegel", als „Weltstadt", in der die Völker der Monarchie in einem Klima der Offenheit und Toleranz zusammenlebten, ist, wie wir mittlerweile wissen, mehr Klischee als Realität. In den letzten Jahren hat sich eher ein Blick auf ein ethnisch-sozial umstrittenes Wien, insbesondere nach seinem Sprung zur Großstadt in den 1880er- und 1890er-Jahren, in den Vordergrund gerückt. Die Rückwanderung von mehr als Hunderttausend Tschechen, Slowaken, Rumänen u. a. nach dem Zerfall der Monarchie in ihre neuen Nationalstaaten, insbesondere aber die Vertreibung und Ermordung der Wiener Juden und Jüdinnen unter dem nationalsozialistischen Regime, wenden den Topos vom „Schmelztiegel" eher zur Warnung als zum nostalgischen Rückblick. Und Wien nach 1945, das war zunächst einmal eine lange Zeit im sicheren Abseits vor sich hin dämmernde Großstadt, die in erster Linie mit sich selbst und ihrem Wiederaufbau beschäftigt war. Erst Mitte der 50er-Jahre erwachte erneut der Wunsch nach mehr.

„Wien wird wieder Weltstadt" lautete der Titel einer 1956 vom österreichischen Städtebund gemeinsam mit dem Wiener Kulturamt herausgegebenen Schrift, die programmatisch das neue/alte urbane Leitbild ausdrückte.[4] Im Eiltempo versuchte man, das provinzstädtische Dasein hinter sich zu lassen und wieder Anschluss an die „große Welt" zu finden: Wiens Brückenfunktion, seine Vermittlerstellung zwischen Ost und West, sollte wieder aufleben. Die Stadt wurde als Sitz der OPEC und als Kongressstadt positioniert; infrastrukturelle Großprojekte wurden in Angriff genommen, Flughafen und Schnellbahn ausgebaut, U-Bahn und UNO-City projektiert; Großveranstaltungen wie die *Wiener Internationale Gartenschau* (WIG) wurden abgehalten, eine Sommerolympiade und eine Weltausstellung geplant (allerdings nicht realisiert).

Dokumentiert wurde diese erneute Hinwendung und Öffnung zur (westlichen) Welt in dem Mitte der 60er-Jahre erschienen Prachtband „Wiedergeburt einer Weltstadt. Wien 1945-1965", der nachvollziehbar machen sollte – so Bürgermeister Franz Jonas im Geleitwort –, wie „im Verlaufe von nur zwanzig Jahren eine fast erloschene Weltstadt in wunderbarer Weise eine Wiedergeburt erlebte"[5]. Die real äußerst schwierige Identitätssuche, die mühevolle Verarbeitung der sozialen, kulturellen und politischen Brüche der Vergangenheit, fällt Mitte der 60er-Jahre zusammen mit einer ökonomisch begründeten sozialen Öffnung, die Wien letztlich weit mehr verändern sollte als so manch bauliche oder stadtplanerische Maßnahme: Ausländische Arbeitskräfte wurden gezielt in die Stadt geholt, die meisten von ihnen aus dem damaligen Jugoslawien, in geringerer Anzahl auch aus der Türkei.

Wiener Südbahnhof um 1970
(Quelle: Fotoarchiv des ÖGB,
Fotograf: Kammler)

DER „PROBLEM"-DISKURS ÜBER „GASTARBEITER"

Die Zahl der überwiegend minder qualifizierten, aus den wirtschaftlich weniger entwickelten Regionen Südosteuropas stammenden ArbeitnehmerInnen stieg innerhalb der nächsten zwei Jahrzehnte von rund 21.700 (1968) auf 95.800 (1987) Personen[6], was einem Anteil von knapp 6,4 Prozent an der damaligen Gesamtbevölkerung Wiens von 1,5 Millionen entsprach.[7] Die Unsicherheit über den tatsächlichen Status der neuen StadtbewohnerInnen widerspiegelt auch deren sprachliche Bezeichnung: Während zunächst der (durch die NS-Zeit belastete) Begriff der „Fremdarbeiter" vorherrschte, wurde dieser seit Anfang der 70er-Jahre allmählich durch den Terminus „Gastarbeiter" bzw. später „ausländische Arbeitnehmer" ersetzt. Dieser im gesamten deutschen Sprachraum zu beobachtende Begriffswechsel, der von der Abweisung über eine Euphemisierung hin zur Neutralisierung führt, drückt exakt jene Ambivalenz aus, welche die aufnehmende Gesellschaft auch in Wien den ausländischen Arbeitskräften entgegenbrachte.

Dies zeigt sich auch im wissenschaftlichen Diskurs, bei dem zunächst – wie nicht anders zu erwarten – vor allem ökonomische und erst später vermehrt auch soziale und rechtliche

Die Konnotation von „Gastarbeiter" und „Problem" dominierte lange Zeit die öffentliche Wahrnehmung des sozialökologischen Veränderungsprozesses.

Aspekte im Mittelpunkt standen. Die „Österreichische Konferenz für Sozialarbeit" setzte das Thema „Gastarbeiter" erstmals 1971 auf die Tagesordnung, es folgten eine große IFES-Studie (1973) sowie Enqueten über „Jugoslawische Gastarbeiter in Wien" (1974 und 1981). Aus letzteren gingen schließlich die ersten umfangreichen wissenschaftlichen Publikationen über „Gastarbeiter" im großstädtischen Kontext hervor, verfasst von den Geografinnen Helga Leitner (1978/1983) und Elisabeth Lichtenberger (1984).[8]

Auffällig ist, dass in den wissenschaftlichen, aber auch sonstigen medialen Diskursen „Gastarbeiter" fast ausschließlich in Zusammenhang mit „Problemen" thematisiert wurden. Stets ging es um die „Problematik der Gastarbeiter", um „Probleme von Arbeitsmigranten", um „Probleme der Beschäftigung von ausländischen Arbeitskräften", um „Probleme der Integration" etc. Die Konnotation von „Gastarbeiter" und „Problem" dominierte lange Zeit die öffentliche Wahrnehmung des sozialökologischen Veränderungsprozesses. Noch in den alternativen Stadtführern der 1980er-Jahre spiegelt sich die Ignoranz der WienerInnen gegenüber den ArbeitsmigrantInnen: So wird die Generation unter 30 abgemahnt, ihre Solidarität nicht nur im Konsum lateinamerikanischer Pullover,

Palästinensertücher oder von Ferien in Kroatien zu leben, sondern diese in der tatsächlichen Auseinandersetzung mit „dem Fremden" zu suchen.[9] „Wien wirklich"[10] erweiterte das Bild der jugoslawischen und türkischen Gastarbeiter um jene aus anderen Staaten und um die „Gastarbeiter der Luxusklasse". Man stellte erste subkulturelle Ausdifferenzierungen („Hausbesorger") fest und widmete sich auch speziell der prekären Situation ägyptischer Zeitungskolporteure, die als „selbstständige Unternehmer" arbeiten mussten, und dem Inseraten-Ehemarkt für thailändische Frauen. Niedriglöhne und kulturelle Distanzierung, so bemerkte man weiter, bewirkten eine Art neue Gettobildung von Gastarbeitern in Gründerzeitvierteln mit schlechter Bausubstanz. Als Areale der ausländischen ArbeiterInnen im Stadtbild wurden Mitte der 80er-Jahre die Umgebung der Tagesmärkte, die „Beserlparks" in ihren Wohnbezirken, die Grünareale entlang des Donaukanals und der Augarten, die Lokale und Klubs, die besonders observiert wurden, ausgemacht. Anfang der 90er-Jahre[11] wurde den „typischen Gastarbeitern" – im Gegensatz zu den (gemessen an den absoluten Zahlen des Arbeitsmarktes) „wirklichen Zuwanderern", nämlich jenen aus den österreichischen Bundesländern – kaum eine Chance auf sozialen Aufstieg und Integration attestiert.

PLATTFORM FÜR DIE SELBSTARTIKULATION

Doch Integration, die allein von einer Seite inhaltlich definiert und als krude Assimilation an Sprache und Mehrheitsgewohnheiten verstanden wird, ist eine Chimäre. Vor allem in den Zeiten eines beschleunigten Austausches von Menschen, Gütern, Dienstleistungen und Bildern tritt die Entwicklung einer möglichen neuen, von gegenseitigen Überlagerungen und Fusionen geprägten Stadtkultur hervor. Urbane Zentren, so diagnostizierte kürzlich die Vereinigung der amerikanischen Museen, sind zu transnationalen Territorien geworden, die nicht mehr nur von einer Nation allein definiert werden, sondern von der reichen und ständig wechselnden Mischung von dauerhaften und temporären BewohnerInnen mit diversifiziertem kulturellen und ethnischen Hintergrund. Wie es aussieht, findet die Globalisierung schlicht und einfach in der eigenen Nachbarschaft statt.[12] Für die Stadtmuseen, die sich mit dem Thema der Zuwanderung und der Migration konfrontieren, haben solche Überlegungen in den letzten Jahren einen Wechsel bewirkt – vom Interesse an der offiziellen Anerkennung des Beitrages der Migrantenszenen zur historischen Stadtidentität hin zu den Perspektiven und Erfahrungen der MigrantInnen selbst, von deren ethnozentrischen Repräsentation hin zur Plattform für ihre Selbstartikulation. Cathy Ross vom *Museum of London* hat diesen Paradigmenwechsel der 90er-Jahre für die Stadtmuseen folgendermaßen beschrieben: „(...) Heute sind wir vor allem daran interessiert, den marginalisierten Gruppen eine Stimme zu geben. Natürlich müssen wir die ganze Geschichte erzählen – wir können Könige und Königinnen nicht einfach ignorieren. Aber unsere Sympathie gilt den Randständigen und ihrer Repräsentanz im Rahmen des Museums."[13] MitarbeiterInnen des Londoner Stadtmuseums haben in den letzten Jahren Kontakte zu ethnischen Gruppen, deren Lebensstile sie dokumentieren wollen, aufgebaut und SprecherInnen von MigrantInnen in wissenschaftliche Projekte und Ausstellungen eingebunden. Ein Weg, den das *Wien Museum* (vormals *Historisches Museum der Stadt Wien*) nun auf eine genuine Art und Weise in Kooperation mit der *Initiative Minderheiten* für die Ausstellung *gastarbajteri* beschreitet.

1   Museum of London (1993): The Peopling London. Fifteen thousand years of settlement from overseas.

2   Vgl. dazu V.S. Naipaul (2001): Half a Life. London.

3   Didi Sattmann: Projekt Multikulturelles Wien, 1996/97.

4   Vgl. dazu auch Hugo Ellenberger (1956): Wien. Weltstadt an der Donau. Wien-München; Herta Singer (1961): Wien. Weltstadt von heute. Wien; Franz Hubmann (1965): Wien. Weltstadt der Geschichte. Zürich.

5   Wiedergeburt einer Weltstadt. Wien 1945–1965. Redaktion u. Gestaltung: Prof. Dr. Karl Ziak. Wien-München 1965, o. S. (S. 5).

6   Die Zahlen beziehen sich auf polizeilich gemeldete jugoslawische und türkische StaatsbürgerInnen in Wien. Zu bedenken ist hierbei auch, dass in Wien von 1970 bis 1987 rund 11.000 JugoslawInnen und von 1982 bis 1987 rund 1.100 TürkInnen die österreichische Staatsbürgerschaft annahmen. (Michael John / Albert Lichtblau (1993): Schmelztiegel Wien – einst und jetzt. Zur Geschichte und Gegenwart von Zuwanderung und Minderheiten. Wien-Köln-Weimar: 83).

7   An dieser Stelle ist zu bemerken, dass die statistischen Daten darüber äußerst divergent sind und eine genaue zahlenmäßige Erfassung der zugewanderten Arbeitskräfte erst viel später erfolgte, als klar wurde, dass es sich nicht nur um ein temporäres Phänomen handelte.

8   Helga Leitner (1983): Gastarbeiter in der städtischen Gesellschaft. Segregation, Integration und Assimilation von Arbeitsmigranten. Am Beispiel jugoslawischer Gastarbeiter in Wien. Frankfurt / M. (Erstveröffentlichung als Diss. 1978); Elisabeth Lichtenberger (1984): Gastarbeiter. Leben in zwei Gesellschaften. Wien-Köln-Graz.

9   Stadtbuch Wien 1982. Ein Almanach. Wien 1982

10   Gero Fischer, Peter Lachnit und Helga Leitner (1983): Nationale Minderheiten: Wo „Ausländer raus" das Artfremde ist, in: Wien wirklich. Ein Stadtführer durch den Alltag und seine Geschichte. Wien: 209 ff.

11   Bernhard Perchinig (1992): Affäre mit begrenzter Hoffnung. Zuwanderung in Wien, in: Renate Banik-Schweitzer et al.: Wien wirklich. Wien.

12   Siehe American Association of Museums, Museum News, May / June 2003, Klaus Müller: The Culture of Globalization (http://www.aam-us.org / members / publication).

13   Gerald Matt / Siegfried Mattl / Thomas Miessgang (2002): Vorstudie zu einem Leitbild für ein Wiener Stadtmuseum, Manuskript.

Martina Böse / Cornelia Kogoj

TRANSNATIONALE MEDIEN UND KOMMUNIKATION

ÜBER DIE

HERSTELLUNG VON REALITÄT UND (GEGEN-)ÖFFENTLICHKEIT   Die Ausstellung „gastarbajteri – Medien und Migration" befasst sich mit der Nutzung der Kommunikationsmittel zur Aufrechterhaltung transnationaler Kontakte und mit der Bedeutung von Massenmedien für die Herstellung von Öffentlichkeiten durch MigrantInnen.

Medien ermöglichen Kommunikation und Öffentlichkeit. Sie bieten ein Forum für transnationale Kontakte ebenso wie für öffentliche Auseinandersetzung und Meinungsbildung auf nationalstaatlicher Ebene. Durch die Nutzung von Medien können einerseits subjektive Wirklichkeiten vermittelt und Gemeinschaften entwickelt und aufrechterhalten werden. Andererseits werden über die Herstellung von medialen Öffentlichkeiten Interessen artikuliert und durchgesetzt.

Die Ausstellung *gastarbajteri – Medien und Migration* setzt sich thematisch zum einen mit der vielfältigen Nutzung verschiedener Kommunikationsmittel zur Aufrechterhaltung transnationaler Kontakte von MigrantInnen auseinander, zum anderen mit der Bedeutung von Massenmedien für die Herstellung von Öffentlichkeiten durch MigrantInnen. Für die Ausstellung wurden KünstlerInnen wie Mehmet Emir und Anna Kowalska eingeladen, Arbeiten zu zeigen, die transnationale Kommunikationsmittel thematisieren. In den Interventionen von Fatih Aydoğdu und şule attems geht es um Sprache als Herrschaftsmittel und Medium der Konstruktion von Wirklichkeit, während Hubert Lobnigs Arbeit dem nicht verschriftlichten Archiv des Sammlers Sivomir gewidmet ist. Das KünstlerInnen-Kollektiv *dezentrale medien*, das bereits seit drei Jahren mit jungen MigrantInnen arbeitet, zeigt ein Videoarchiv von verschiedenen Arbeiten, in denen Jugendliche mit Hilfe von Medien (Internet und Video) eigene Lebensumstände behandeln und dadurch eine bestimmte Öffentlichkeit herstellen.

KONSTRUKTION VON WIRKLICHKEITEN

Migrationsbewegungen betreffen mehr als nur ein Herkunftsland und ein sogenanntes Aufnahmeland. Manche der „klassischen" Herkunftsländer von MigrantInnen sind zudem in jüngerer Zeit selbst bedeutende Aufnahme- und Transitländer geworden, wie beispielsweise die Türkei oder das ehemalige Jugoslawien. Und von Österreich aus, das heute ein Einwanderungsland ist, sind in den 50er- und 60er-Jahren viele ArbeitsmigrantInnen in die Schweiz gegangen.

Personen aus dem ehemaligen Jugoslawien sowie aus den jugoslawischen Nachfolge-staaten sind ebenso wie MigrantInnen aus der Türkei oder aus Österreich in andere Länder inner- und außerhalb Europas gezogen. Oft finden diese Ortswechsel innerhalb einer Familie „auf Etappen" statt. Familienmitglieder, Verwandte und Bekannte bleiben – manchmal für eine gewisse Zeit, manchmal für immer – im Herkunftsland zurück, andere lassen sich an anderen Orten nieder. Neue Kontakte werden geknüpft, bestehende Kontakte aufrechterhalten.

Medien spielen eine zentrale Rolle bei der Entstehung und Aufrechterhaltung transnationaler Gemeinschaften und der Diaspora.

Im Zuge der Migration sind „transnationale Communities" entstanden und entstehen wei-terhin. Sie werden regelmäßig in Zusammenhang mit Globalisierungsprozessen genannt und einerseits als Beispiele für deren Auswirkungen, andererseits als einer der Katalysa-toren dieser Prozesse betrachtet. In einer akteurszentrierten Sichtweise stellen Migration und MigrantInnen gleichsam eine „Globalisierung von unten" dar.

Medien spielen eine zentrale Rolle bei der Entstehung und Aufrechterhaltung transnatio-naler Gemeinschaften und der Diaspora. Die durch transnationale Medienkanäle wie Satellitenfernsehen erzeugten kulturellen Räume sind als *mediascapes* bezeichnet worden, die sozio-kulturell, politisch und ökonomisch mit den – durch MigrantInnen, Flüchtlinge, Touristen etc. entstandenen – *ethnoscapes* in Verbindung stehen.[1] Lange vor der Verbrei-tung von Internet-gestützten-Kommunikationsformen und Satellitenkanälen haben analoge Medien wie der Brief, die Fotografie und die Audiokassette die Kommunikationsbedürfnisse vieler Menschen in der Migration erfüllt.

Ob die Fotos von Hıdır Emir aus den 70er Jahren oder die Kommunikation via Audio-kassette zwischen einer kurdischen Mutter in der Türkei und ihrem in Österreich lebenden Sohn aus den 80er-Jahren oder eine aktuelle Verbindung via Internet und Webcam – sie alle agieren, wie es Salman Rushdie nennt, aus einer Art Doppelperspektive heraus, aus einer „Stereosicht", weil sie in der Einwanderungsgesellschaft sowohl Insider als auch Outsider sind. Gleichzeitig schaffen sie durch diese Kommunikation „unsichtbare, imaginäre Heimatländer".[2]

Martina Böse / Cornelia Kogoj

REPRÄSENTATION UND GESTALTUNG VON ÖFFENTLICHKEIT

In Österreichs Medienlandschaft sind MigrantInnen zunächst vor allem als Objekte der Berichterstattung bekannt, wo sie regelmäßig in Zusammenhang mit dem Nachrichtenwert „Konflikt" auf unsere „Denk-Tagesordnung" gesetzt werden. Massenmedien stellen soziale Wirklichkeit allerdings nicht bloß dar, sondern sie schaffen Realität, indem sie die Wahrnehmung von Minderheiten durch die Mehrheitsgesellschaft sowie die Selbstwahrnehmung von Minderheitenangehörigen entscheidend prägen.

Massenmedien dienen der Verteilung von Inhalten vielfältigster Art, oft unter dem Titel „objektiver" Berichterstattung. Als Produzenten von Wirklichkeiten sind Medien und MedienarbeiterInnen mitverantwortlich für die Etablierung von Themen und Normen. Sie tragen so zur Meinungsbildung bei, auf welcher nicht zuletzt auch die Wahrnehmung politischer Rechte – wie des Wahlrechts – basiert. Der Zugang zur Medienproduktion und damit zur Mitgestaltung von meinungsbildenden Diskursen ist somit ein zentrales Element demokratischer Gesellschaften. Für Minderheitenangehörige bietet er nicht zuletzt eine entscheidende Voraussetzung für den Ausgleich diskriminierender Berichterstattung. Medienzugang ermöglicht die aktive Teilnahme an politischen und kulturellen Meinungsbildungsprozessen.

Die Beteiligung am Medien-Machen ist nicht nur hinsichtlich der eigentlichen Formen und Inhalte medialer Darstellungen wichtig, sondern auch hinsichtlich der durch Medien ausgelösten sozio-kulturellen Interaktionen. Die aktive Rolle von MedienkonsumentInnen im Erzeugen von Bedeutung durch Interpretation und durch das Produzieren von Diskursen wird in der Theorie seit längerem anerkannt. Die Bedeutung von Medien geht somit über das bloße „Empfangen" von Medieninhalten hinaus. Sie ist zudem nicht auf die häusliche

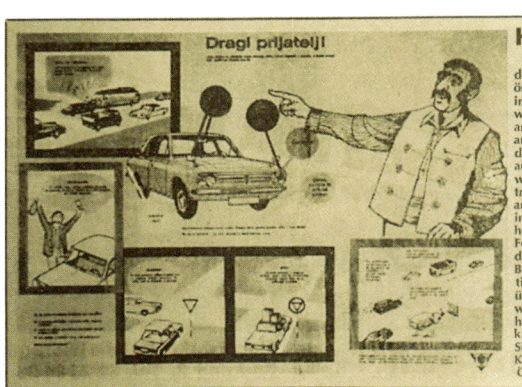

Berichterstattung über Handzettel für „Gastarbeiter" aus „Auto-Touring. Die österreichische Kraftfahrzeitung", dem offiziellen Organ des ÖAMTC, 1972 (Quelle: ÖAMTC-Archiv)

Sphäre beschränkt, sondern betrifft auch durch ihren Einfluss auf Identitätsbildungs-
prozesse die *öffentliche* Sphäre ganz wesentlich.[3]

Ob und wie verschiedene Medien von MigrantInnen genützt werden, hängt nicht zuletzt
auch davon ab, wie sie es verstehen, die Interessen, Einstellungen, Weltanschauungen und
Lebensweisen von MigrantInnen zu thematisieren.[4]

Die Medienbedürfnisse von MigrantInnen unterscheiden sich in ihrer Vielfalt nicht von
jenen der Mehrheit. Genau wie diese haben auch MigrantInnen unterschiedliche
thematische, politische und ästhetische Erwartungen an die Medien, die nicht zuletzt auch
von Faktoren wie Generation, *gender*, sozialem Milieu und religiöser Identität beeinflusst
werden. MigrantInnen sind daher weder ein homogenes noch ein unmündiges Publikum,
für das sie von vielen MedienmacherInnen immer noch oft gehalten werden. Programme
abseits folkloristischer Klischees und rassistischer Darstellungen existieren so gut wie gar
nicht. Nischen-Sendungen, die den Anspruch erheben, MigrantInnen sichtbar zu machen,
hinken der gesellschaftlichen Realität hoffnungslos hinterher und stellen Kultur und

MigrantInnen sind weder ein homogenes noch ein unmündiges Publikum, für das sie
von vielen MedienmacherInnen immer noch oft gehalten werden.

kulturelle Identität vorwiegend als unveränderliche Einheiten dar. „GastarbeiterInnen" und
ihre Nachkommen sind und bleiben die „Anderen" in den meisten dieser Darstellungen.
Differenzen werden konstruiert oder hervorgehoben, negativ besetzt und als Unterschiede
zwischen einem vorgestellten „Uns" und „den Anderen" fixiert. Vernachlässigt wird dabei
die Frage, wie MigrantInnen jene Bilder, in denen sie in den Mainstream-Medien dargestellt
werden, selbst aufnehmen und wie sie dargestellt werden möchten.

Seit den 70er-Jahren haben kritische Analysen von Medientexten in vielen Ländern auf
diskriminierende Inhalte im Zusammenhang mit Minderheiten aufmerksam gemacht. In der
Ausstellung wird der Bereich der Repräsentation von MigrantInnen in den österreichischen
Medien jedoch nicht im Rahmen wissenschaftlicher Analysen thematisiert,[5] sondern aus
der subjektiven Sicht eines in Österreich lebenden Mediennutzers, dessen Sammlung aus
Zeitungsausschnitten sowie Radio- und TV-Dokumenten hier erstmals einer breiteren
Öffentlichkeit zugänglich gemacht wird.

Das umfassende Archiv von Ali Gedik, entstanden in den Jahren 1984 bis 1993, gewährt
einen Einblick in die subjektive Rezeption verschiedener österreichischer Medien durch
jemanden, der im Jahr 1976 aus der Türkei nach Vorarlberg immigriert ist. Das Stichwort

der medialen Öffentlichkeit gewinnt dort besonders an Bedeutung, wo Ali Gediks eigene politische Aktivitäten medial repräsentiert sind. Die Berichterstattung über seine Teilnahme am politischen Diskurs wird hier ergänzt durch die von Gedik gesammelten Artikel zu einer Vielfalt an innenpolitischen Themen, insbesondere in Verbindung mit MigrantInnen und Migrationspolitik, ebenso wie zu anderen spezifischen Interessens- gebieten, wie der Situation der KurdInnen und der Menschenrechte in der Türkei. Dieser subjektiven Nutzung und Rezeption medialer Öffentlichkeit wird der Verlauf von Gediks Existenz als Migrant in der österreichischen Bürokratie gegenübergestellt, veranschaulicht durch verschiedenste Schriftstücke der öffentlichen Verwaltung.

TRANSNATIONALE MEDIENRÄUME UND GEGENÖFFENTLICHKEIT

Wie nicht zuletzt auch das Archiv von Ali Gedik verdeutlicht, sind Medienproduktion und -rezeption nicht nur innerhalb nationaler Grenzen zu denken. So werden etwa türkische Zeitungen in Deutschland hergestellt und unter anderem von MigrantInnen in Österreich gelesen, während eine Vielzahl von Satellitenprogrammen seit längerem in vielen Ländern parallel empfangen wird. In der Ausstellung wird auf den „transnationalen Fundus"[6] von MigrantInnen und deren Nachfolgegenerationen in Öster- reich im Bereich der Printmedien besonders hingewiesen.

Transnationale Medienlandschaften im Sinne von grenzüberschreitenden Märkten und Medienvertriebssystemen ermöglichen mittlerweile zwar eine sogenannte *globale* öffent- liche Sphäre, garantieren jedoch nicht schon für sich die Repräsentation von MigrantInnen in den Medien. Dies liegt einerseits an Unterschieden im Zugang zu diesen transnationalen Medien – von digitaler Videotechnologie hin zu Satelliten-TV-Programmen –, welche häufig entlang traditioneller Bruchlinien wie dem Alter, der sozialen Position und Bildung, dem Geschlecht und nicht zuletzt der Ethnizität bestehen. Andererseits sind so genannte „Min- derheiten-Medien", die für zahlenmäßig kleine Gruppen von ZuseherInnen beziehungs- weise ZuhörerInnen produziert werden, oft auch hinsichtlich ihrer ökonomischen Lebens- fähigkeit besonders gefährdet.[7] Hier ist insbesondere auch an autonome Minderheiten- medien zu denken, die jenseits transnationaler Medienkonglomerate von engagierten, oft ehrenamtlich tätigen Personen geschaffen und betrieben werden. Das Bestehen und der Charakter von „Minderheitenmedien" können somit nicht nur als Hinweis auf kulturelle Vielfalt und als Abbildung von Zugehörigkeiten, von Ein- und Ausschließungen verstanden werden – sie reflektieren auch strukturelle Bedingungen der Medienproduktion.

Jenseits der bereits erwähnten „Ethno-Nischen" in den österreichischen Mehrheitsmedien sind hierzulande – wie auch in anderen Staaten – besonders in den Bereichen der Printmedien und der Freien Radios (regionale) Alternativmedien entstanden, die zur Herstellung von Gegenöffentlichkeiten beitragen. Einige dieser Medien beziehungsweise der beteiligten MedienproduzentInnen sind an der Ausstellung im Rahmen der begleitenden Veranstaltungen beteiligt. Auf einschlägige Printmedien wird zudem im Bibliotheksbereich besonders hingewiesen. Mit den Veranstaltungen soll der Raum sowohl für die Öffentlichkeit als auch für den Dialog über bestehende und vorgestellte Grenzen hinweg geöffnet werden.[8]

1   Vgl. Arjun Appadurai (1998): Globale ethnische Räume. Bemerkungen und Fragen zur Entwicklung einer transnationalen Anthropologie, in: Ulrich Beck (Hg.): Perspektiven der Weltgesellschaft. Frankfurt/M.: 11-41.
2   Salman Rushdie (1992): Heimatländer der Phantasie. Essays und Kritiken 1981-1991. Berlin: 22.
3   Vgl. Marie Gillespie (1998): Media, minority youth and the Public Sphere, in: Zeitschrift für Erziehungswissenschaft, Vol. 1, 1998. Berlin; Charles Husband (1996): The Right to be Understood: Conceiving the Multi-Ethnic Public Sphere, in: Innovation, Vol. 9, No. 2: 205-215; David Morley, Kevin Robins (1996): Spaces of identity. Global media, electronic landscapes and cultural boundaries. London, New York.
4   Vgl. David Morley (2001): Nicht „zu Hause" in der Mediennation, in: B. Busch, B. Hipfl, K. Robins (Hg.): Bewegte Identitäten. Medien in transkulturellen Kontexten, Klagenfurt/Celovec: 21-46.
5   Beispiele solcher wissenschaftlicher Analysen sind jedoch in der Literatursammlung zu finden. Vgl. etwa Bernd Matouschek, Ruth Wodak, Franz Januschek (1995): Notwendige Maßnahmen gegen Fremde? Genese und Formen von rassistischen Diskursen der Differenz. Wien; Mathias Jung (1997): Die Sprache des Migrationsdiskurses. Das Reden über „Ausländer" in Medien, Politik und Alltag. Opladen.
6   Diese Formulierung ist von Gillespie (1998) entlehnt.
7   Vgl. Brigitte Busch (1999): Der virtuelle Dorfplatz. Minderheitenmedien, Globalisierung und kulturelle Identität, Klagenfurt/Celovec.
8   Vgl. Charles Husband (2001): Über den Kampf gegen Rassismus hinaus: Entwurf einer polyethnischen Medienlandschaft, in: B. Busch, B. Hipfl, K. Robins (Hg.): Bewegte Identitäten. Medien in transkulturellen Kontexten, Klagenfurt/Celovec: 9-20.

Robert Buchschwenter

TRAUMLÄNDER

VOM LEBEN

„ZWISCHEN DEN KULTUREN" Die in Zusammenarbeit mit dem Filmarchiv Austria veranstaltete Reihe „gastarbajteri – MigrantInnen im Film" zeigt Arbeiten aus vier Jahrzehnten.

Für die einen ist „Lebenskultur" eine Frage der Raffinesse hergebrachter Lebensgewohnheiten. Für die anderen eine der Daseinsfindung *zwischen* den Kulturen. Wer es sich zur lieben Gewohnheit gemacht hat, abwechselnd „beim Italiener", „beim Griechen" oder „beim Chinesen" zu essen, lebt nicht zwischen den Kulturen – und möchte in der Regel auch nicht mit den Erfahrungen derer konfrontiert werden, die ihre (partielle) Akzeptanz um den Preis der fremdbestimmten Anpassung erkauft haben.

Wenn diese Form der Konfrontation seit einigen Jahren dennoch in zunehmendem Maß stattfindet, liegt das weniger daran, dass Politik und öffentliche Medien die „multikulturelle Gesellschaft" als tagespolitisches Thema für sich entdeckt haben – zumal die Erfahrung des Zwischen-den-Kulturen-Lebens hier bestenfalls peripher verhandelter Teilgegenstand der variantenreich verhandelten Hauptthemen Anpassung oder Unangepasstheit ist. Vielmehr findet die Initialzündung für diese Konfrontation häufig ausgerechnet dort statt, wo die postkoloniale Gesellschaft ihre eigene Lebenskultur auf sublime Weise entfaltet: in der Literatur, in der Kunst – und vor allem im Kino. Hier stellt die einschneidende Erfahrung des kulturellen Dazwischen nicht den Umweg dar, der im politischen und öffentlich-medialen Diskurs über das anvisierte Ziel der Anpassung oder Nicht-Anpassung strategisch eingeschlagen wird. Weit eher bildet die Konzentration auf Facetten dieser Erfahrung häufig den Ausgangspunkt für die filmische Auseinandersetzung mit den Problemen (und, schon seltener, den Chancen) der multikulturellen Gesellschaft.

HIER, DORT UND DAZWISCHEN

Weit vor der Erfahrung des kulturellen Dazwischen kommt das Erleben der eigenen Existenz als unbefriedigend oder untragbar. Sosehr das auch faktisch (politisch oder ökonomisch) begründet sein mag, ist es doch wesentlich geformt durch die

Vorstellung von einem Anderswo und dem im Anderswo verorteten Versprechen von einem besseren Leben.

„Wenn du dieses Gras frisst, kommt aus deinen Zitzen Butter", verspricht der türkische Junge, dessen Eltern ihre Ausreise aus der Türkei vorbereiten, seiner Ziege, bevor er ihr eine Ansichtskarte mit einer Schweizer Gebirgslandschaft verfüttert. Die REISE DER HOFFNUNG, die die Familie im gleichnamigen Film von Xavier Koller schließlich antritt, endet nicht im vorgestellten Anderswo, sondern in einem drastisch geschilderten Dazwischen, in dem es für die Gestrandeten keine Entsprechungen zum Versprechen von einer besseren Welt gibt.

Wie hartnäckig die Versprechungen den konkreten Erfahrungen trotzen können, zeigt beispielhaft Michael Haneke in CODE INCONNU, wo eine in Paris als Straßenbettlerin aufgegriffene und in ihre Heimat abgeschobene Rumänin die erste Gelegenheit nützt, um wieder illegal nach Frankreich einzureisen.

Das Dazwischen, die Erfahrung nämlich, aus einem vertrauten Milieu losgerissen und noch längst nicht angekommen zu sein, hat viele Stationen - Stationen, die im Koordinatensystem der politisch „geordneten Verhältnisse" nicht vorkommen (es sei denn in Form der Stationen Auffanglager und Schubhaftgefängnis, die der Beseitigung des Dazwischen dienen) - wie sie Sabine Derflinger in ihrem Dokumentarfilm ACHTUNG: STAATSGRENZE zeigt. Diese Stationen bilden einen eigenen Kosmos, der sich im Schatten des öffentlichen, um das Anliegen der „geordneten Verhältnisse" kreisenden Mediendiskurses jener „Gastländer" entfaltet, deren *tatsächliche* Verhältnisse durch sein Vorhandensein allerdings eine radikale Umgestaltung erfahren. In seinem jüngsten Film LICHTER etwa macht Hans Christian Schmid am Beispiel mitreißend erzählter Einzelschicksale anschaulich, wie nachhaltig die Erfahrungen des Dazwischen die Gesellschaft als Ganze prägen - und wie grenzenlos sich dieses Dazwischen für diejenigen gestaltet, die nach einem Grenzübertritt im vorgestellten Anderswo angekommen zu sein glauben.

Für Dudie, den armenischen Asylbewerber in Hussi Kutlucans Tragikomödie ICH CHEF, DU TURNSCHUH, beginnt das eigentliche Dazwischen nicht an Bord des Containerschiffs, auf dem er seine Heimat in Richtung Deutschland verlässt, sondern mit dem unerlaubten Verlassen des Schiffs im Hamburger Hafen. Auf seiner Odyssee durch das Land, das bisher nur in Dudies Vorstellung existiert hat, wird er mit jenem

Umstand konfrontiert, der das Leben im Anderswo als Fremdsein charakterisiert: dass das im verlassenen Milieu angesammelte (und den Selbst- wie den gesellschaftlichen Wert einer Person wesentlich konstituierende) „kulturelle Kapital" in der neuen Umgebung plötzlich wertlos ist.

Diese Erfahrung – ein immer wiederkehrendes Moment in der filmischen Darstellung von MigrantInnen-Schicksalen – gestaltet sich schockartig insofern, als die antizipierte Vorstellung des „Gastlandes" vom faktischen Erleben einer Umgebung verdrängt wird, in der es keinen Umschlagplatz für das mitgebrachte „kulturelle Kapital" gibt – außer dem kulturellen Ghetto.

Die Fragen, die ICH CHEF, DU TURNSCHUH aufwirft (und auf unverkrampft humorvolle Art beantwortet), bilden den Rahmen einer filmischen Auseinandersetzung, welche das

Das Dazwischen, die Erfahrung nämlich, aus einem vertrauten Milieu losgerissen und noch längst nicht „angekommen" zu sein, hat viele Stationen.

Problem des Fremdseins nicht in gesellschaftspolitischen Fakten objektiviert, sondern im Spektrum konkreter Alltagserfahrungen auffächert.

Die Doppelbedeutung des Begriffs „ankommen" bringt das Dilemma derer auf den Punkt, die nach ihrer faktischen Ankunft im „Gastland" damit konfrontiert sind, dass sie mit ihrer kulturell geprägten und behördlich abgestempelten Persönlichkeit in der neuen Umgebung nicht ankommen. Um anzukommen (und um nicht wieder in Schubhaft oder im kulturellen Getto zu landen), müssen sie sich durchschlagen: durch Tricks, Lügen und existentielle Balanceakte, deren tragikomische Seiten sich etwa in Merzak Allouaches umwerfender Komödie SALUT COUSIN! wie ein Märchen im Realitätsformat ausnehmen oder in Florian Flickers SUZIE WASHINGTON Ingredienzien für ein veritables Roadmovie abgeben.

Die existentiellen Balanceakte im Dazwischen der Kulturen sind allerdings nicht nur eine Frage der Überlebenskunst, sondern in erster Linie eine Überlebensnotwendigkeit. Dementsprechend zentral ist das Thema Arbeit in der Mehrzahl der Filme, die sich mit MigrantInnen auseinander setzen. Der Mangel an Arbeitsmöglichkeiten oder – noch öfter – die unzumutbaren Bedingungen, unter denen „Gastarbeiter" zu arbeiten haben, sind symptomatisch für die erlittene Entwertung des „kulturellen Kapitals", die das

Leben im Dazwischen kennzeichnet. Die Karrieren als Prostituierte, als Drogendealer oder als Gangster, wie sie die Regisseure Thomas Arslan (in DEALER) oder Fatih Akın (in KURZ UND SCHMERZLOS) in ihren nüchtern, aber durchaus packend inszenierten *urban stories* schildern, mögen in dieser Hinsicht Klischees sein. Andererseits machen sie deutlich, dass diese für die kulturell Ausgesperrten eine reale Variante zu den vielfach unzumutbaren Restplätzen am Arbeitsmarkt darstellen.

Die Nähe zum Klischee vom „typischen" MigrantInnen-Schicksal war und ist im Übrigen auch in Filmen spürbar, die sich auf die unmittelbare Erfahrung der Betroffenen berufen - Klischees, über welche die Zugehörigen einer bestimmten Epoche oder Kultur das Leben zwischen den Kulturen als *Problem* wahrzunehmen gelernt haben. So etwa waren die Filme jener linksorientierten KünstlerInnen, die in den 70er-Jahren erstmals ihr Augenmerk auf die offenen Risse im gesellschaftlichen Gefüge der europäischen Gastarbeiterländer richteten, größtenteils geprägt von jenem anklagenden Opferdiskurs, der bei der Darstellung der schmerzhaft erfahrenen Entwurzelung auf der einen und der drastisch misslingenden Integrationsversuche auf der anderen Seite Halt machte. Eine Alternative zu aggressiver Ausgrenzung oder demütigender Assimilation wurde weder als alltägliche soziale Praxis noch als widerständisch motivierte Perspektive skizziert oder in Aussicht gestellt. Beispielhaft - und auch wegweisend - für diesen pädagogischen Pessimismus, der die kommunikationsfeindliche Integrationspolitik der Gastarbeiterstaaten in ein modellhaftes Statement über die Kommunikationsunfähigkeit der Gesellschaft umformulierte, ist Rainer Werner Fassbinders 1969 gedrehter Film KATZELMACHER. Der gesellschaftliche Raum, in dem Jorgos, der „Griech' aus Griechenland" sich bewegt, beschränkt sich ebenso wie der diskursive Rahmen des Films auf zwei Extreme: auf der einen Seite die gewalttätige Ablehnung durch eine xenophobe, von Sexualneid zerfressene Männerclique, auf der anderen Seite die rücksichtslose Vereinnahmung durch eine Frau, für die der Fremde „mit dem ehrlichen Blick" als trotzig aufgetragener Schmuck fungiert.

NEW GENERATION

Eine merkbare Verschiebung des Blicks von den „Opfern", die angesichts der kommunikationsunfähigen oder kommunikationsunwilligen Gesellschaft ihres „Gastlandes" selbst zur Sprachlosigkeit degradiert werden, gibt es erst in den 80er-Jahren - etwa in SAMMIE UND ROSIE TUN ES. die Helden dieses Films haben sich insofern vom Passionsfiguren-Dasein emanzipiert, als sie dem Druck der kulturellen Gettoisierung (von außen wie von innen) ebenso trotzen wie der Vereinnahmung durch die hegemoniale Kultur, indem sie die entsprechenden Rollenzwänge durch ein selbstbestimmtes Rollenspiel ersetzen.

Dieses Spiel mag im Einzelfall auch desillusionierend enden – wie in Mehdi Charefs TEE IM HAREM DES ARCHIMEDES, wo die Versuche eines 18-jährigen Algeriers, aus der tristen Pariser Vorstadt aus- und in ein geregeltes Leben aufzubrechen, letztlich scheitern.

Die eigenständige Form des Ausdrucks, die der dritten oder vierten Einwanderergeneration in diesen und ähnlichen Filmen zugestanden wird, der lakonische Tonfall und die zugleich erstaunlich präzise Art zu erzählen, sind symptomatisch für die Eroberung eines kommunikativen Terrains, welches im europäischen Kino genauso wie in der öffentlichen Diskussion von einem separatistischen Kulturverständnis geprägt war.

Die Tradition, in die sich Filme wie GESCHWISTER / KARDEŞER, APRILKINDER oder KURZ UND SCHMERZLOS reihen, ist denn auch weniger die des europäischen Einwanderer-„Problemkinos" als vielmehr das amerikanische *streetlife*-Kino im Stil von Martin Scorseses MEAN STREETS. Die Grenzen des kulturellen Gettos, in dem Scorseses junge Italoamerikaner sehr wohl noch gezwungenermaßen leben, verschwimmen mit den selbst gezogenen Grenzen um das Getto einer Subkultur, die man mit Menschen ganz anderer Herkunft teilt. Gerade der einschneidende Erfolg auf dem Weg zur Integration, den die Etablierung von

Hussi Kutlucans Tragikomödie ICH CHEF, DU TURNSCHUH (1998) befasst sich auf unverkrampft humorvolle Art mit den Fragen des „Fremdseins" (Foto: Filmarchiv Austria)

innen) ebenso trotzen wie der Vereinnahmung durch die hegemoniale Kultur, indem sie die entsprechenden Rollenzwänge durch ein selbstbestimmtes Rollen*spiel* ersetzen.

Dieses Spiel mag im Einzelfall auch desillusionierend enden – wie in Mehdi Charefs LE THE AU HAREM D'ARCHIMEDE / TEE IM HAREM DES ARCHIMEDES, wo die Versuche eines 18-jährigen Algeriers, aus der tristen Pariser Vorstadt aus- und in ein geregeltes Leben aufzubrechen, letztlich scheitern. Entscheidend für die Neu-Akzentuierung der Migranten-Problematik in solchen Filmen ist vielmehr das Abweichen von jenen Opfer-Klischees, welche die Ausweglosigkeit aus dem Dasein im kulturellen Getto festschreiben und damit tendenziell den konservativen Standpunkt zur Ausschließlichkeit kultureller Identität untermauern. Die Vision von einem Dasein jenseits der unsichtbaren Gettomauern ist für den Algerier Madjid in LE THE AU HAREM D'ARCHIMEDE zwar noch immer eine Vision – eine Vision aber immerhin, die so kommuniziert wird, dass sie zur Veränderung des Bildes einer sich faktisch verändernden Gesellschaft beiträgt.

Immer öfter wird im Kino der 90er-Jahre den vormaligen Opfern eine kulturell eigenständige Form des Ausdrucks zugestanden – eine kommunikative Kompetenz, in der kulturelle Zugehörigkeit eine Frage der selbstgewählten Adaption ist. Dass die Generation der unter 25-Jährigen immer häufiger in den Fokus rückt, liegt nicht nur an der faktischen Zunahme der Angehörigen nachfolgender Einwanderer-Generationen. Vielmehr macht sich hierin auch ein Perspektivenwechsel bemerkbar: Anstelle der tragischen Heldinnen und Helden mit ihren als schicksalhaft dargestellten kulturellen Bindungen bzw. Entwurzelungen treten nun diejenigen in den Vordergrund, die die Erfahrungen des Zwischen-den-Kulturen-Lebens in Überlebenskunst-Strategien ummünzen. Wie man sich durch den Alltag schlägt, den Abend organisiert, sich mit Schule oder Job arrangiert und mit der Liebe zu

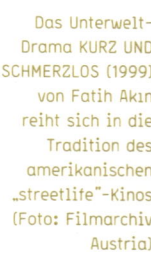

Das Unterwelt-Drama KURZ UND SCHMERZLOS (1999) von Fatih Akın reiht sich in die Tradition des amerikanischen „streetlife"-Kinos (Foto: Filmarchiv Austria)

Rande kommt, nimmt viel mehr Aufmerksamkeit in Anspruch als der Status des Migrantenkindes – etwa in Thomas Arslans Spielfilmdebüt GESCHWISTER / KARDEŞLER (1996) oder in Yüksel Yavuz' APRILKINDER (1999).

Die eigenständige Form des Ausdrucks, die der dritten oder vierten Einwanderergeneration in diesen und ähnlichen Filmen zugestanden wird, ist nicht nur Gegenstand der filmischen Erzählung, sondern vielmehr ihr Motor. Der lakonische Tonfall und die zugleich erstaunlich präzise Art, mit denen hier Vertreterinnen und Vertreter der genannten Einwanderergenerationen vom Leben in und mit verschiedenen Kulturen erzählen – ohne dabei die ideologischen Konflikte und ökonomischen Zwangslagen zu verschweigen –, sind symptomatisch für die Eroberung eines kommunikativen Terrains, welches im europäischen Kino genauso wie in der öffentlichen Diskussion (auch in gut gemeinten Fällen von Fürsprache) von einem separatistischen Kulturverständnis geprägt war.

Die Tradition, in die sich Filme wie GESCHWISTER, APRILKINDER oder das temporeiche Unterwelt-Drama KURZ UND SCHMERZLOS (1999) von Fatih Akın reihen, ist denn auch weniger die des europäischen Einwanderer-„Problemkinos" als vielmehr das amerikanische *streetlife*-Kino im Stil von Martin Scorseses MEAN STREATS / HEXENKESSEL. Die Grenzen des kulturellen Gettos, in dem Scorseses junge Italoamerikaner sehr wohl noch gezwungenermaßen leben, verschwimmen mit den selbst gezogenen Grenzen um das Getto einer Subkultur, die man mit Menschen ganz anderer Herkunft teilt.

CULTURAL GAP

Die Filme, die von dieser Aufweichung der Grenzen um das kulturelle Getto erzählen, öffnen vielfach erst den Blick auf die Dimensionen des Dazwischen, mit dem sich Migranten und Migrantinnen so oder so zu arrangieren haben.

Gerade der einschneidende Erfolg auf dem Weg zur Integration, den die Etablierung von sozialen Bindungen im neuen kulturellen Umfeld darstellt, lässt häufig die Risse im Selbstverständnis jüngerer Generationen sichtbar werden. Spätestens dann, wenn etwa die Protagonistinnen und Protagonisten in Stephen Frears SAMMY AND ROSIE GET LAID oder in Ang Lees DAS HOCHZEITSBANKETT (1992) denjenigen gegenüber Rechenschaft über ihr „Ankommen" ablegen sollen, von denen sie zu gehen gelernt haben, wird die Trittsicherheit auf dem erobert geglaubten kulturellen Neuland wieder erschüttert.

Dass die entsprechenden Schleuderbewegungen in diesem Stadium sehr häufig schon einen komödiantischen Gegenstand darstellen, wirkt wie ein Aufatmen über den Teilerfolg,

und sozialen Hintergründe der BenützerInnen sind ein Reichtum: so sieht eine Bildungsein-
richtung der heutigen Zivilgesellschaft aus. Die *Hauptbibliothek* wurde nach ihrer Eröffnung im Frühjahr 2003 fulminant angenommen, ihr Erfolg ist eine politische Botschaft an
den restriktiven Kurs einer unsozialen Bundesregierung.

Das *Wien Museum Karlsplatz* wiederum geht unter der neuen Direktion von Wolfgang Kos
in die Offensive einer anderen Geschichtsschreibung, die wechselnde Perspektiven zulässt
und moderiert. Gleichwohl ist das Museum die Institution der Stadt Wien, die die öffentliche Wahrnehmung historischer Entwicklungen repräsentiert, ihr Filter und Speicher für
Erinnerung.

Der Dokumentationsteil des Projekts, die Ausstellung *gastarbajteri -
40 Jahre Arbeitsmigration* im Wien Museum Karlsplatz, geht daran, die letzten Jahrzehnte
dieser Geschichte aus der Sicht derer zu erzählen, die in diesem Zeitraum zugewandert
sind. Die Entscheidung, Orte als Dispositive der Ausstellungsnarration zu entwickeln,
wurde mit dem Rechercheteam getroffen: Orte als physische und gesellschaftliche Schnitt-
stellen, an denen AkteurInnen - MigrantInnen, MehrheitsösterreicherInnen, Institutionen -
ihre Interessen aushandeln und an denen Interaktionen entlang von Tatsachen und Handlungen ablesbar und entsprechend darstellbar werden.

Die Verortung großer Themenbereiche wie Anwerbung, Herkunft, Arbeit, Wohnen, Rechte,
Forderungen und Rückkehr, wird in Beiträgen mit klarer AutorInnenschaft der Forscher-
Innen artikuliert. Sie sind auf Grundlage eines abgestimmten Rasters, jedoch nach deren
eigenen spezifischen Kriterien verfasst und werden nur über eine inhaltlich-formale
Klammer an ein gesamtgestalterisches Konzept gebunden: elf Fotografien der Orte, wie sie
sich heute darstellen, sowie die Nennung konkreter Ereignisse bzw. deren Zeitpunkte. In
ihrer Gesamtheit erscheint die Ausstellung daher auf den ersten Blick als ein topogra-
fisches, urbanes Geflecht - gegenwärtig, ja alltäglich und daher vertraut. Auf einer
Zeitachse werden relevante geschichtliche Vorgänge, wie etwa politische Ereignisse in
Österreich und den Herkunftsländern, zu diesen Ausstellungs-Stationen in Bezug gesetzt.
Als Verbindungselemente fungieren jeweils kurze einführende Dokumentationsvideos, die
den Zusammenhang zwischen den spezifischen Erzählungen der Stationen und den
allgemeinen Daten auf der Zeitachse artikulieren.

MEDIEN. PARTIZIPATION

Die Beiträge der Ausstellung *gastarbajteri – Medien und Migration* in der neuen Hauptbücherei sind mit dem Alltagsbetrieb der Bücherei verschränkt. Ihr Charakter ist dokumentarisch. Neben einem Wissenstransfer weisen sie auch aktivistische Momente auf: das Projekt „dezentrale medien" oder der Film GUTE ARBEIT sind Resultate der Bemühungen um partizipative Ansätze im Rahmen des Ausstellungsprojekts. Hier ist es Aufgabe der Gestaltung, ein Navigationssystem anzubieten, das in der funktional und visuell vorgegebenen Struktur der Bibliothek Sichtbarkeit für das Thema schafft.

GASTARBAJTERI – 40 JAHRE ARBEITSMIGRATION

Dilman Muradoğlu / Gamze Ongan

1964 ANWERBESTELLE
NARMANLI HAN, ISTANBUL

In *Narmanlı Han*, einem historischen Gebäude aus der ersten Hälfte des 19. Jahrhunderts im Istanbuler Jugendstilviertel Beyoğlu, erfolgte für viele ArbeitsmigrantInnen die erste Begegnung mit Österreich. Im Jahre 1964, nach der Unterzeichnung des Abkommens zwischen der Republik Österreich und der Türkischen Republik über die Anwerbung türkischer Arbeitskräfte und deren Beschäftigung in Österreich, nahm *Türkiye'de Görevli Avusturya Işçi Alma Komisyonu* (die österreichische Anwerbekommission in der Türkei) im zweiten Stock dieses Gebäudes ihre Arbeit auf.

Bis 1924 waren im Haus das russische Konsulat und das russische Gefängnis angesiedelt. In späteren Jahren wurde das Haus größtenteils von SchriftstellerInnen und KünstlerInnen bewohnt, auch die armenische Zeitung *Jamanak* hatte ihren Sitz in Narmanlı Han.

1970 übersiedelte die Anwerbekommission in ein - von der deutschen Verbindungsstelle zur Anwerbung aufgelassenes - Haus in Serçe Sokak, einer Handwerkergasse im Hafenviertel Karaköy (frühere deutsche Verbindungsstelle zur Anwerbung). Bis zur endgültigen Schließung im Jahre 1993 ist sie an zwei weiteren Orten angesiedelt.

Die Aufgabe der Anwerbekommission bestand in der Beschaffung türkischer Arbeitskräfte in Zusammenarbeit mit den nationalen Arbeitsmarktbehörden. Die Anforderungen der österreichischen Wirtschaft wurden von der Kommission an die türkische Arbeitsvermittlungsanstalt weitergeleitet. Diese suchte aus den „Arbeitslosenlisten" die Personen aus, die den Auswahlkriterien (Alter, berufliche Qualifikation und Gesundheit) entsprachen, und schickte sie zur Kommission. Die Kommission stellte ihrerseits fest, ob die BewerberInnen die Voraussetzungen für die Beschäftigung in Österreich erfüllten, insbesondere ob ihre berufliche und gesundheitliche Eignung für die angebotene Arbeit gegeben war. Die fachlichen Prüfungen für die jeweiligen Berufe wurden teilweise auch von österreichischen Firmenvertretern vor Ort durchgeführt (auf einen Intelligenztest, den die Firma *Fischerschi* mitgebracht hatte, wurde immerhin verzichtet). Die ärztlichen

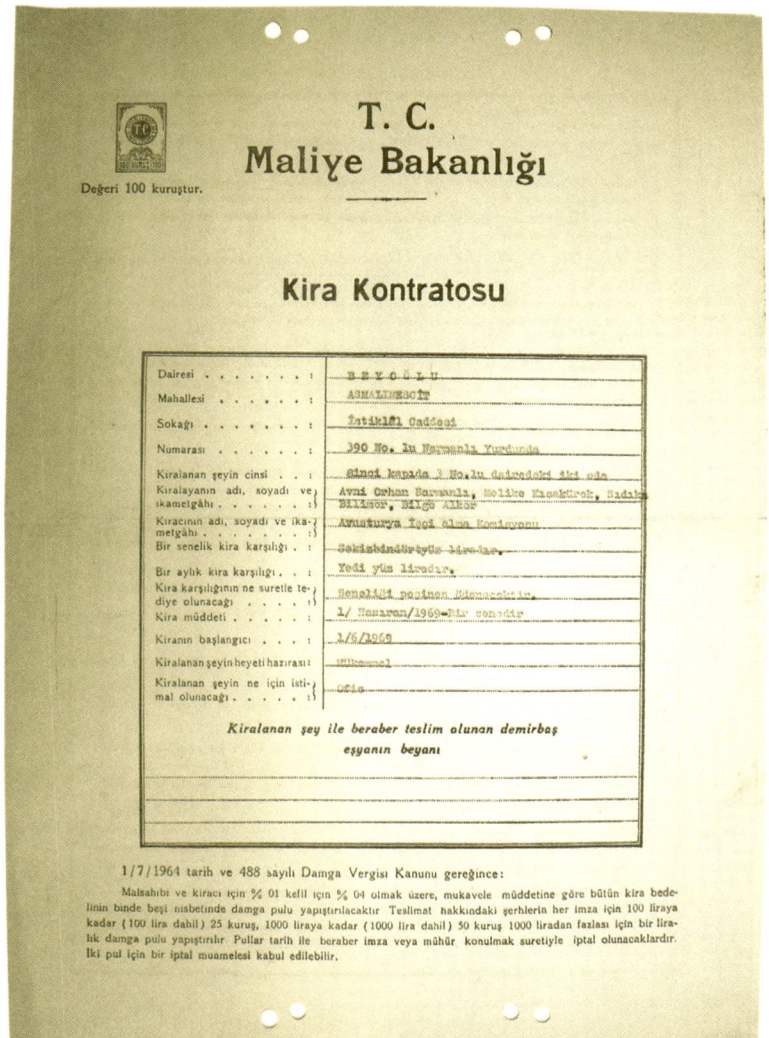

Mietvertrag des Büros der Österreichischen Anwerbekommission in Narmanlı Han, Istanbul 1969 (Quelle: WKÖ-Archiv)

Untersuchungen, vor allem allgemeiner Eignungstest und TBC-Untersuchung, waren ausgelagert, doch die allgemeine Schlussuntersuchung fand in der Kommission statt. Die Kommission war ebenso zuständig für die Organisation und Regelung der Reisen der ArbeitnehmerInnen nach Österreich. Zu Zeiten der so genannten Frühjahrsanwerbung, wenn von Firmen Forderungen wie „Schickt uns 500 Arbeiter!" eintrafen, ist von „enormer Verwaltungsarbeit" die Rede – konkret: Übersetzung von Verträgen, Bestellung von Zügen aus Österreich, Platzreservierung, Erstellung von Transportlisten, Organisation der Verpflegung für die Reise, Briefe an den Schaffner usw.

Die Schilderungen der Zeitzeugen, die das Geschehen um die Anwerbung in Narmanlı Han und in Serçe Sokak beobachtet haben, vermitteln das Bild eines Zulaufs auf das „Tor zum Goldenen Westen", um den zu erreichen man zuerst einen langen und aufreibenden bürokratischen Weg zu überwinden hatte. Aus diesen Gesprächen wissen wir auch, dass zu Zeiten der massenhaften Anwerbung rund um die Anwerbestellen und das türkische Arbeitsamt eine Art „Nischenwirtschaft" entstanden ist. Diese bestand aus Straßenfotografen, Beratungs- und Übersetzungsbüros, Restaurants, Kaffeehäusern, Hotels und den sogenannten Vermittlern, die gegen Bezahlung die notwendigen Formalitäten für die BewerberInnen erledigten oder es zumindest vorgaben. „Gutes Geschäft" soll in dieser Zeit auch der eine oder andere Vertragsarzt gemacht haben, der über die „Tauglichkeit" der BewerberInnen urteilte.

Heute wohnen im mittlerweile 170 Jahre alten Haus Narmanlı Han nur mehr eine alte Frau mit ihren 50 Katzen und der 98-jährige Hausmeister Raşit Şahin. Die Büroräume der österreichischen Anwerbekommission stehen leer. Das Haus wird demnächst revitalisiert.

Peter Payer

GASTARBEITERROUTE 1972
GRENZÜBERGANG SPIELFELD-STRASS

Mit den „Gastarbeitern" tauchte Anfang der 70er-Jahre auch ein neuer geografischer Begriff auf: die „Gastarbeiterroute" – als Bezeichnung für jene transeuropäischen Verkehrswege, auf denen die Arbeitskräfte zwischen ihrem Herkunfts- und dem Aufnahmeland hin- und herpendelten. Mit den Menschen zirkulierten hier auch Informationen, Grußbotschaften, Geld, Souvenirs und Geschenke aller Art, wodurch die „Gastarbeiterroute" zum lebensnotwendigen Verbindungsglied in die Heimat wurde, zur Nabelschnur nach Hause.

Chronologisch betrachtet waren zunächst die Eisenbahnlinien von Bedeutung. Züge wie der legendäre „Balkan-Express", der „Istanbul-" und der „Jugoslavia-Express" verbanden Österreich via Zagreb und Belgrad mit dem südosteuropäischen Raum. Die Anfangs- bzw. Endpunkte dieser Strecke, die Bahnhöfe, entwickelten sich für viele „Gastarbeiter" zu besonderen Orten: Hier hatten ihre ersten Schritte in eine ungewisse Zukunft begonnen, und hierher kamen sie auch später regelmäßig, um Landsleute zu treffen und den begehrten Nachrichten aus der Heimat zu lauschen.[1]

Neben der Bahn etablierte sich zunehmend die Reise mit dem Autobus (etwa mit den bekannten türkischen Busunternehmen „Bosfor Turizm" oder „Varan Turizm") und mit dem eigenen Pkw. Letzterer war zum wichtigen Statussymbol geworden, mit dem die „Gastarbeiter" ihren ökonomischen Aufstieg auch im Herkunftsland überzeugend demonstrieren konnten. Als bevorzugte Transitroute kristallisierte sich jene Straßenverbindung zwischen Deutschland und dem damaligen Jugoslawien heraus, die als die eigentliche „Gastarbeiterroute" bekannt wurde und in Österreich von Salzburg über Schladming nach Liezen, Graz und Spielfeld führte.

Dabei handelte es sich zumeist um relativ schmale Bundesstraßen, was zu enormen Verkehrsüberlastungen, kilometerlangen Staus und – in Verbindung mit der häufigen Übermüdung der Lenker – zu unzähligen schweren Unfällen führte.[2] Lautstarke Proteste der Anrainer und Bezeichnungen wie „Horrorstrecke" und „Todesstrecke" ließen ein überwiegend negatives Image der „Gastarbeiterroute" entstehen.

Daran konnten auch die Autofahrerorganisationen wenig ändern, die sich um Aufklärung bemühten und entlang der Strecke mehrsprachige Warnschilder wie „Nicht überholen!", „Lebensgefährliche Strecke", „Mach Rast!" anbringen ließen. Als europaweit einmaliger Versuch wurde im Juli 1988 bei Mautern ein spezieller „Moslem-Rastplatz" eröffnet.

„Gastarbeiterroute" bei Niklasdorf, 80er-Jahre
(Foto: Pressefoto- und Bildagentur FotoBegsteiger KEG)

Dieser zeichnete sich durch eigens für türkische „Gastarbeiter" adaptierte Einrichtungen aus: ein Büffet ohne Schweinefleisch und Alkohol, spezielle WC-Anlagen, ein provisorisches, aus Brettern gezimmertes Bethaus, Rot-Kreuz-Stelle, Telefon, Spielplatz.[3] De facto brachte jedoch erst die sukzessive Fertigstellung der Phyrnautobahn eine spürbare Entschärfung der Situation und deutlich reduzierte Unfallzahlen.[4]

Auch an anderen Orten entlang der Strecke war mittlerweile eine eigene Infrastruktur entstanden, etwa beim Grenzübergang Spielfeld-Straß, wo das Ehepaar Gutlić seit 1983 mit großem Erfolg einen Supermarkt und eine Tankstelle betrieb.[5] Bis 1991 der Ausbruch des Jugoslawien-Krieges völlig neue Verhältnisse schuf. Denn von nun an lief die „neue Gastarbeiterroute" über Wien nach Ungarn und Rumänien. Die „alte" war zur Sackgasse geworden. Sie sollte erst wieder fünf Jahre später, mit der erneuten Öffnung von „Autoput" Zagreb-Belgrad zum Leben erwachen[6] – nun allerdings weit weniger Schlagzeilen machend als ihre berühmt-berüchtigte Vorgängerin.

1   Zur relativen Häufigkeit des Bahnhofsbesuchs im Vergleich mit anderen Freizeitbeschäftigungen vgl. Filip Ikiz,: Freizeit und Freizeitaktivitäten der jugoslawischen Gastarbeiter in Österreich. Wien, Dipl.Arb. 1983: 88, 90.

2   Am 19. 7. 1975 kam der damalige ÖVP-Obmann Karl Schleinzer als prominentestes Opfer nahe Bruck/Mur ums Leben. Sein Unfalltod, mitten im Wahlkampf gegen Bruno Kreisky, schockte ganz Österreich. Der steirische Teil der „Gastarbeiterroute" galt überhaupt als gefährlichster Abschnitt. Auf einer Länge von 297 Kilometern fuhr man ausschließlich auf zweispurigen, meist nur sieben Meter breiten Straßen. In Spitzenzeiten, also in der Oster-, Urlaubs- und Weihnachtszeit, verkehrten hier täglich bis zu 30.000 Kfz; vor der Staatsgrenze Spielfeld bildeten sich Stauräume von bis zu 30 Kilometer.

3   Der Volksmund sprach von „Karawanserei" und „Türkenrastplatz". Zu Bekanntmachung des Projekts versandte der Initiator, das Kuratorium für Verkehrssicherheit, rund 140.000 Flugblätter und Plakate in türkischer und serbokroatischer Sprache an Großbetriebe und Gewerkschaften in Deutschland. Daneben setzte man verstärkt auf Print- und elektronische Medien (Michael Lohmeyer / Gabriele Penka: Medienanalyse Effizienzkontrolle Moslem-Rastplatz Mautern. Hg. vom Kuratorium für Verkehrssicherheit. Wien 1988).

4   Der vollständige Ausbau der 206 km langen Phyrnautobahn dauerte beinahe 30 Jahre (1971-2000). Vgl. dazu auch Chr. Theussl / P. Pritz,: A 9 Phyrnautobahn. Gastarbeiterroute durch die Steiermark. Hg. vom Amt der steiermärkischen Landesregierung/Fachabteilung Straßenplanung und Verkehrstechnik. Graz 1976.

5   Vgl. dazu auch den Beitrag von Hanna Esezobor in diesem Band.

6   „Gastarbeiterroute wieder offen", in: Die Presse vom 6. 4. 1996: 1.

Hanna Esezobor

SELBSTSTÄNDIGE ERWERBSTÄTIGKEIT

1973

BOSANAC - WAREN ALLER ART, MEXIKOPLATZ

„Sie kamen nach Österreich als Arbeitnehmer und blieben als Arbeitgeber." [1]

Während der wirtschaftlichen Rezession Mitte der 70er-Jahre verloren ausländische ArbeitnehmerInnen als Erste Arbeitsplatz und Arbeitserlaubnis. In dieser Situation versuchten manche, sich selbst einen Arbeitsplatz zu schaffen. Mit Hilfe eines/r gewerberechtlichen Geschäftsführers/in und eines Eigenkapitals von 25.000 Schilling eröffneten sie Restaurants, Einzelhandelsgeschäfte oder Import-/Exportfirmen.

Die Spurensuche nach den Geschäften der ersten (Arbeits-)MigrantInnen beginnt am Wiener Mexikoplatz. Die Wahl fällt auf den Mexikoplatz, weil er zum einen eine lange Geschichte im Bereich der Zuwanderung aufweist – schon um 1870 wurden Menschen für Bauarbeiten im Zuge der *Donauregulierung* „angeworben".

Zum anderen gelangt der Platz in den 60ern und 70ern aufgrund der starken Warennachfrage von TouristInnen aus dem Osten und angeworbenen MigrantInnen zu wirtschaftlicher Blüte. Neben Dingen für den täglichen Gebrauch konnten Geschenke für die Verwandten billig erstanden, diverse Währungen eingetauscht, hilfreiche Kontakte geschlossen, Informationen über Arbeitsplätze und Wohnmöglichkeiten ausgetauscht werden. Einsamkeit, schlechte Wohnverhältnisse, Unzufriedenheit am Arbeitsplatz, finanzielle Sorgen oder Heimweh ließen den Mexikoplatz zu einem komplexen Sozialgefüge werden.

Aufgrund der großen Nachfrage nach „Waren aller Art" dehnten sich die Geschäfte auf die umliegenden Straßenzüge aus; der Begriff „Mexikoplatz" schloss diese Geschäfte mit ein. Damals wurden viele Erdgeschosswohnungen in Geschäfte umgewandelt. In die

Nadja und Ismet Gutlić emigrierten 1969 aus Jugoslawien nach Österreich.
1973 gründeten sie die Gutlić OHG und eröffneten „Bosanac – Waren aller Art"
in der Wachaustraße 21 (Quelle: Privatarchiv Gutlić)

bestehende internationale Geschäftsstruktur fügten sich bald MigrantInnen aus Ex-Jugoslawien und der Türkei ein.

Herr und Frau Gutlić aus dem ehemaligen Jugoslawien gründeten 1973 die *Gutlić OHG* und eröffneten in der Wachaustraße *„Bosanac" - Waren aller Art*. Die *Gutlić OHG* war stark abhängig von der lokalen Ökonomie; mit dem wirtschaftlichen Rückgang am Mexikoplatz verlagerten Herr und Frau Gutlić ihre Geschäftstätigkeit auf andere Standorte. Nach der Einrichtung von Geschäftslokalen in Linz und Salzburg markiert die Eröffnung eines Supermarktes in Spielfeld das zentralste Moment in der Unternehmensbiographie der *Gutlić OHG*.

Herr Göreç aus der Türkei entschied sich für den Standplatz Mexikoplatz nicht aufgrund der Kaufkraft vor Ort, auf dem Platz existierte bereits eine Bäckerei, die er 1979 übernahm. Unter dem Nachfolger, Herrn Çankaya, besteht die Bäckerei am Mexikoplatz als Produktionsstätte bis heute; der Hauptsitz des Unternehmens verlagerte sich aber in die Räumlichkeiten der ehemaligen *Schrammelbäckerei* im 12. Bezirk.

Die Zahl der selbstständig erwerbstätigen MigrantInnen ist in den letzten Jahren kontinuierlich gestiegen, quantitativ lässt sich dieser Trend eher an anderen Orten Wiens (z. B. Gürtel) und in zunehmendem Maße auch in den anderen Bundesländern verfolgen. In der Umgebung des Mexikoplatzes zieht sich die eigentliche Geschäftstätigkeit auf den Platz selbst zurück; viele Geschäfte stehen leer oder dienen nur mehr als Magazin. Ein Teil der verbliebenen UnternehmerInnen passen ihr Warenangebot den veränderten Bedürfnissen ihrer Kundschaft an, so sind beispielsweise neben Bettdecken nun Handy-Zubehör und seit kurzem Elektroscooter unter einem Dach zu bekommen. Dem Zeitgeist entsprechend wurden „Waren aller Art" in „Aktionsmarkt", „Schnäppchenmarkt" oder „Euromarkt" umbenannt. Nur wenige neue Geschäfte kamen hinzu, wie etwa der türkische Supermarkt, der sich im ehemaligen *Meinl* ansiedelte, gleich daneben ein kleiner Laden mit afrikanischen, asiatischen und russischen Lebensmitteln, und in der ehemaligen Zollstation für die Einhebung der Verzehrssteuer ist heute ein Kebabhaus untergebracht.

1   „Chef Kolaric!", in: Die Wirtschaft, 14. Mai 1974, Nr. 20: 3.

Arif Akkılıç

ARBEITERSIEDLUNG WALDDÖRFL 1979

WASSERGASSE, TERNITZ

Migranten, die in den 60er-Jahren von den österreichischen Unternehmen angeworben wurden, wurden meist in den Heimen ihrer Arbeitgeber einquartiert. Ein Teil der Gastarbeiterfamilien, die bei der Firma *Schöller und Bleckmann* beschäftigt waren, wurde im Jahre 1979, nachdem einige Blöcke der „Walddörfl"-Häuser niedergerissen worden waren, in die restlichen Häuser einquartiert.

Die Geschichte der Arbeiterwohnhäuser im „Walddörfl" in Ternitz (Niederösterreich) geht bis 1870/1880 zurück; die der so genannten Mexikohäuser bis 1910.

Im „Mitteilungsblatt der Stadtgemeinde Ternitz" vom November 1979 heißt es: „Die Arbeiterkinder, die dort einmal spielten und wohnten, leben heute in schönen Wohnungen oder in einem eigenen Haus." Die Gastarbeiterkinder verbrachten aber ihr Leben in diesen Häusern, ehe die meisten von ihnen im Jahre 1986 in die nächsten Arbeiter-wohnblöcke – „Mexiko" genannt – in der Arbeitergasse zogen.

Im Jahr 1994 startet die *Gemeinnützige Wohnungs- und Siedlungsanlagen GmbH Schwarzatal* (SAG) mit der Stadtgemeinde Ternitz die Renovierung der Häuser im Mexiko. Die *Niederösterreichischen Nachrichten* (NÖN) schrieb in ihrer Ausgabe vom 10. 9. 1999: „Vor allem der hohe Anteil an Ausländern war für die Siedlung bezeichnend. Damit ist es nun vorbei: Aus der traditionellen Anlage wurde der ‚Wohnpark Mexico'. (...) Bei der Vergabe der Wohnungen – die Vormieter bekamen alle eine neue Wohnung – achtete man auf einen genauen Mix zwischen Österreichern und Ausländern. ‚So wie im gesamten Stadtgebiet', erklärt Bgm. LA Werner Feurer. ‚Wir wollen keine Gettos schaffen'."

Man sieht in dieser 20-jährigen Geschichte – hinzu kommt die Zeit von 1968 bis 1979, welche die Männer in Heimen verbracht haben – eine Wohnpolitik, die MigrantInnen stets benachteiligte. Die alten ehemaligen Arbeiterwohnhäuser wurden an die MigrantInnen vermittelt. Die Mehrheit der MigrantInnen verbrachte 30 Jahre ihres Lebens in engen Wohnungen im desolaten Zustand.

Man muss aber auch festhalten, dass sich die MigrantInnen relativ spät um eigene schönere, größere Wohnungen bemühten. Dies gilt nicht nur für in Ternitz lebende MigrantInnen. In den 70er- bis in die 80er-Jahre war der Gedanke, binnen kurzer Zeit wieder zurückzukehren, stark präsent. Man nahm daher von der Investition der Ersparnisse in das Wohnwesen Abstand. Inzwischen kann man eine diesbezügliche „Normalisierung" beobachten.

Ungefähr die gleiche Entwicklung sieht man auch in Wien. Es ist kein Zufall, dass die klassischen Arbeiter-Bezirke wie Ottakring, Rudolfsheim/Fünfhaus, Favoriten, Brigittenau immer mehr zu Wohngegenden von MigrantInnen wurden. „Eine Mikrozensuserhebung 1990 ergab, dass 40 % der türkischen und 51 % der jugoslawischen Familien gegenüber 6 % der ÖsterreicherInnen im Substandard wohnen."[1]

Dabei wurde diese Wohnsituation auch durch die Unzugänglichkeit von relativ billigeren Gemeindewohnungen für MigrantInnen ohne österreichische Staatsbürgerschaft festgeschrieben, obwohl die MigrantInnen die Wohnbauförderung kräftig mitfinanzieren.[2]

---

[1] Irene Kessler (im Auftrag des Wiener Integrationsfonds): Nettobeiträge der ArbeitsmigrantInnen zum Wiener „Wohnbauförderungs-Topf". Wien 1994: 19.

[2] Vgl. ebd.: 73: „[Es ergibt sich daher], dass die AusländerInnen 1993 rund 610 Millionen Schilling an Beiträgen für die Finanzierung der Wohnbauförderung geleistet haben; dem gegenüber stehen Leistungen von nur rund 270 Millionen Schilling, die an Haushalte von AusländerInnen zurückgeflossen sind."

Walddörtl in der Wassergasse/Ternitz, Ende der 60er-Jahre
(Quelle: Kulturreferat der Gemeinde Ternitz)

Vida Bakondy

1980 FRAUENARBEITSMIGRATION

FISCHFABRIK C. WARHANEK

„Zwiebel is angeblich guat für die Händ'." [1]
MigrantInnen sind aufgrund der Anwerbestrategien seit den 1960er-Jahren, aber auch aufgrund der Rechtslage und der Arbeitnehmer- und Arbeitgeber-Interessen in den untersten Segmenten des österreichischen Arbeitsmarktes eingegliedert worden. Der Arbeitsort *Fischfabrik* steht exemplarisch für Beschäftigungsverhältnisse, die durch einen hohen Frauenanteil, hohen MigrantInnenanteil und schlechte Arbeitsbedingungen gekennzeichnet gewesen sind und noch immer bestehen.
Ausgangsort der Recherche ist die ehemalige *Fischfabrik C. Warhanek* in der Trost-straße 73 -75, im 10. Wiener Gemeindebezirk. Heute ist der Ort eine Baustelle, an dem ein „betreutes Wohnen"-Projekt entstehen soll.
Das Unternehmen C. Warhanek wurde 1858 von dem in Böhmen geborenen Migranten Carl Warhanek gegründet und hatte mehrere Niederlassungen in der österreichisch-ungarischen Monarchie. Nach 1945 reduzierte sich die Produktion auf drei Standorte: Wien, Villach und Linz. Anfang der 90er-Jahre wird die Produktion von Warhanek-Erzeugnissen in ost- und südosteuropäische Länder verlagert.
Die Fischfabrik, traditionell ein feminisierter Arbeitsort, wird mit Beginn der Anwerbung jugoslawischer Frauen ab Mitte der 60er-Jahre zunehmend „ethnisiert". Die Fischfabrik erzählt Geschichte/n der *Frauenarbeitsmigration* nach Österreich. Alle drei Betriebe haben Frauen im ehemaligen Jugoslawien von Doboj bis Skopje oder Priština angeworben.
Zum einen eröffnet der Ort Einblicke in die Unternehmens-Interessen an der direkten Anwerbung von Migrantinnen, um den Arbeitskräftebedarf zu decken, der am

„inländischen" Arbeitsmarkt aufgrund der schlechten Arbeitsbedingungen nicht rekru-
tiert werden konnte. Erwin Till, ehemaliger Leiter der Linzer Fischfabrik, bringt dies auf
den Punkt: „Was noch schwerer ins Gewicht fällt, ist der Umstand, dass die Arbeit in
einem fischindustriellen Betrieb stets unter Einsatz von kaltem Wasser beim Fische-
waschen und von Essig und Salz beim Garbadansetzen vor sich geht, wobei die Arbeits-
räume nicht zu stark geheizt sein sollen, um die Verderblichkeit der Ware nicht zu
fördern. Schließlich ist es die Geruchsbelästigung, die notwendigerweise mit der Verarbeitung von Fischen verbunden ist, sei es beim Marinieren, wie auch beim Räuchern.
Dies alles hält viele arbeitssuchende Österreicher ab, sich in fischindustriellen Betrieben
um eine Beschäftigung zu bemühen. Es ist die Beschäftigung von Gastarbeitern, die
sich als Ausweg anbietet."[2]
Zum anderen stellte dieser Arbeitsplatz für jugoslawische Migrantinnen die erste
Chance dar, nach Österreich zu kommen, zu arbeiten und zum Teil eine neue Existenz
aufzubauen.
Ab Ende der 70er-Jahre, parallel zum Stopp der Anwerbung für den Wiener und Linzer
Betrieb, fungierte die Fischfabrik für immer mehr türkische Migrantinnen als Einstieg in
den österreichischen Arbeitsmarkt – als eine der wenigen Möglichkeiten, eine Beschäftigungsbewilligung zu bekommen. Gleichzeitig verweist die Fischfabrik auf gesellschaftliche Veränderungen, die es mehrheits-österreichischen Frauen möglich gemacht haben,
andere Verdienstoptionen wahrzunehmen.
Die Fischverarbeitungsindustrie hat, je nach strukturellen und individuellen Rahmenbedingungen, zu einer ein- oder mehrmaligen Beschäftigungsmöglichkeit, in manchen
Fällen ebenfalls zu einer längerfristigen geführt.

C. Warhanek-
Gabelroller,
Produktfotografie
(Quelle: Angela
Hemelik)

So spielte für Villach über lange Jahre die Pendlerinnen-Migration aus dem angrenzenden Jesenice (SLO), für die eigens ein „Fischweiberzug" eingerichtet wurde, eine wichtige Rolle.

In Wien sorgten mit Ende der Anwerbung das Arbeitsmarktservice sowie das (informelle) Wissen, dass frau hier leicht Arbeit bekommt, für kontinuierlichen Fluss an Arbeitnehmerinnen.

Die strukturelle Diskriminierung von MigrantInnen am Arbeitsplatz wird durch den Ausschluss vom passiven Betriebswahlrecht verschärft. Eine ehemalige Arbeiterin der Linzer Fischfabrik erinnert sich im Zusammenhang mit der Gewerkschaft bloß an die Zahlung der monatlichen Mitgliedsbeiträge. Im Wiener Betrieb existiert seit Anfang der 70er-Jahre, parallel zur steigenden Beschäftigung von Migrantinnen, keine Betriebsrätin mehr.

Die Fluktuation von Arbeitskräften war im Allgemeinen hoch. Dies ist zum Teil auf den unterschiedlichen Saisonbedarf an Arbeitskräften zurückzuführen. Zum anderen versuchten Arbeitnehmerinnen, den Arbeitsplatz aufgrund der schlechten Arbeitsbedingungen zu wechseln. Die ständige Konfrontation mit Kälte und Nässe hatte mitunter schwere gesundheitliche Beschwerden zur Folge. Neben den physischen Strapazen und schlechter Entlohnung nimmt die Geruchsbelästigung ein zentrales Moment in den Erzählungen ein. Zwei ehemalige Arbeiterinnen im Villacher Betrieb erinnern sich:

U: (...) Gestunken haben wir...
B: Die Fischweiber!
U: Ja, die Jugoslawinnen, die Sloweninnen, die hergefahren sind, die haben gesagt, das ist unmöglich, die sind so beschimpft worden im Zug. „Die stinkigen Fischweiber" [lacht] haben sie senen gesagt. Ja, da war ein ganzer Rudel zusammen, a 20 [Frauen] (...).[3]

Nach ihren Erfahrungen befragt - im Rahmen der Recherche -, reagieren ehemalige Arbeiterinnen unterschiedlich: (humorvolles) Erzählen oder Schweigen.

1   Ana Urbajs, ehem. Arbeiterin in der Fischfabrik in Villach, Interview vom 12. 7. 2003.
2   Erwin Till: Die österreichische Fischkonservenindustrie, Diss. Wien 1979: 29.
3   Ana Urbajs und Sieglinde Wrann, Interview vom 12. 7. 2003.

Thomas Schmidinger

VEREIN DER
ZEITUNGSKOLPORTEURE 1987

WIEN

Im *Ägyptischen Club* wurde 1987 mit dem *Verein der Zeitungskolporteure* erstmals
eine selbstorganisierte Interessensvertretung der Kolporteure gegründet. Obwohl der
Verein von Personen aus Ägypten dominiert war, wurde teilweise auch versucht, Kolporteure aus Indien, Pakistan und Bangladesch zu organisieren. Unterlaufen wurden
diese Bemühungen von den Kolportage-Unternehmen, insbesondere der *Mediaprint*, die
mit der versuchten Umstellung auf die weniger organisierten Kolporteure aus Südasien
bewusst „ethnische" Rivalitäten schürten und versuchten, die Kolporteure zu spalten.
Der Verein der Zeitungskolporteure bemühte sich um eine Aufnahme der Kolporteure
in den Österreichischen Gewerkschaftsbund (ÖGB), was allerdings an deren rechtlichen
Status als selbstständige Gewerbetreibende scheiterte. Mit diesem Status ist bis heute
auch das Fehlen einer Kranken- und Sozialversicherung verbunden, was sich insbesondere bei Kolporteuren auf extrem gefährlichen Verkaufsorten im Straßenverkehr fatal
auswirkt.
Jedoch bereits im Dezember 1980 hatten Wiener Zeitungskolporteure mit dem Flugblatt „Ein Herz für Sklaven" ihre KundInnen erstmals auf ihre Probleme aufmerksam
gemacht. Laut Mohiy Hussein, dem damaligen Obmann des *Vereins der Ägypter für
Kultur und Soziales*, der das Flugblatt herausbrachte, hatte der Verein in der Folge
14.000 Unterstützungserklärungen für seine Forderungen erhalten. Damit wurden die
Aufnahme der Kolporteure in ein Dienstverhältnis und eine Reihe von Sofortmaßnah-
men von den KundInnen unterstützt. Im Flugblatt waren u. a. eine Erhöhung der
Provision pro Zeitung auf 25% und ein garantierter Mindestlohn von 180 Schilling pro
Schicht, die rund sechs Stunden dauert, verlangt worden.

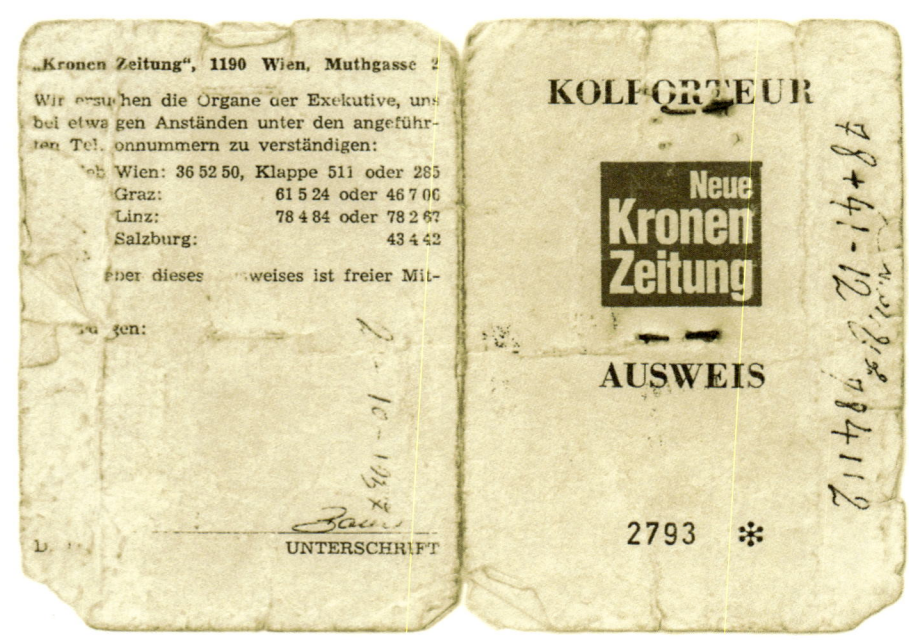

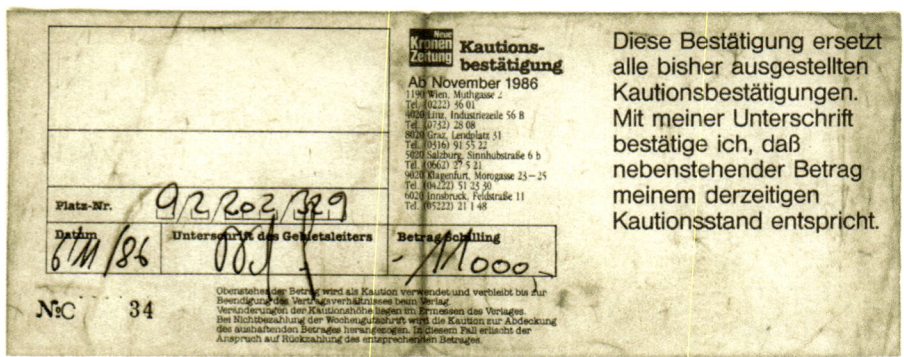

Oben: Zeitungskolporteurs-Ausweis der Kronen Zeitung,
80er-Jahre (Quelle: Privatbesitz)

Unten: Kolporteure müssen hohe Kautionen hinterlegen, um
Zeitungen verkaufen zu dürfen, 80er-Jahre (Quelle: Privatbesitz)

Die meisten Kolporteure, die in den 80er-Jahren nach Österreich gekommen waren, hatten die relativ einfache Möglichkeit genutzt, die ihnen durch einen Erlass des Bundesministeriums für Inneres vom 9. Mai 1983, als Resultat einer Absprache mit dem *Verband Österreichischer Zeitungsherausgeber*, ermöglicht worden war. Mit einem eigenen Z-Stempel in ihrem Pass, der nur verlängert wurde, wenn der Nachweis einer Beschäftigung als Kolporteur bei einer Tageszeitung erbracht wurde, konnten viele – auch Akademiker aus Ägypten – relativ unbürokratisch in Österreich arbeiten. Zugleich verstärkte dieser besondere Sichtvermerk die einseitige ökonomische Abhängigkeit der Kolporteure von den Zeitungen.

Auch heute hat sich nach der Auslagerung der Kolportage an externe Firmen am grundsätzlichen Problem der Kolporteure nichts geändert. Kolporteure stehen weiterhin in keinem Angestelltenverhältnis zu ihrer Kolportagefirma. Noch in der Werksvertragsregelung von 1996 wurden Zeitungskolporteure auf Wunsch der Zeitungsherausgeber ausdrücklich von der Sozialversicherungspflicht ausgenommen. Besonders fatal wirkte sich auf viele Kolporteure die Pleite des Kolportageunternehmens *Astro-Press* 1998 aus. Ibrahim Ali, der Obmann des Vereins der Zeitungskolporteure erzählt, dass die Kollegen ihre Kautionen von bis zu öS 100.000,- (ca. 7.270 Euro) verloren. Viele von ihnen hatten sich dieses Geld ausgeliehen und blieben dadurch jahrelang verschuldet.

Von Seiten der Mediaprint und des Verbandes Österreichischer Zeitungsherausgeber wurde in der Vergangenheit versucht, die Thematisierung dieser rechtlichen und sozialen Situation der Kolporteure in der Öffentlichkeit zu unterbinden, wie die gezielten Aktionen gegen die Verfasser einer Studie (Roman Hummel, Günther Löschnigg und Heinz Wittmann, die in ihrem Buch *Krone! Kurier!* davon berichten) beweisen. Zugleich werden Kolporteure von einer Zeitung, dem *Kurier*, auch als Werbe-Sujet benützt.

Ljubomir Bratić

SELBSTORGANISATION
1993 UND WIDERSTAND
DEMONSTRATION GEGEN DAS AUFENTHALTSGESETZ

„In der Welt, in der ich fortschreite, erschaffe ich mich unaufhörlich."
(Frantz Fanon)

Alle migrantischen Gruppen führen – bedingt durch ihren Ausschluss innerhalb des
nationalstaatlichen Gebildes – soziale Kämpfe. Der rahmenbedingte Fokus in dieser
Ausstellung auf die MigrantInnen aus der Türkei und dem ehemaligen Jugoslawien
innerhalb des österreichischen Staats bedeutet nicht, dass die anderen keinen Widerstand geleistet haben. Die Hauptforderungen aller Migrantinnen sind BürgerInnenrechte
und politische Entscheidungsmacht. Darin besteht kein Unterschied zwischen den
„Ethnien". Der Unterschied ist nur in den verschiedenen Ausgangspositionen festzu-
stellen, die ihnen der Aufnahmestaat oktroyiert.
Die Kämpfe der MigrantInnen lassen sich – Michel Foucault folgend – in Kämpfe gegen
soziale Herrschaft, gegen ökonomische Ausbeutung und gegen die Formen der Subjektivierung einteilen. *Kämpfe gegen die soziale Herrschaft* können wir - grob skizziert – als
Widerstand gegen die andauernden Versuche der sozialen Reglementierung von Migrant-
Innen (Assimilation, Integration, Diversitätspolitik usw.) verstehen. Unter die *Kämpfe
gegen die ökonomische Ausbeutung* lassen sich konkrete Formen des Widerstands am
Arbeitsplatz subsumieren. Dazu sind die so genannten wilden Streiks zu zählen, aber
auch andere Formen der Vergrößerung der Machtpotenziale innerhalb des Arbeitssy-
stems selbst – wie z. B. Bildung der ethnischen und verwandtschaftlichen Netzwerke
oder andauernde Forderungen nach Anerkennung kultureller Eigenarten innerhalb des
Unternehmens. Unter *Kämpfen gegen die Formen der Subjektivierung* sind all jene so-

zialen Kämpfe zu verstehen, die darauf abzielen, die zugeschriebene Opferrolle aufzubrechen, und versuchen, ein autonomes soziales Feld zu strukturieren.

Diese drei Formen sind nicht gesondert voneinander zu betrachten. Sie überlagern sich
und stehen oft in einer Abhängigkeit zueinander. Die Viktimisierung ist z. B. sehr oft
verbunden mit Problematisierung, Kriminalisierung und Ausbeutung. Es gilt, aus diesen

Demonstration gegen Arbeitslosigkeit, Sozialabbau und
Ausländerfeindlichkeit, 80er-Jahre (Quelle: DIDF-Archiv)

Verhältnissen auszubrechen und die Selbstverständlichkeit eines AkteurInnendaseins zu erlangen.

Ein Beschäftigungsverhältnis auf der untersten Stufe der sozialen Leiter stellt bis heute für die meisten MigrantInnen eine notwendige Voraussetzung zum Verbleib innerhalb des österreichischen Staates dar. Die Arbeitsplätze waren die ersten Verbleibstätten der MigrantInnen und insofern auch die ersten Orte der Artikulation von widerständischen Praktiken. An dieser Stelle seien der Streik der jugoslawischen MigrantInnen 1965 im *Iso-Span-Werk* in Obertrum (Salzburg)[1] und der Streik der jugoslawischen MigrantInnen bei einer Baufirma in Admont 1966[2] erwähnt. In beiden Fällen war die Forderung eine Lohnerhöhung. Zu erwähnen sind auch die Proteste der türkischen MigrantInnen – organisiert im Verein *Arbeiter aus der Türkei* – in Vorarlberg 1979[3]. Die Niederschlagung der Streiks zog die Ausweisung vieler Streikender nach sich; die „Fremdarbeiter", die „unangenehm auffielen", wurden damals (wie großteils auch heute) kurzerhand abgeschoben. Die Entscheidung darüber, wer wann unangenehm auffällt, oblag der „Ausländerpolizei". Dabei ist zu bemerken, dass die Isolierung der MigrantInnen von der mehrheitsösterreichischen Arbeiterschaft oft Teil der Taktik der Sozialpartner war.

Gleichzeitig zu diesen sozialen Kämpfen in den Arbeitsstätten entwickelten sich Organisationsstrukturen innerhalb der migrantischen Gruppen. Die Vereine sind jedenfalls die Form, die am ehesten den Organisationsformen der österreichischen Zivilgesellschaft entsprechen. Es handelte sich um eine Aneignung der bestehenden Organisationsformen zwecks Erweiterung des eigenen sozio-politischen Handlungsspielraumes.

In dieser Station der Ausstellung geht es um einen kurzen Einblick in verschiedene Organisationsweisen dieser Vereine. Exemplarisch wird die Entwicklung des „Jugoslawischen Dachverbandes" und der Strukturen innerhalb der Gruppe der MigrantInnen aus der Türkei dargestellt.

Seit der Mitte der 1990er-Jahre entwickelten sich neben der – in den alten Vereinen gepflegten Identitätspolitik – andere Formen der migrantischen politischen Aktivitäten, die auch neue Organisationsstrukturen mit sich brachten.[4]

---

1   Arbeiterzeitung vom 17. 6. 1965: 5.
2   Arbeiterzeitung vom 18. 6. 1966: 7.
3   AK Wien-Dokumentation: Salzburger Nachrichten vom 27. 11. 1979.
4   Vgl. den längeren Text des Autors über Selbstorganisation in diesem Band.

Dilman Muradoğlu / Gamze Ongan

HERKUNFT UND RÜCKKEHR 1994
ADATEPE, TÜRKEI

Adatepe liegt in der westtürkischen Provinz Adapazarı, aus der die relativ größte
Migration nach Österreich stattgefunden hat. Das Dorf ist östlich und nördlich vom
Fluss Sakarya und westlich von dem See Akgöl umgeben, deshalb auch der Name
Adatepe, auf deutsch „Inselhügel".

Im früheren Sumpfland, das in den 40er-Jahren besiedelt und 1949 als Gemeinde aner-
kannt wurde, kam es in den 50er-Jahren zu mehreren Überschwemmungen und als
Folge zum Ausbruch einer Sumpffieber-Epidemie, was zur massiven Verarmung der
Bauern und Bäuerinnen und zur Landflucht führte.

Als 1964 ein Vertreter der österreichischen Baufirma *Kallinger* in die Provinz kam, um
Arbeitskräfte anzuwerben, ergriffen die Männer und Frauen in Adatepe die Chance, durch
Beschäftigung im Ausland eine Existenz für ihre Familien aufzubauen.

Heute, nach 40 Jahren, sind in Adatepe 3000 EinwohnerInnen registriert; weitere 2000
Personen, die aus dem Dorf stammen, leben im Ausland, 1000 davon in Wien und
Umgebung. Somit ist in Adatepe keine einzige Person anzutreffen, die keine Verbindung
zu Österreich hat. Entweder haben sie selbst in Österreich gearbeitet, oder sie haben
enge Familienangehörige oder Verwandte dort.

Die Erinnerungen an die Jahre in Österreich sind bei den RückkehrerInnen noch ganz
lebendig. Die Zeit in der Migration stellt jedenfalls ein wichtiges und entscheidendes
Stadium ihres Lebens dar. Die vielfältigen Eindrücke vom Leben in Österreich, die heute
mit einer gewissen Distanz aus dem Gedächtnis geschöpft werden, pendeln zwischen
Zufriedenheit über die finanziellen Errungenschaften wie einen gesicherten Lebens-
abend und Frustration auf Grund der schmerzvollen Erfahrungen.

Die Spuren der Migration nach Österreich sind neben den Erinnerungen auch im ökonomischen Leben, in der Architektur sowie im Alltagsleben wiederzufinden.

Nach dem Bau eines Staudammes auf dem Fluss Sakarya verfügt Adatepe über eine relativ kleine (1015 Hektar), aber sehr fruchtbare Ackerbaufläche. Die Haupteinnahmequellen der Bevölkerung sind Mais- und Haselnussanbau und -weiterverarbeitung sowie Geflügelzucht. Der Haselnussexport in die Niederlande sowie nach Deutschland, Großbritannien und Österreich beläuft sich in der Höhe von 1,5 Millionen Dollar pro Jahr. Die Weiterverarbeitungsanlagen sowie die Tankstelle und einige Kleinbetriebe wurden größtenteils aus den Ersparnissen der MigrantInnen in Österreich finanziert. Im Dorf gibt es eine Grundschule, vier Moscheen und eine Gesundheitsstation.

Bis auf einige wenige sind alle alten Häuser abgerissen und an deren Stelle neue ein- bis zweistöckige Einfamilienhäuser gebaut worden. Wer sich länger in Österreich aufgehalten hat, hat das schönere und größere Haus. Viele leerstehende Häuser, die nur in den Urlaubsmonaten bewohnt werden, erinnern ebenfalls an die Abwesenden.

Die Häuser sind mit in Österreich erworbenen Alltagsgegenständen ausgestattet. Kühlschränke und Musikanlagen, Küchengeschirr oder Nachtlampen, Tischdecken und Vasen, aber auch Hygiene- und Kosmetikartikel vermitteln den Eindruck, als ob sie eben gerade im Drogeriemarkt am Eck erworben worden wären.

Die meisten RückkehrerInnen waren zwischen acht und 15 Jahren in Österreich beschäftigt. Heute leben 30 PensionistInnen in Adatepe, die nach über 25 Jahren Beschäftigung zurückgekehrt sind. Der erste Auswanderer Nuri Çetin, der im Jahre 1964 von Adatepe nach Wien ging, ist zugleich der erste Pensionist im Dorf. Seine Rückkehr im Jahre 1994 markiert die Station „Adatepe", in der anhand seiner und anderer Geschichten Herkunft und Rückkehr dargestellt werden.

Adatepe in den 90er-Jahren (Foto: Irfan Polat)

Sylvia Mattl

1995 MIGRATION UND GASTRONOMIE

LOKALZEILE AM NASCHMARKT, WIEN

Als Erste feierten es die AutorInnen von „Wien wirklich"[1] Mitte der 1980er-Jahre – die
Rettung der Wiener Märkte durch die ArbeitsmigrantInnen. Der Brunnenmarkt, der
Hannovermarkt, und natürlich der Naschmarkt erlebten eine Renaissance. Die Nachfrage
der MigrantInnen nach hochwertigen, frischen, aus dem Herkunftsland gewohnten Lebensmitteln und nach einem eigenen Ort in der Stadt ließen die Märkte wieder aufblühen und
in deren näheren Umgebung eine dichte Lokal- und Restaurant-Szene entstehen.[1] Samstag Vormittag, 2003: Kaum ein Wien-Reiseführer, der nicht empfehlen würde, Samstag
vormittags den Markt aufzusuchen. Exotisches Flair für Touristen, eine dicht gedrängte
Menschenmenge, anziehende Farben und Gerüche, und dazu der Chic, in diesem Treiben
gelassen und bis in den Nachmittag hinein frühstücken zu können.

Nirgends wird der Gewinn, den große Städte aus der Zuwanderung ziehen, augenfälliger,
als an den Orten der gastronomischen Konsumtion. Die Existenz von ethnisch diversifi-
zierten Restaurants und Märkten auf allen Qualitäts- und Preisniveaus begründet für
Einheimische wie Touristen einen guten Teil der Attraktivität einer Stadt. Wenn sich
heute der Begriff des „Ethno-Food" durchgesetzt hat und in vielen Varianten – von
Döner-Läden bis hin zur TV-Werbung für asiatische Tiefkühlkost – öffentlich präsent ist,
so handelt es sich bei der Überlagerung und wechselseitigen Durchdringung der Welt-
küchen doch um eine vergleichsweise junge Erscheinung. Zwar besaßen ethnische,
konfessionelle oder weltanschauliche Milieus immer schon ihre eigenen Speiselokale
und Restaurants, die für die Aufrechterhaltung ihrer gemeinsamen Identität eine
entscheidende Rolle spielten.[2] Für eine Stadt wie London – und Wien zieht in dieser
Hinsicht eher nach, als dass es hier die Entwicklung vorwegnimmt – lässt sich allerdings

Naschmarkt (Foto: Didi Sattmann, 2003)

in den 1960er-Jahren eine Wende konstatieren: Mit der Zunahme der Migration, mit der größeren Mobilität von Einheimischen und MigrantInnen in der Stadt und mit dem Aufbrechen starrer Konsumtionsmuster legen die Ethno-Restaurants ihre Getto-Position ab, verstreuen sich über das Stadtgebiet und gehen Fusionen mit den lokalen Essens- und Geschmackstraditionen ein.

Die „Migrantenküchen" retten - so paradox das erscheinen mag - das urbane Flair der europäischen Großstädte, die von Modernisierungswellen bis zur Unkenntlichkeit zerstört zu werden drohen. Eines der besten Beispiele dafür ist der Wiener Naschmarkt. Heute einer der „hot spots" von Wien, mit einer expandierenden Gastronomiezeile in den ehemaligen Depots der Verkaufsstände, ist der Markt an der Wienzeile einer jener „idealen" urbanen Orte, an denen verschiedenste soziale und kulturelle Gruppen zusammentreffen und ihr Interesse aneinander bzw. an ihren Vorlieben beobachten; oder einfach wohlwollend zwischen einer türkischen Lahmacun-Bäckerei, einer Sushi-Bar, einem Tramezzini-Laden, einer Palatschinkenkuchl und so weiter herumwandeln.[3] Dabei schien das Schicksal des Naschmarktes Mitte der 1960er-Jahre bereits entschieden: Er sollte unter den Vorzeichen „moderner" Stadtplanung einer Schnellstraße Platz machen und im projektierten Großmarkt Inzersdorf aufgehen. Zu den Kleinhändlern, die dennoch am Naschmarkt blieben und sich von dessen Ruf als „schlechte" und „billige" Gegend nicht vertreiben ließen, stießen bald die MigrantInnen. Teilweise, vor allem wo es sich um Zuwanderer aus Ost- und Südeuropa handelte, wurde damit wieder eine Tradition aufgenommen, die den Markt schon in den Zeiten der Habsburger-Monarchie ausgezeichnet hatte. Mehr als ein Ort von Kauf und Tausch, wurde der Naschmarkt - so wie andere Märkte in Wien, die die Konkurrenz von Supermärkten und Großkaufhäusern „überlebt" hatten - ein zentraler Umschlagsplatz für Informationen und Kommunikation; ein Heterotop, ein etwas anderer Ort in der Stadt, wie die Bezeichnung auch lautet, an dem die Zeit und die Menschen anders (und faszinierender) erfahren und erlebt werden können.[4]

1   Wien wirklich. Ein Stadtführer durch den Alltag und seine Geschichte. Wien 1983.
2   London Eats Out. 500 Years of capital dining, Museum of London, 1999.
3   Werner T. Bauer (1996): Die Wiener Märkte. Wien.
4   Vgl. Sharon Zukin (1995): The Cultures of Cities. Massachussets.

Renée Winter

ÜBERSIEDLUNG
DER FREMDENPOLIZEI 2002

WIEN

Seit dem 26. November 2002 befindet sich das fremdenpolizeiliche Büro Wien im Gebäude des Landesgerichtes II am Hernalser Gürtel 6-12. Im selben Haus ist auch eines
der Wiener Schubhaftgefängnisse. Diese räumliche Zusammenlegung kann als Status
quo einer Entwicklung verstanden werden, in der die Tätigkeiten der Fremdenpolizei
tendenziell immer mehr auf „aufenthaltsbeendende Maßnahmen" begrenzt und konzentriert wurden.[1]

Bis 1990/1991 befand sich die Wiener Fremdenpolizei in der Bäckerstraße 13. Zuständig
für den „Parteienverkehr" – für die Erteilung/Verlängerung von Sichtvermerken etc. –
waren im Allgemeinen die jeweiligen Bezirkskommissariate; die Entscheidungen wurden
jedoch in der Bäckerstraße getroffen.[2] Der nachfolgende Büro-Standort in der Wasa-
gasse 20 befand sich schon in größerer räumlicher Nähe zu den zwei Schubhaftgefäng-
nissen in der Rossauer Kaserne und am Hernalser Gürtel. Die Verlagerung des Ortes
verweist auch auf eine schrittweise Verschiebung aus dem Stadtzentrum.

Diese Ortsverschiebung wurde begleitet von gesetzlichen Novellierungen, die jeweils auf
veränderte wirtschaftliche bzw. politische Bedürfnisse reagierten. Gleichzeitig verändern
sich Bedeutungen und Bewertungen von Begriffen und Praktiken.[3]

Eine Auslagerung früherer fremdenpolizeilicher Tätigkeiten geschah mit dem Inkraft-
treten des Aufenthaltsgesetzes 1993 (AufG93). Damit war von 1. 7. 1993 bis 31. 12. 1998
die Magistratsabteilung 62 (MA 62) für die quotierten Aufenthalts- und Niederlassungsbewilligungen zuständig (ausgenommen die Niederlassungsbewilligungen für unselbstständige Erwerbstätige, die nicht unter das Ausländerbeschäftigungsgesetz fallen, z. B.
Gastforschende).

Mit oft gleichen Textbausteinen wurden – auf Grundlage des AufG93 – ablehnende Bescheide argumentiert:

- zuwenig Einkommen (1995): „... erscheint ein derartiger Betrag nach den österreichischen Lebenserhaltungskosten unzureichend.'"[4]
- zuwenig „Anpassung" (1996): „Nach den Erfahrungen findet bei Erwachsenen aus dem Kulturkreis der antragstellenden Partei auch nach mehrjährigem Aufenthalt eine insbesondere die Bereiche Sprache, Kommunikation mit der eingesessenen Bevölkerung und Anpassung an mitteleuropäische Sitten, Gebräuche und Lebensweisen umfassende Integration kaum statt."
- fehlende Kinderzimmer oder keine „für Inländer ortsübliche Unterkunft" (1996-1998): „...wie in Österreich üblich, ein eigener, räumlich abgegrenzter Schlafraum" oder „In Wien liegt die durchschnittliche Wohnnutzfläche bei 33 m² pro Person."
- „Grad der Überfremdung", später durch „Ausländeranteil" ersetzt (1997): „In der Entscheidung über die Erteilung einer Bewilligung haben die Behörden die moralischen und wirtschaftlichen Interessen des Landes sowie den Grad der Überfremdung zu berücksichtigen."
- „Familienplanung" (1998): „Derartige beengte Wohnverhältnisse, die sich im Falle von Familienzuwachs noch weiter verschärfen würden, können für Einzelpersonen als gerade noch ausreichend angesehen werden, stellen aber für ein junges Ehepaar keine für Inländer ortsübliche Unterkunft dar."

Die rassistischen Bescheide wurden in Beratungsstellen gesammelt und gerieten insbesondere über Pressekonferenzen der Wiener Gemeinderätin Maria Vassilakou ins Blickfeld der Medien. Am 1. 1. 1999 wurde die „Abteilung für fremdenrechtliche Angelegenheiten" unter neuer Leitung in die Magistratsabteilung 20 verschoben.

Auch der Zugang zum Arbeitsmarkt funktionierte und funktioniert als Aufenthaltsregulierung. Im Mai 1970 wandte sich die *Vereinigung Österreichischer Industrieller* an das Innenministerium und forderten eine Rücknahme des Erlasses vom 26. März 1970, der besagte, dass türkische Staatsangehörige nur dann in Österreich arbeiten dürfen, wenn sie bereits mit einem Arbeitssichtvermerk eingereist sind:

„Die ökonomischen Gründe, die im Augenblick für eine Beschäftigung von türkischen Touristen sprechen, dürften zweifellos schwerer wiegen, als die - momentan nicht mehr ganz aktuellen - fremdenpolizeilichen Bedenken."[5]

Bis 1973/74 konnten arbeitssuchende TouristInnen damit rechnen, dass ihre – an *ein* Unternehmen gebundene und meist auf einige Monate befristete – Beschäftigung und der Aufenthalt durch Fremdenpolizei und Arbeitsamt legalisiert wurden.

Mit der – am 1. 1. 2003 in Kraft getretenen – Fremdengesetznovelle müssen alle unselbstständig erwerbstätigen Einreisenden das „Schlüsselkräfteverfahren" durchlaufen. Die MA 20 hat sich an Negativ-Entscheidungen des AMS zu halten.

In den 90ern wurden die bereits genannten ablehnenden Bescheide der MA 62 „zur Kenntnisnahme und allfälligen weiteren Veranlassung" an die Fremdenpolizei weitergeleitet; ein Akt, der heute nicht mehr notwendig ist, da die Aufenthaltsdaten der AntragstellerInnen Schengen-weit abrufbar gespeichert werden.[6]

Der Ort „Fremdenpolizeiliches Büro Wien" verliert so seine Funktion als zentrale Sammelstelle der Aufenthaltsdaten und verbleibt als sichtbarer Ort der bürokratischen Ausführung und als ein symbolischer Anziehungspunkt von Aktionen und Demonstrationen für Reisefreiheit und Bleiberecht für alle.

1   Andere Funktionen der Migrationskontrolle wurden und werden schrittweise entnationalisiert und/oder privatisiert.
2   Stefan Rosenmayr (1986): Die öffentlich-rechtliche Stellung von Gastarbeitern, insbesondere das Aufenthaltsrecht, in: Hannes Wimmer (Hg.): Ausländische Arbeitskräfte in Österreich. Frankfurt/M., New York: 89-166; 112.
3   Vgl. den Text „Migration kontrollieren?" der Autorin in diesem Band.
4   Dieses und folgende Zitate aus Bescheiden der MA 62 aus den Jahren 1995-1998.
5   „Industrie gegen Diskriminierung der türkischen Arbeitskräfte", Pressedienst der Industrie, 15. 5. 1970.
6   Interview mit Beatrix Hornschall, Leiterin der MA 20, sowie Margit Jecho, Kundenservicezentrum, und Kurt Luger, Erstantragsreferat MA 20, Wien, 9. 10. 2003.

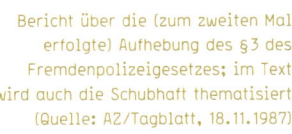

Bericht über die (zum zweiten Mal erfolgte) Aufhebung des §3 des Fremdenpolizeigesetzes; im Text wird auch die Schubhaft thematisiert (Quelle: AZ/Tagblatt, 18.11.1987)

Thomas Schmidinger

ERRICHTUNG DES
2004 ISLAMISCHEN FRIEDHOFS

WIEN

Nach über 15 Jahre lang geführten Gesprächen zwischen der islamischen Glaubensgemeinschaft und der Gemeinde Wien wurde im Dezember 2001 ein 34.000 Quadratmeter großes Areal in Liesing/Wien der Glaubensgemeinschaft für einen islamischen
Friedhof in Aussicht gestellt. Lediglich die FPÖ votierte gegen die Errichtung einer
eigenen islamischen Begräbnisstätte in Wien. Mehr als zwei Jahrhunderte nach Berlin,
wo bereits 1798 ein islamischer Friedhof entstanden ist, soll damit auch Wien einen
eigenen Friedhof für die islamische Gemeinde erhalten. Das Grundstück zwischen
Laxenburger Straße, Haböckgasse und Großmarktstraße bietet für rund 2800 Gräber
Platz und hätte nach den Medienberichten vom Dezember 2001 schon im Herbst 2003
als Friedhof zur Verfügung stehen sollen. Nun wird eine Eröffnung frühestens im Herbst
2004 möglich sein; viele Mitglieder der islamischen Gemeinden befürchten, dass es erst
2005 möglich sein wird, die ersten Toten auf einem eigenen islamischen Friedhof zu
bestatten.

Bis dahin wird auch der Platz der beiden islamischen Abteilungen auf dem
Zentralfriedhof zu eng. War bisher die Mehrheit der Toten in ihre „Heimatländer"
überführt worden, so ändert sich dies langsam. Sind die Kinder und Enkel bereits in
Österreich geboren und ist eine „Rückkehr" in das Herkunftsland zunehmend
unwahrscheinlich, nimmt auch die Bereitschaft zu, sich in Österreich bestatten zu
lassen und nicht mehr eine teure Überführung (Euro 2.000.- bis 11.000.-) in ein Land zu
finanzieren, in dem nur mehr entfernte Verwandte leben.

Die erste „Gastarbeitergeneration", die in den 60er-Jahren aus der Türkei und dem
ehemaligen Jugoslawien angeworben wurde, ist heute – unter Berücksichtigung der

deutlich niederen Lebenserwartung von ImmigrantInnen – in einem Alter, in dem das Sterben immer mehr zum Thema wird. Mit einem eigenen Friedhof – so hoffen viele Muslime und Musliminnen – wird auch die Bereitschaft zunehmen, sich hier bestatten zu lassen, zumal es religiös erwünscht ist, Tote nicht über weite Strecken zu transportieren und die Bestattung damit tagelang hinauszuzögern. Wie schon bisher können sich Muslime selbstverständlich auch weiterhin auf dem interkonfessionellen Zentralfriedhof bestatten lassen.

Außerhalb Wiens werden Muslime jedoch noch länger auf eigene islamische Friedhöfe warten müssen. Für gläubige Muslime wird die Situation dadurch erschwert, dass es in Bundesländern wie Vorarlberg kaum Gemeindefriedhöfe, sondern fast nur konfessionelle Friedhöfe der katholischen und evangelischen Kirche gibt.

Bestrebungen, regionale islamische Friedhöfe auch in Vorarlberg zu errichten, führten bisher noch zu keinem Ergebnis. Hinderlich war dabei auch die regionale Aufsplitterung des Landes mit mehreren gleich großen Städten. Muslimische ImmigrantInnen leben nicht nur in diesen Städten, sondern auch in kleinen Dörfern, die sich bisher nicht auf einen gemeinsamen islamischen Friedhof einigen konnten. Lediglich in Dornbirn, wo der Gemeinderat Attila Dinçer mit der Erstellung einer Bedarfsstudie beauftragt wurde, sind die Diskussionen über einen islamischen Friedhof wirklich in Gang gekommen.

Tatsächlich wurden auch in Wien Bestattungen bisher auf Eigeninitiative von gläubigen Muslimen wie Abd al-Ahl oder Ibrahim Ali – ehemalige, aus Ägypten stammende Zeitungskolporteure – mit Unterstützung der Glaubensgemeinschaft organisiert. Sie waren noch als Kolporteure mit dem Tod von Kollegen konfrontiert und begannen, ehrenamtlich islamische Begräbnisse zu organisieren. Für Bedürftige wurde in den Moscheen oder im *Ägyptischen Club* gesammelt. Sie lernten die religiös vorgeschriebenen Waschungen. Unter anderem von ihnen lernten auch Muna al-Sabah und Andrea Saleh dieses Ritual, das sie nun bei verstorbenen muslimischen Frauen durchführen. Die beiden Frauen sind auch in der islamischen Krankenseelsorge im Wiener Allgemeinen Krankenhaus aktiv. Sie begleiten dort nicht nur einsame Kranke und Sterbende, sondern helfen auch als Dolmetscherinnen aus. Auch sie erklären wie ihre männlichen Kollegen, dass die Eröffnung eines eigenen islamischen Friedhofes in Wien einen wichtigen Schritt zur Integration darstelle – ein symbolisches Zeichen, dass hierzulande auch der Islam mittlerweile eine Religion geworden ist, deren AnhängerInnen auch über den Tod hinaus in Österreich bleiben wollen.

Wir bauen auf Ihr Verständnis.

StaDt+Wien
Wien ist anders.

Baubeginn: 2003
Geplantes Bauende: 20

Gesamtkosten: € 630 000.–

Grundeigentümer: IGGÖ
Islamische Glaubensgemeinschaft in Öster
Bernhardgasse 5, 1070 Wien

Planung/Planverfasser:
Ingenieurbüro Neunkirchen Ziviltechniker Ges.
Enzlinggasse 57, 1010 Wien, Fax: 01/532 43 54-0

DI Franz Weiser
Schmachtelgasse 18, 1060 Wien, Fax: 01/586 73 77, Fax: 01/586 73

Ausführung:
Arbeitsgemeinschaft Liesingtal
Porr, Alpine, STRABAG

Städtische Bauaufsicht: 01/6897855

Beteiligte Fachdienststellen:
MA 29 – Fachbereich Grundbau
Wilhelminenstr. 93, 1160 Wien

MA 30 – Wien Kanal
Modenatrinstraße 1A, a-1050 Wien

Bauherr:
Islamische Glaubensgemeinschaft
in Österreich Bernhardgasse 5, 1070 Wien

Magistratsabteilung 45 – Wasserbau
Wilhelminenstraße 93, 1160 Wien, Tel: 01/4000-96519
Fax: 01/4000-7290 E-Mail: post@ma45.magwien.gv.at

Errichtung eines islamischen Friedhofs

154

Die Stadt Wien bittet mit diesem Bauschild um das Verständnis der AnrainerInnen des neuen islamischen Friedhofs in Simmering (Quelle: Bauamt der Stadt Wien, 2003, Visualisierung: Schreiner, Kastler)

Mehmet Emir

MEIN VATER UND ICH

FOTOAUSSTELLUNG

Mein Vater war einer der Ersten, die als „Gastarbeiter" nach Österreich gekommen sind. Ursprünglich dachte er, wie viele andere auch, er würde nur wenige Jahre in Österreich arbeiten und dann nach Hause zurückkehren. Aber die Reise verlief anders.

Er wurde am Wiener Südbahnhof von Mitarbeitern einer Baufirma empfangen, für die er gleich in den nächsten Tagen zu arbeiten anfing. Besuchen konnte er uns in der Türkei für zwei Monate im Winter und jedes zweite Jahr auch im Sommer. Von seiner Arbeitsstätte erzählte er überhaupt nicht. Nur von einer „leichten Arbeit" war die Rede. Auch über seine Wohnsituation sagte er nichts.

Da es im Dorf keine Schule gab, hatte er nicht in die Schule gehen können. Er hatte beim Militär, während seines Zeitdienstes, lesen und schreiben gelernt. Und das Fotografieren.

Aus Österreich schickte er uns ab und zu ein Foto, das entweder in einem Rosengarten – ich sollte es erst viel später erfahren – in der Nähe des Südbahnhofs oder vor einer Statue im Garten des Schlosses Belvedere aufgenommen worden war. Oder indem er sich neben ein tolles Auto hinstellte und fotografieren ließ (er hat bis heute keinen Führerschein). Diese Fotos waren ein Kommunikationsmittel zwischen ihm und uns im Dorf.

Er war und ist unter vielen MigrantInnen als „Fotograf Hıdır" bekannt. Seine freien Wochenenden verbrachte er nur mit Fotografieren. Auf die Hochzeiten der Roma, von JugoslawInnen und TürkInnen wurde er zum Fotografieren eingeladen. Auch in den Wohnungen und in den Parks hat er zahlreiche Fotos gemacht. Gegen ein kleines Honorar gab er die Fotos den Fotografierten. In den „Baracke" genannten Wohnheimen konnte er die vielen Negative nicht aufbewahren. Also warf er sie weg.

So sind die Fotos, die er in den 30 Jahren gemacht hat und die in der Ausstellung gezeigt werden, jene, die von seiner Kundschaft nicht abgeholt wurden. Ich fand sie in einem Stapel von Papieren.

Nachdem mich mein Vater 1981 nach Österreich gebracht hatte, habe ich seine Lebenssituation aus der Nähe erleben können. Nach meiner Ankunft wohnten wir – er, sein Arbeitskollege und ich – zu dritt in einem Zehn-Quadratmeter-Zimmer des Arbeiterwohnheims. Ich wurde Bauarbeiter wie mein Vater.

Ich habe das Fotografieren von meinem Vater gelernt. Und ich hielt diese Welt, die mit jener auf seinen nach Hause geschickten Fotos voller Blumen und Paläste nichts zu tun hatte, auf Fotos fest.

Die Fotos meines Vaters, von ihm oder mit ihm, sind alle in Farbe. Die Fotos, die ich – auch von ihm – gemacht habe, sind alle in Schwarz-Weiß. Mein Vater wollte nicht zeigen – da er im Dorf in der Türkei ein angesehener Mensch war –, dass er sehr schwer arbeitete und schlecht wohnte. Mein Ziel ist es, dieses Leben, das eine Zeit lang auch das meine war, so zu zeigen, wie es in Wirklichkeit war und ist.

Oben: Mehmet Emir (Zweiter von rechts) kam 1981 nach Wien, wurde Bauarbeiter und lebte einige Jahre in der „Baracke"

Links: Hıdır Emir im Rosengarten – ein Foto, das er an seine Familie geschickt hat
(aus: Mehmet Emir – „Mein Vater und ich")

Martina Böse

DAS ARCHIV
VON ALI GEDIK

Ali Gedik ist Kurde und seit 13 Jahren österreichischer Staatsbürger. 1976 aus der Türkei nach Österreich gekommen, hat er bis 1993 in Vorarlberg gelebt, er lebt und arbeitet nun in Wien. Neben verschiedenen Beschäftigungen als Arbeiter in Vorarlberg setzte sich Gedik schon früh auf lokal- und regionalpolitischer Ebene für unterschiedliche Anliegen von in Österreich lebenden und arbeitenden MigrantInnen ein: vom Problem der Wohnungsnot bis zum Einfordern der politischen Mitspracherechte. Die politische Verfolgung von KurdInnen in der Türkei und die Anliegen von kurdischen Flüchtlingen im In- und Ausland waren ebenso Ansatzpunkte für sein Engagement wie die Bekämpfung von Rassismus und Ausländerfeindlichkeit in Österreich. Das Spektrum der von Gedik – teils allein, teils in Zusammenarbeit mit verschiedenen Vereinen und Parteien – organisierten Aktivitäten umfasst unterschiedliche Formen politischer Sensibilisierung: einerseits das Bemühen um den Dialog mit politischen EntscheidungsträgerInnen und andererseits Protestveranstaltungen, aber auch die Organisation von Hilfstransporten zu Flüchtlingen im Irak und die Veranstaltungen von Konzerten des kurdischen Sängers Şivan Perwer wie zuletzt 2003 im Wiener Burgtheater.

Auf der Suche nach Öffentlichkeit für diese Anliegen hat Gedik regelmäßig auch verschiedene Massenmedien genutzt. Die in der Ausstellung gezeigten und zum Teil von Gediks Kommentaren begleiteten Zeitungsausschnitte zeugen von der kontinuierlichen medialen Präsenz der erwähnten politischen Aktivitäten, ob in Vorarlberger Regionalzeitungen oder in der in Deutschland produzierten Ausgabe der *Hürriyet*. Das mehr als 500 Dokumente umfassende, vorwiegend zwischen 1984 und 1993 angelegte Archiv enthält darüber hinaus Material zu einer Vielzahl anderer Themen, die für Gedik von besonderem Interesse waren. Berichte zur Einführung des Visums in Deutschland für türkische StaatsbürgerInnen im Jahr 1988 sind hier ebenso nachzulesen wie die Forderung der österreichischen Wirtschaft nach mehr „ausländischen Arbeitskräften".

Beispiele der auf der Vorarlberger Landesebene stattfindenden Diskussionen über die Begrenzung der „Gastarbeiter"-Zahl wechseln einander ab mit journalistisch verteiltem Lob hinsichtlich der Spendefreudigkeit für „Flüchtlingsschicksale" und der Bemühungen des Landes um die schulische Integration von „Gastarbeiter-Kindern".

Aus Ali Gediks Archiv
(Ausschnitt aus der türkischen Tageszeitung Hürriyet,
11. Oktober 1990)

Aus Ali Gediks Archiv
(Ausschnitt aus der Neuen Vorarlberger Tageszeitung,
7. Mai 1991)

Anna Kowalska

POCZTÓWKI Z WARSZAWY / POSTKARTEN AUS WARSCHAU

FOTOINSTALLATION

Und eine Weile, die Augen auf etwas Unsichtbares geheftet, erwartete ich, daß dieser Akt der Wiederkehr imstande sein könnte, dem Jetzt eine Gestalt zu geben. Nein. Nichts. Leere. Öde. Ich ging noch zu einem anderen Haus, (...) wo ich im Dezember 1939 gewohnt hatte, doch gelang mir dieser Besuch weniger. Ich gehe hinein, steige in den Lift, um bis zum dritten Stock hinaufzufahren, wo meine Vergangenheit war, da kriecht der Portier aus seiner Loge: „Zu wem wollen Sie?"
(Witold Gombrowicz: Berliner Notizen)

Im April 2001 fanden die Dreharbeiten zu dem Film „Der Pianospieler" von Roman Polański in Warschau statt. Der „Originalschauplatz" Jüdisches Getto wurde in der Mała-Straße nachgebaut. Die Straße befindet sich im Warschauer Stadtteil Praga, weit entfernt vom tatsächlichen Ort des Geschehens am anderen Ufer der Wisła, und war während der Dreharbeiten für BesucherInnen zugänglich.
Sie konnten den mit sehr hohem Anspruch auf historische Genauigkeit gestalteten Drehort aus der Nähe betrachten und Details, die im Film nur für Sekunden oder gar nicht zu sehen sind, wahrnehmen. Die überdeutliche Sprache des Filmsettings prägte für einige Tage das Straßenbild in einer Weise, der auszuweichen schwer gewesen sein muss.
In einer Stadt, die am Ende des Zweiten Weltkrieges fast völlig von der Deutschen Wehrmacht zerbombt worden ist und deren Repräsentationsbauten im historischen Stadtkern nach Kriegsende rekonstruiert worden sind, konnten die Filmarbeiten als ein Versuch der Geschichtskonstruktion gesehen werden.
Menschen aus vielen Generationen erfuhren von den Dreharbeiten aus den Medien und sind nach Praga gereist, um den Drehort zu besuchen. So war eine Film-Produktion Anlass für viele, ihrer eigenen Vergangenheit zu begegnen. Da der historische Ort aber

in einem anderen Stadtteil, der nicht wie das übrige Warschau zerstört wurde, nachgebaut werden konnte, war auch niemand an einem authentischen Ort angekommen, sondern an einer Rekonstruktion. Die geografische, kulturelle und biografische Nähe der AkteurInnen haben für die Dauer der Dreharbeiten einen Gedächtnis-Ort geschaffen.

Fotos: Izabella Kowalska

Martina Böse

TELE-KOMMUNIKATION WIEN-JEMEN UND ANDERSWO

VIDEO VON MARTINA BÖSE, HANNA ESEZOBOR, PETJA DIMITROVA

Im Blickpunkt von *Tele-Kommunikation Wien-Jemen und anderswo* steht Dr. Abdulsamad Abbas, ein Arzt aus dem Jemen, der mit seiner Frau und seinen Kindern in Wien lebt. Abdulsamad Abbas ist 1984 nach Wien gekommen, um hier Medizin zu studieren. Nach Beendigung des Studiums und einigen Jahren Praxis als Arzt hat er sich autodidaktisch mit digitaler Technologie vertraut gemacht und hilft heute vielen seiner FreundInnen in Österreich und im Ausland bei der Lösung ihrer Computer-Probleme. Ein zentrales Medium in diesen Kontakten zur Aufrechterhaltung transnationaler Verbindungen mit Verwandten und Bekannten in verschiedenen Ländern ist das Telefon via PC und Internet.

Während dem Internet, und im Speziellen dem E-mail, regelmäßig der Status einer revolutionären Kommunikationstechnologie zugesprochen worden ist, wird dem Telefon als dem älteren Medium des Fern-Sprechens oft weniger Aufmerksamkeit geschenkt. Im Kontext von transnationaler Kommunikation hat dies nicht zuletzt auch mit den traditionell relativ hohen Kosten dieses Mediums zu tun. Mit der Nutzbarkeit des Internets auch für gesprochene Kommunikation haben sich jedoch kostengünstigere Alternativen eröffnet, die zudem auch die gleichzeitige visuelle Übertragung der Sprechenden ermöglichen.

Im Video wird die Rolle des Telefonierens als kommunikative Praxis insbesondere hinsichtlich der Migrationsgeschichte und der Lebensumstände von Abdulsamad Abbas thematisiert. Welche Rolle spielt das Video-Telefon neben anderen Medien, die er und seine Familie für Kontakte mit Verwandten und Bekannten im Jemen und anderen Ländern nutzen? Welche Bedeutung hat der verbesserte Zugang zu Massenmedien im Herkunftsland via *world wide web* und Satelliten-Fernsehen für das Leben hier? Wie konkretisiert sich das beliebte Bild globaler Medienlandschaften am konkreten Beispiel des Medienhaushaltes eines nach Wien eingewanderten Jemeniten?

Darüber hinausgehend werden Fragen von allgemeinerem Interesse aufgeworfen: Welche Ressourcen setzt die Nutzung der thematisierten Kommunikationstechnologien voraus? Sind die beschriebenen „neuen" Kommunikationsformen – aufgrund des zur Nutzung erforderlichen materiellen und kulturellen Kapitals – ein Privileg weniger MigrantInnen, oder sind sie vielmehr ein Medium von zentraler Bedeutung für viele, in verschiedene Länder immigrierte Menschen?

Abdulsamad Abbas nutzt die neueren Kommunikations-technologien für Kontakte mit seinen Bekannten und Verwandten in Jemen (Foto: A. Abbas)

şule attems

TAUSENDUNDEIN BRIEFE / GURBET MEKTUPLARI

INSTALLATION

Scheherazade beschloss, das blindwütige Morden auf ihre Art zu beenden. Sie erzählte dem König Geschichten, jede Nacht eine neue. Und tatsächlich: Er begann, ihr zuzuhören, er begann, sie wahrzunehmen. Am Ende gestand er: „O Scheherazade, du hast mich, den mächtigen Herrscher, dazu bewegt, an meinem Tun zu zweifeln und meine Gewalt gegen Frauen zu bereuen."

Mit meiner Arbeit versuche ich, mit Geschichten und Erzählungen in fiktiven Briefen, so wie einst Scheherazade, im Leser/in der Leserin ähnliche Zweifel über sein/ihr Denken und Tun entstehen zu lassen und verdeckte wie oft unbewusste Haltungen sichtbar zu machen. Namen und Adressen sind frei erfunden, aber alle Briefe haben das Fremdsein zum Inhalt.

Die „SchreiberInnen" der Briefe sind MigrantInnen. Sie berichten über ihre Empfindungen und Erfahrungen in der Fremde und erzählen über ihre Sehnsüchte und Sorgen.

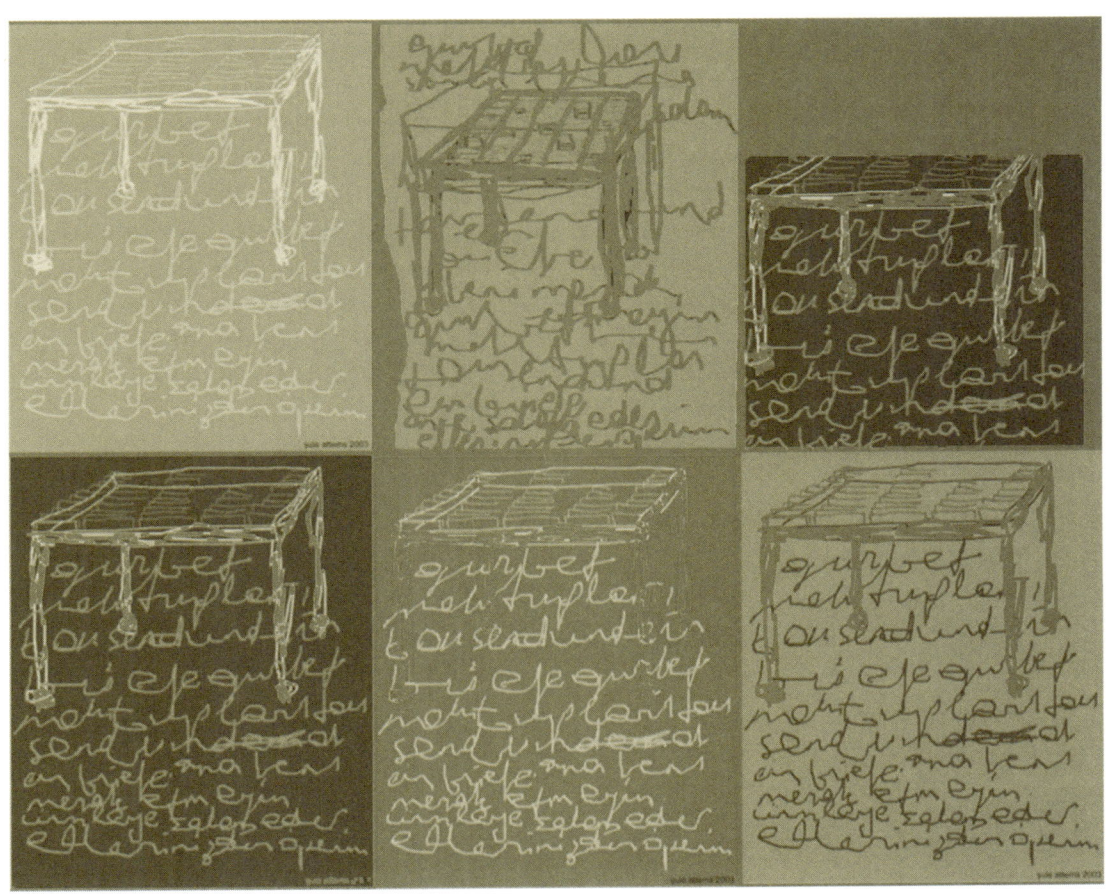

Fatih Aydoğdu

SPECH*
NOTIZEN ZU DER ARBEIT
SOUNDSCAPE

„Am historischen Anfang der Dinge findet man nicht die immer noch bewahrte Identität ihres Ursprungs, sondern die Unstimmigkeit des Anderen." [1]

Die kritische Diskursanalyse versteht gesprochenen und/oder geschriebenen „Diskurs" als eine Form sozialer Praxis. Das Verhältnis zwischen den spezifischen diskursiven Handlungen und den Situationen, Institutionen und sozialen Strukturen sieht sie als ein dialektisches an: Einerseits formt und prägt der situative, institutionelle und soziale Kontext den Diskurs, andererseits wirkt der Diskurs auf die soziale und gesellschaftliche Wirklichkeit zurück. Anders gesagt: „Der Diskurs ist sowohl sozial konstitutiv als auch sozial bestimmt." [2]

Laut Michel Foucault haben die Individuen nicht mehr mit der Wahrheit direkt zu tun, sondern mit der Kohärenz der Diskurse. Foucault thematisiert das Auseinanderfallen des Subjekts als eigenen Wunsch nach Anonymität, welche von der veränderten „objektiven" Situation gefordert wird: „[Für] die Beziehung zwischen Subjekt und Objekt gilt nicht mehr die Form Individuum-Wahrheit, vielmehr bildet das sprechende Subjekt einen Teil aller Äußerungen, die einmal gemacht worden sind. (...) Es geht nunmehr darum, seine eigene Persönlichkeit auszulöschen und seine Stimme einzureihen in das große anonyme Murmeln der sich äußernden Diskurse." [3]

Die Politik der Identität tendiert dazu, soziale Kategorien und Gruppierungen zu homogenisieren und zu naturalisieren. Der Identitätsbegriff ist innerhalb der westlichen Philosophietradition in der Metaphysik zu verorten. Identität wird als Essenz konstruiert, der ein Prozess der Abspaltung zwischen dem „Selbst" und dem „Anderen" vorangeht. Weltbilder, wie sie sich auf der Norm-Ebene zeigen, werden auf der (medialen) Diskurs-Ebene mittels verschiedener Strategien „diskursiv verfertigt", d. h. konstruiert, bewahrt, gerechtfertigt, transformiert bzw. demontiert. Speziell für die nationale Identität sind

TÜRKLER İÇİN
Pratik
A L M A N C A

İKİNCİ PLAK   33 DEVİR

Birinci Yüz

AMERİKAN NEŞRİYATI
BÜROSU

Assimilationsstrategien („Wir") und Dissimilationsstrategien („Die Anderen")
entscheidend.

Migration ist seit langem an Transformationsprozessen auf gesellschaftlicher, kultureller
und identitätslogischer Ebene beteiligt. Im Zusammenwirken mit anderen Aspekten von
Globalisierung erfordert sie ein Neudenken von politischen Kategorien, historischen
Erzählungen und kulturellen Selbstverständnissen bis hin zu Lebenswelten und Subjekt-
entwürfen. Politische Konzepte von Identität und Differenz, Eigenem und Fremdem
sowie die ihnen verpflichtete diskursive Homogenisierung von Mehrheiten und
Minderheiten sind an der Erfassung dieser Veränderungen zu scheitern verurteilt.

„Speech" – Soundscape von Fatih Aydoğdu
Part 1 – An der Grenze, im Zollamt [08:35]
Part 2 – Deutsch Sprechen [04:31]
Part 3 – Accordatura [03:14]

*   „Speech" benutzt als Ausgangsmaterial Samples aus einer Sprachkurs-Schallplatte aus
     den 70er-Jahren, mit dem (aussagekräftigen) Titel „Deutschpraktikum für Türken" (Hg.:
     Amerikan Neşriyatı Bürosu). Das entscheidende Kriterium für die Arbeit mit diesem
     Material war die (unüberhörbare) monolithische Konstruktion hinter der Fassade, welche
     eine einseitige Loyalitätsbekundung in der Praxis fordert.

1   Michel Foucault (1974): Nietzsche, die Genealogie, die Historie. In: ders.: Von der Subversion
     des Wissens. München: 86.
2   Ruth Wodak (1998): Zur diskursiven Konstruktion nationaler Identität. Frankfurt / M.: 42.
3   Michel Foucault (1971): Die Ordnung der Dinge. Eine Archäologie der Humanwissenschaften.
     Frankfurt/M.: 171.

Hubert Lobnig

SIVOMIR – MATERIALJÄGER ODER MÜLLSAMMLER?

VIDEO

„Der Müllsammler sucht nach Abfällen; der Materialjäger sucht nach Verwertbarem. Er fahndet nach bestimmten Gütern und Materialien, die sich noch verwenden lassen, und obwohl es ihm freisteht, mit den gefundenen Gegenständen zu tun, was ihm beliebt, verkauft er sie im allgemeinen an einen der Auferstehungsagenten in der Stadt (...). Ein guter Materialjäger kann daher mit seiner Arbeit einen annehmbaren Lebensunterhalt erzielen. Aber schnell muß man sein, clever muß man sein, und man muß wissen, wo man zu suchen hat." (Paul Auster: Im Land der letzten Dinge)

SELBST DEFINIERTE ARBEITSFELDER. Sivomir lebt seit 1970 in Wien. Am Anfang arbeitete er auf Baustellen, das war ihm zu mühsam und zu ruppig, so hat er sich am Beginn der 80er-Jahre seinen selbst definierten Beruf kreiert: Er sammelt, recycelt, sortiert, ordnet und verteilt Dinge, welche die Stadt freigibt, welche ausgebaut, ausgebraucht oder – fast neu – weggeworfen werden. Er nützt dabei den immer dynamischer werdenden Durchfluss von Konsumgütern. Obwohl er immer mehr findet, hat er Schwierigkeiten, davon zu leben. Die Preise im Wiederverkauf von Rohstoffen sind in den letzten Jahren sehr stark gesunken.

SAMMLER UND JÄGER. In der Früh und am Vormittag ist Sammelzeit. Große, genau abgezirkelte Strecken werden abgegangen. Orte angesteuert, genau gemustert und nach Brauchbarem abgescannt. Dabei gibt es oft Konkurrenz, er muss schauen, als Erster vor Ort zu sein.

RECYCLING. Sivomir macht wichtige Arbeit: Wiederverwertung, Müllminderung, Sortierung und Trennung, Rückführung. Er sammelt Materialien und Dinge, die er verkauft (Schrotthändler und Altwarenhändler), für die er selbst oder jemand im Freundeskreis Verwendung findet oder die er von Zeit zu Zeit mit einem Bus „nach Hause" transportiert. Irgendwie ist er spezialisiert auf Altmetalle – Kupfer, Aluminium –, auf Gegen-

stände, in denen diese Materialien vorkommen. Kabel, Pfannen, Motoren. Manchmal sind
es Koffer, Behältnisse, die er findet, die sofort wieder als Trage- oder Sammelsystem
umfunktioniert werden. Dekorative Teile seiner Sammlung wandern direkt in seine kleine
Wohnung – ein Blumenstrauß, ein Bild, eine Lampe.

URBANE KARTOGRAFIE. Für seine Materialjagd hat er sich ein Feld abgesteckt und die
Stadt allmählich nach einem eigenen System erschlossen; Altmetallcontainer, Sammel-
punkte für Altstoffe, Abbruchhäuser, Baustellen mit Baucontainern sind seine Anlauf-
punkte. Die Wege und Ziele wechseln ständig, doch es gibt Fixpunkte.

KABEL. In einer Informations- und Mediengesellschaft werden ständig Leitungen
erneuert, immer schneller alte Systeme gegen neue ausgetauscht, Kabel verlegt,
eingegraben, ausgegraben, erneuert, mit Zusätzen versehen und wieder eingegraben.
Sivomir ist Dokumentarist. Seine Wagenladungen und Arbeitshaufen im Park, seine
Drahtnetze, die er zum Schälen der Kabel von Baum zu Baum spannt, am Parkzaun
befestigt, geben Aufschluss über diese Systeme.

ÖFFENTLICHER RAUM. Ab Mittag sitzt Sivomir im Park, ordnet, sortiert, schält Plastik von
Kupferkabeln, schraubt Griffe von alten Bratpfannen, sortiert, ordnet, schichtet Dinge
aufeinander, von einem Wagen in den anderen, füttert seine Tauben. Über Nacht gibt es
spezielle Plätze für den Wagen: Er lässt ihn im kleinen Park einschließen oder sperrt ihn
hinter einen Baustellenzaun. Dabei nutzt er sehr geschickt Nischen des öffentlichen
Raumes, dehnt diesen in seinen Funktionen und weiß sehr genau Bescheid über deren
Eigenschaften und Zeiten.

DIE WAGEN. Als tägliches Maß und Hilfe dient ihm sein Handwagen, mit dem er am
Morgen loszieht. Je nach Ziel verwendet er manchmal auch Einkaufswagen, die aber mit
schweren Ladungen sehr mühsam zu transportieren sind. Auf den größeren Wagen
transportiert er oft kleinere – für alle Fälle.

ZEICHEN. Wie Banner hängen Plastiktaschen diverser Handelsketten am Wagen,
erzählen uns, worum es geht. Sie sind mit einem von Hunderten Befestigungsgummis
angebracht, die die Ziehstange des Wagens in allen Farben zieren. Manchmal liegen
einzelne Gegenstände wie gestrandete, große Fische am Wagen; ein karierter Koffer, ein
Boiler, ein noch funktionierender Kühlschrank, eine Rolle aus zentimeterdickem Erdkabel.
Die Anordnung des Arbeitsplatzes im Park gleicht manchmal einer Performancebühne. Die
Gegenstände verteilt, mehrfärbige und aus verschiedenen Zusammenhängen stammen-
de Unterlagen für die Kabelreste am Boden, Kupferkabelverspannungen, ein Strauß
Plastikblumen in einer Vase am Tisch, dazwischen der imposante Körper von Sivomir.

LAGER. Zum Aufbewahren und Sortieren hat er sich verschiedene Lager geschaffen: seine Wohnung, einen kleinen Hinterhof, die Waschküche, ein Kellerabteil, Orte im öffentlichen Raum, die er sich für kurze Zeit erschließt. Er wechselt oft die Standpunkte der Lager – bevor sich jemand beklagt, ist er schon wieder woanders.

SERBIEN. Familie und Freunde „zu Hause" werden mit Geld und vor allem mit Dingen versorgt. Dinge, die dort eine andere Bedeutung haben als hier. Vor allem in der Kriegszeit und dem darauf folgenden wirtschaftlichen Boykott war das von größter Relevanz. Die Transporte gingen in dieser Zeit häufiger, die Lager von Sivomir waren voller, die Transportbusse größer.

LOCAL HERO. Sivomir ist ein lokaler Star – alle kennen ihn, sind ihm schon mal irgendwo begegnet. Früher, als Sohn eines Kleinbauern in Serbien, hat er in Filmproduktionen als Stuntman gearbeitet, zum Beispiel in „Der Schatz im Silbersee". Schon damals war er besonders, eine eindrucksvolle Figur, stark wie ein Bär. Heute sitzt er im Park und spinnt Fäden aus Kupfer. Leute umstehen ihn oder sitzen neben ihm auf der Parkbank, Kinder zieht er magisch an, er mag sie, sie mögen ihn. Obwohl er kein Wort Deutsch spricht, ist er Mittelpunkt des Parks, der einzige tatsächliche Parkbenützer. Manchmal bringen Leute einfach Dinge vorbei, von denen sie wissen, dass er sie (wieder-)verwerten kann.

Sivomir der Sammler – Video von Hubert Lobnig,
40 min, 30 sec, 1996-2003
Die Arbeit umfasst mehrere Tausend Fotografien, Dutzende Videobänder, Bilder, Zeichnungen, Gegenstände aus Sivomirs Sammlungen, Pläne etc.

EIN VIDEOARCHIV ZUR SITUATION VON JUGENDLICHEN

dezentrale medien versteht sich als Projektgruppe und basiert auf Austausch von unterschiedlichen sozialen, ästhetischen und technischen Erfahrungen. Als KünstlerInnen sind wir an jenen Formen der Produktion interessiert, die gesellschaftspolitische Wahrnehmungen verändern können.

Von 2000 bis 2003 arbeiteten wir an partizipativen Projekten mit Jugendlichen in Wien, in denen über Aneignung von medialer Repräsentation Lebensrealitäten und Standpunkte sichtbar gemacht wurden.

In Kooperation mit der *Initiative Minderheiten* konnten bisher zwei Projekte realisiert werden. Gemeinsam mit Jugendlichen, die einen Hauptschulabschluss-Kurs absolvierten, wurde der Weg nach und das Leben in Wien thematisiert. Wohn-, Arbeits- und Ausbildungssituation bildeten den Ausgangspunkt. Unterschiedliche Standpunkte wurden angesprochen und gemeinsame Standpunkte gefunden. Das Ergebnis des ersten Projekts ist ein virtuelles Haus (*www.herein.at*), in dem elf Jugendliche ihren idealen Wohnraum gestalteten. „wien woanders" heißt das Ergebnis der zweiten Zusammenarbeit, einer DVD mit neun Kurzfilmen über verschiedene Orte in Wien.

Über die Auseinandersetzung mit partizipativen Arbeitsweisen entstanden Kontakte mit Personen und Gruppen in Wien und ein Austausch von verschiedenen Medienarbeiten. Für die Ausstellung *gastarbajteri – Medien und Migration* wurde die vorhandene Struktur der Bücherei genutzt, um dieses Videoarchiv zu erweitern und öffentlich (im Handapparat) zugänglich zu machen. Die ausgewählten Arbeiten reichen von Kooperationen mit Institutionen oder KünstlerInnen bis hin zu Beiträgen, die von Jugendlichen konzipiert und realisiert wurden. Die Rahmenbedingungen der einzelnen Projekte sind sehr verschieden. Inhaltliche Ansätze und Positionen waren für die Auswahl wichtiger als eine perfekte mediale Umsetzung.

Dieses Archiv versteht sich als eine nicht abgeschlossene Sammlung und soll erweitert und betreut werden:

BALANCE, Ruth Kaaserer, 28 min, Wien 2000

MUSA, Muzaffer Hasaltay, 10 min, Wien 2001

STRUKTURELLE GEWALT, Dani Busic / Djonja Oliveira Mendes / Anna Kowalska / Simone Bader, 25 min, Wien 2001

CULTURAREISEN / V12, *asuntos horizontales* und Jugendliche der VHS Ottakring, 12 min, Wien 2002

WIEN WOANDERS, *dezentrale medien*, 90 min, Wien 2002

WIR SEHEN UNS, *Verein echo*, 30 min, Wien 1999

PARK TV, *BackBone Mobile Jugendarbeit 20 / BackOnStage 5, 16 u. 17 / Comm-U-Lab 2.0*, 30 min, Wien 2003

KNOW YOUR RIGHTS, *BackBone Mobile Jugendarbeit 20*, 15 min, Wien 2000

PAPIERLOS?, *BackBone Mobile Jugendarbeit 20*, 11 min, Wien 2000

BE A PART, *Verein Wiener Jugendzentren*, 7 min, Wien 2003

JUGEND FÄHRT, *Verein Wiener Jugendzentren*, 7 min, Wien 2000

PLATZ DA!, *Verein Wiener Jugendzentren*, 5 min, Wien 2001

URBAN VIDEO AWARD, Zwei Beiträge in Zusammenarbeit mit *inter>face*:

- WILLKOMMEN IN WIEN, Monica Parii, 2 min, Wien 2001
- OHNE TITEL, Mario Brem und Laszlo Vancsa, 2 min, Wien 2001

MIRROR, drei Beiträge im Rahmen des EU-Projekts *Mirror*, in Zusammenarbeit mit *inter>face*:

- JUDE SENTONGO, Selbstporträt von Jude Sentongo, 5 min, Wien 2001
- SNEZANA MARIC, Selbstporträt von Snezana Maric, 4 min, Wien 2001
- HISSTORY, Selbstporträt von Almir Hamzabegovic, 4 min, Wien 2001

SUNSHINE LADY, Musikvideo für Cloud Tissa feat. Rafik, in Zusammenarbeit mit *inter>face*, 4 min, Wien 2003

MAKING OF SUNSHINE *Lady*, 5 min, Wien 2003

Außerdem entsteht im Rahmen dieses Projekts ein Kurzfilm von Simon Mullan.

Sigrid Awart

GUTE ARBEIT
EIN FILM ÜBER MIGRANTINNEN ALS ARBEITERINNEN, PENDLERINNEN, ALLEINERHALTERINNEN

Der Dokumentarfilm GUTE ARBEIT von Karin Macher erzählt die Geschichte von drei Frauen, die im Zuge der Arbeitsmigration nach Österreich gekommen sind.

Die 27-jährige MARTINA pendelt dreieinhalb Stunden von der Slowakei ins österreichische Marchfeld, um für einen Großbauernbetrieb zehn Stunden am Tag Spargel zu ernten. Martina träumt von einer Reise nach Italien, einem eigenen Häuschen und einem Job im Gastgewerbe – für den sie in Österreich aber keine Arbeitsbewilligung erhält.

JULIA aus Namibia, 30 Jahre alt, arbeitet in einem Berggasthof im Salzkammergut als Hotelgewerbeassistentin, d. h. sie ist sowohl in der Verwaltung als auch im Zimmer- und Küchenbereich tätig. Mit dem Geld, das sie verdient, unterstützt sie ihre Familie in Namibia. Julia wünscht sich eine stabile Arbeit, denn als Saisonarbeitskraft ist ihre Situation sehr unsicher.

GODANA, Mitte 40, ist von Beruf Juristin. Als sie von Bosnien nach Österreich einwanderte, fand sie jedoch nur einen Job als Reinigungskraft. Sie lebt und arbeitet in einer modernen Wohnhausanlage in der Donaucity. Ihre Tochter geniert sich, in der Schule den derzeitigen Beruf der Mutter zu nennen – Godana selbst hat jedoch an ihrer Arbeit nichts auszusetzen. Das Wichtigste für sie ist, dass sie ihren Kindern ein Studium und somit eine bessere Zukunft ermöglichen kann.

Ein wichtiges Ziel dieses Films, der in Zusammenarbeit mit *Peregrina* für die Ausstellung *gastarbajteri* realisiert wurde, ist die Erwerbsarbeitssituation von jenen Frauen sichtbar zu machen, die Böden putzen, durch die wir täglich gehen; die Produkte ernten, die wir essen; und die Betten machen, in denen wir schlafen. Weiters wird die strukturelle Benachteiligung von ArbeitsmigrantInnen durch Gesetze aufgezeigt. Diese führen beispielsweise dazu, dass Martina harte Arbeit für geringen Lohn leistet, dass Julia alle sechs Monate ausreisen muss, um eine neue Arbeitsgenehmigung zu beantragen und dass die hoch qualifizierte Godana als Hilfsarbeiterin tätig ist.

Kurze Informationen über Gesetze, Bestimmungen und Statistiken sind die einzigen Sequenzen, in denen Kommentare vorkommen; ansonsten wird auf diese verzichtet. Die Frauen sprechen für sich selbst, starke Bilder vermitteln die Stimmungen der Menschen und die Atmosphäre der Orte. Verzichtet wird auch auf die gängige Darstellung von Vorurteilen gegenüber „Fremden" – im Gegenteil, positive Beispiele zeigen auf, wie MigrantInnen unterstützt werden können, beispielsweise von ArbeitgeberInnen. Der Fokus des Films liegt aber bei den Protagonistinnen, die den ZuschauerInnen ihren Alltag und ihre Überlebensstrategien ebenso vermitteln wir ihre Befindlichkeiten und Zukunftswünsche.

GUTE ARBEIT – Ein Film von Karin Macher, in Zusammenarbeit mit *Peregrina – Bildungs-, Beratungs- und Therapiezentrum für Immigrantinnen*, 50 min, 2003

NACHSPANN

BIBLIOGRAFIE*

Appelt, Erna / Rainer Bauböck (Hg.) (1994): Österreichische Zeitschrift für Politikwissenschaft, Schwerpunktheft: Einwanderungspolitik, vol. 23, Heft 3/1994

Arbeitskreis für ökonomische und soziologische Studien (1973): Gastarbeiter: Wirtschaftliche und soziale Herausforderung. Wien

Bader, Simone / Jo Schmeisser / Gabriele Marth / Richard Ferkl (1998): Staatsarchitektur (= Vor der Information 7/8). Wien

Bauböck, Rainer (1996): „Nach Rasse und Sprache verschieden". Migrationspolitik in Österreich von der Monarchie bis heute. Institut für Höhere Studien, Reihe Politikwissenschaft, Nr. 31. Wien

Bauböck, Rainer (ed.) (1994): From Aliens to Citizens. Redefining the Status of Immigrants in Europe. Aldershot

Bauböck, Rainer / Gerhard Baumgartner / Bernhard Perchinig / Karin Pintér (Hg.) (1989): ...und raus bist du! Ethnische Minderheiten in der Politik. Wien

Bauböck, Rainer / Rainer Münz (Hg.) (1993): Migration, Schwerpunktheft: Österreich, Nr. 17, Heft 1/1993

Beirat für Wirtschafts- und Sozialfragen (1976): Möglichkeiten und Grenzen des Einsatzes ausländischer Arbeitskräfte. Wien

Berghold, Josef / Elisabeth Menasse / Klaus Ottomeyer (Hg.) (2000): Trennlinien. Imagination des Fremden und Konstruktion des Eigenen. Klagenfurt/Celovec

Bratić, Ljubomir (2002): Landschaften der Tat. Vermessung, Transformationen und Ambivalenzen des Antirassismus in Europa. St. Pölten

Bratić, Ljubomir (2001): Selbstorganisation im migrantischen Widerstand. Ein Diskussionsbeitrag, in: SWS-Rundschau, Heft 4/2001: 516-536

Bundesministerium für Soziale Verwaltung (1985): Ausländische Arbeitnehmer in Österreich; Forschungsberichte aus Sozial- und Arbeitsmarktpolitik, Nr. 9

Busch, Brigitte (1999): Der virtuelle Dorfplatz. Minderheitenmedien, Globalisierung und kulturelle Identität. Klagenfurt/Celovec

Busch, Brigitte / B. Hipfl / K. Robins (Hg.) (2001): Bewegte Identitäten. Medien in transkulturellen Kontexten. Klagenfurt/Celovec

Çağlar, Gazi / Peyman Javaher-Haghighi (Hg.) (1998): Rassismus und Diskriminierung im Betrieb. Hamburg

Çınar, Dilek (1999): „Geglückte" Integration und Staatsbürgerschaft in Österreich, in: L'HOMME. Zeitschrift für Feministische Geschichtswissenschaft, 10. Jg., Heft 1: 45-62

Çınar, Dilek (Hg.) (1998): Gleichwertige Sprachen? Muttersprachlicher Unterricht für die Kinder von Einwanderern. Innsbruck/Wien

Çınar, Dilek (1994): From aliens to citizens: a comparative analysis of rules of transition, in: Rainer Bauböck (ed.): From Aliens To Citizens: Redefining the Status of Immigrants in Europe. Aldershot

cross the border (Hg.Innen) (1999): kein mensch ist illegal. Ein Handbuch zu einer Kampagne

Davy, Ulrike / August Gächter (1993): Zuwanderungsrecht und Zuwanderungspolitik in Österreich, in: Zeitschrift für Rechtspolitik 1: 155-174 (Teil 1); 57-281 (Teil 2)

Davy, Ulrike / Dilek Çınar (2001): „Österreich", in: Ulrike Davy (Hg.): Die Integration von Einwanderern. Band 1: Rechtliche Regelungen im europäischen Vergleich. Reihe „Wohlfahrtspolitik und Sozialforschung" des Europäischen Zentrums Wien, Band 9. 1. Frankfurt/M.; New York: 567-708

Demirovic, Alex / Manuela Bojadzijev (Hg.) (2002): Konjunkturen des Rassismus. Münster

Fassmann, Heinz / Helga Matuschek / Elisabeth Menasse (Hg.) (1999): abgrenzen - ausgrenzen - aufnehmen. Empirische Befunde zu Fremdenfeindlichkeit und Integration. Klagenfurt/Celovec

Fassmann, Heinz / Irene Stacher (Hg.) (2003): Österreichischer Migrations- und Integrationsbericht. Demographische Entwicklungen, sozioökonomische Strukturen, rechtliche Rahmenbedingungen. Klagenfurt/Celovec

Fassmann, Heinz / Rainer Münz (1995): Einwanderungsland Österreich? Historische Migrationsmuster, aktuelle Trends und politische Maßnahmen. Wien

Fuchs, Bernhard (1992): Freundlich lächelnde Litfaßsäulen: Zeitungskolporteure - Typisierungen und Realität. Wien (Veröffentlichungen des Instituts für Volkskunde)

Gächter, August (2000): Ausländerpolitik seit dem 2. Weltkrieg zwischen Assimilation und Ausgrenzung, in: Flemming Talbo Stubkaer (Hg.): Österreich. Kultur und Identität zwischen Assimilation und Ausgrenzung. Odense: 107-128

Gillespie, Marie (1998): Media, minority youth and the Public Sphere, in: Zeitschrift für Erziehungswissenschaft, Vol. 1. Berlin

Görg, Andreas (2000): Bunte Vorarbeit für die Vierte Republik, in: derive, Heft 1, Wien: 28-29

Heckmann, Friedrich (1992): Ethnische Minderheiten, Volk und Nation. Soziologie inter-ethnischer Beziehungen. Stuttgart

Heiss, Gernot / Oliver Rathkolb (Hg.) (1995): Asylland wider Willen. Flüchtlinge in Österreich im europäischen Kontext seit 1914. Wien

Hummel, Roman (Hg.) (1996): Krone! Kurier!: soziale Lage und rechtliche Situation der Zeitungskolporteure. Wien

Ikiz, Filip (1983): Freizeit und Freizeitaktivitäten der jugoslawischen Gastarbeiter in Österreich. Wien, Diplomarbeit

Jawhari, Reinhold (2000): Wegen Überfremdung abgelehnt. Ausländerintegration und symbolische Politik. Wien, gedr. Diplomarbeit

John, Michael (1995): Ausländerbeschäftigung in Österreich nach 1945, in: Dokumentation 3 „Gesellschaft und Demokratie nach 1945", herausgegeben vom Bundesministerium für Wissenschaft, Forschung und Kunst, Wien

John, Michael / Albert Lichtblau (1993): Schmelztiegel Wien – einst und jetzt. Zur Geschichte und Gegenwart von Zuwanderung und Minderheiten. Wien-Köln-Weimar

Jung, Mathias (1997): Die Sprache des Migrationsdiskurses. Das Reden über „Ausländer" in Medien, Politik und Alltag. Opladen

Kessler, Irene (im Auftrag des Wiener Integrationsfonds) (1994): Nettobeiträge der ArbeitsmigrantInnen zum Wiener „Wohnbauförderungs-Topf". Wien

Krausneker, Verena (1997): „Es war daher spruchgemäß zu entscheiden". Eine linguistische Analyse von Bescheiden der Wiener Magistratsabteilung 62, in: Informationen der Gesellschaft für politische Aufklärung 53. Wien

Kroißenbrunner, Sabine (1996): Soziopolitische Netzwerke türkischer MigrantInnen in Wien. Wien

Leitner, Helga (1983): Gastarbeiter in der städtischen Gesellschaft. Segregation, Integration und Assimilation von Arbeitsmigranten. Am Beispiel jugoslawischer Gastarbeiter in Wien. Frankfurt/M. (Erstveröffentlichung als Diss. 1978)

Lichtenberger, Elisabeth (1984): Gastarbeiter. Leben in zwei Gesellschaften. Wien-Köln-Graz

Lohmeyer, Michael / Gabriele Penka (1988): Medienanalyse Effizienzkontrolle Moslem-Rastplatz Mautern. Hg. vom Kuratorium für Verkehrssicherheit. Wien

Matouschek, Bernd / Ruth Wodak / Franz Januschek (1995): Notwendige Maßnahmen gegen Fremde? Genese und Formen von rassistischen Diskursen der Differenz. Wien

Matuschek, Helga (1985): Ausländerpolitik in Österreich 1962-1985. Der Kampf um und gegen die ausländische Arbeitskraft, in: Journal für Sozialforschung, 25. Jg., 2: 159-196

Müllner, Eva (1999): Entweder-und-Oder. Vom Umgang mit Mehrfachidentitäten und kultureller Vielfalt. Klagenfurt/Celovec

Neyer, Gerda (1983): „Das höchste Gut der Frau ist ihr Schweigen", in: AUF, Nr. 38, Wien: 9-12.

Neyer, Gerda (1983): „Hier bin ich kein Mensch", Zur Arbeitssituation ausländischer Frauen in Österreich, in: AUF, Nr. 39, Wien: 8-9.

Nowotny, Ingrid (1987): Rechtsgrundlagen: die Beschäftigung von Ausländern in Österreich, in: Arbeitsmarkt, 05/1987: 57-60

Ofoedu, Charles (2001): „Nigerianische Drogenmafia" und die „Reinheit unseres Volkes", Interview mit Charles Ofoedu, geführt von Jürgen Schmidt, in: Context XXI, 1/2001

Österreichisches Institut für Berufsbildungsforschung (1989): Maßnahmen im Wohnbau für Ausländer. Wien

Österreichisches Komitee für Sozialarbeit (1971): „Gastarbeiter in Österreich", 3. Österreichische Konferenz für Sozialarbeit, 16. bis 18. November 1971, Jugend und Volk, Wien/München, Heft 10

Perchinig, Bernhard (1992): Affäre mit begrenzter Hoffnung. Zuwanderung in Wien, in: Renate Banik-Schweitzer et al.: Wien wirklich. Wien

Perchinig, Bernhard (1995): Ausländer in Wien – Die Zweite Generation. Zahlen, Daten, Fakten, in : Noraldine Bailer, Roman Horak (Hg.): Jugendkultur – Annäherungen. Wien

Perchinig, Bernhard / Karin König (1994): Wohnbürgerschaft – Ein Weg zur Integration, in: Martin Kargl, Silvio Lehmann (Hg.): Land im Lichtermeer. Stimmen gegen die Fremdenfeindlichkeit. Wien

Pernsteiner, Klaus (2000): Das nationalsozialistische Fremdenrecht in Österreich – Ein Beitrag zum Verständnis moderner Rechtsstrukturen. Linz, Dissertation

Peter, Alexander (1972): Arbeitsmarktpolitik: Die Beschäftigung ausländischer Arbeitskräfte in Österreich. Österreichisches Institut für Arbeitsmarktpolitik: Linz

Pollak, Martin / Christoph Ransmayer (1987): „Wien, Mexikoplatz", in: Hackl, Erich (Hg.): Wien, Wien allein : literarische Nahaufnahmen. Darmstadt / Neuwied

Prader, Thomas (1992): Moderne Sklaven: Asyl- und Migrationspolitik in Österreich Wien.

Schmeiser, Jo / Gabriele Marth (Hg.) (2000): Antirassistische Öffentlichkeiten, Feministische Perspektiven. (Vor der Information – Schwerpunktnummer 1999/2000) Wien

Sensenig, Eugene (1999): Reichsfremde, Staatsfremde und Drittausländer. Immigration und Einwanderungspolitik in Österreich. Salzburg

Viehböck, Eveline / Ljubomir Bratić (1994): Die Zweite Generation. Migrantenjugendliche im deutschsprachigen Raum. Innsbruck

Volf, Patrick / Rainer Bauböck (2001): Wege zur Integration : Was man gegen Diskriminierung und Fremdenfeindlichkeit tun kann. Klagenfurt / Celovec

Waldrauch, Harald (2001): Die Integration von Einwanderern. Band 2: Ein Index der rechtlichen Diskriminierung. Reihe „Wohlfahrtspolitik und Sozialforschung" des Europäischen Zentrums Wien, Band 9. 2. Frankfurt / M.; New York

Wiener Integrationsfonds (Hg.) (2002): Wir, die Zugvögel. Mi, ptice selice. Biz, Göçmen Kuşlar: Zehn Lebensgeschichten der ersten „GastarbeiterInnen" in Wien. Klagenfurt / Celovec

Wimmer, Hannes (Hg.) (1986): Ausländische Arbeitskräfte in Österreich. Frankfurt / M.; New York

Wodak, Ruth (1998): Zur diskursiven Konstruktion nationaler Identität. Frankfurt / M.

Zuser, Peter (1996): Die Konstruktion der Ausländerfrage in Österreich. Eine Analyse des öffentlichen Diskurses 1990, Reihe Politikwissenschaft 35, Institut für Höhere Studien. Wien

* In dieser Auswahl ist ein Teil der Titel enthalten, die in den Beiträgen des vorliegenden Bandes vorkommen; der Rest der Bibliografie besteht aus weiterführender Literatur zum Thema „Migration" mit Österreich-Fokus.

Arif Akkılıç, 1985-1986 Lagerarbeiter, 1987-1993 AusländerInnenbetreuer, seit 1986 Jugendbetreuer in Wien

şule attems, geb. in Istanbul, lebt und arbeitet seit 1982 in Wien; Arbeitsaufenthalte in Japan und USA; zahlreiche Projekte und Ausstellungen sowie Preise und Stipendien

Sigrid Awart, Kulturwissenschafterin, Mitarbeiterin des Migrantinnenzentrums *Peregrina*, wissenschaftliche Beratung beim Film „Gute Arbeit" (Karin Macher)

Fatih Aydoğdu, geb. in der Türkei, lebt und arbeitet seit 1981 in Wien; Studium an der Akademie in Istanbul, an der Hochschule für angewandte Kunst sowie der Akademie der bildenden Kunst in Wien; zahlreiche Ausstellungen und Projekte im In- und Ausland

Vida Bakondy, Studentin der Geschichte in Kombination mit Ethnologie, Gender Studies und Bosnisch-Kroatisch-Serbisch in Wien; Mitarbeiterin der *Initiative Minderheiten* seit 2001

Martina Böse, freie sozialwissenschaftliche Forschungstätigkeit zu Rassismus, Migration und Kulturindustrie; Publikationen zu Medien und Minderheiten, Rassismus in kulturellen Arbeitsfeldern und Unternehmen von MigrantInnen; Kuratorin der Ausstellung *gastarbajteri – Medien und Migration*

Ljubomir Bratić, Mitarbeiter vom *Büro für ungewöhnliche Maßnahmen* (BUM) im Rahmen des EQUAL-Projekts *open up – Empowerment gegen Rassismen am Arbeitsmarkt*

Robert Buchschwenter, Film- und Medienwissenschafter, Kurator der Filmreihe *gastarbajteri – MigrantInnen im Film*

dezentrale medien:
Eva Dertschei, geb. in Klagenfurt; 1999 Diplomabschluss an der Universität für angewandte Kunst in Wien; lebt und arbeitet in Wien
Petja Dimitrova, geb. in Sofia; 2003 Diplomabschluss an der Akademie der bildenden Künste Wien; lebt und arbeitet in Wien
Carlos Toledo, geb. in Guatemala-Stadt; 1996 Diplomabschluss an der Universität für angewandte Kunst in Wien; lebt und arbeitet in Wien
Borjana Ventzislavova, geb. in Sofia; studiert an der Universität für angewandte Kunst in Wien; lebt und arbeitet in Wien

Dilek Çınar, geb. in Istanbul, lebt seit 1980 in Wien; Sozial- und Politikwissenschafterin

Cemalettin Efe, 20 Jahre lang Hilfsarbeiter in verschiedenen Industriezweigen; Ausbildung als Gas-Wasser-Installateur; Absolvent der Gewerkschaftsschule und eines Lehrgangs für Sozial- und Arbeitsrecht; Mitbegründer der Arbeiterkammerliste „Demokratie für Alle"; als erster Migrant aus der Türkei gewählter AK-Rat

Mehmet Emir, geb. in Tunceli/Türkei, lebt seit 1981 in Wien; Fotograf, Musiker, Schauspieler und Jugendarbeiter

Hanna Esezobor, Studium der Ethnologie, Kultur und Sozialanthropologie, seit 2003 Mitarbeiterin der *Initiative Minderheiten*

August Gächter, Sozialwissenschafter am Institut für Höhere Studien in Wien

Hakan Gürses, Chefredakteur der Zeitschrift *STIMME von und für Minderheiten* (hg. von der *Initiative Minderheiten*); unterrichtet am Institut für Philosophie der Universität Wien

Renate Höllwart, Kunstvermittlerin, Mitglied des *trafo.K* – Büro für Vermittlung in Museen und Ausstellungen

Cornelia Kogoj, Kommunikationswissenschafterin; Publikationen zu Medien, Minderheiten und Migration; seit 1998 Generalsekretärin der *Initiative Minderheiten*; Kuratorin der beiden Ausstellungen

Alev Korun, Politikwissenschafterin und Referentin für Migrations-, Minderheiten- und Menschenrechtspolitik beim Grünen Parlamentsklub

Wolfgang Kos, Historiker und Musikjournalist; Direktor des *Wien Museum*

Anna Kowalska, Künstlerin; 2001 Mitarbeit am Recherchekonzept für *gastarbajteri*, arbeitet derzeit u. a. zur Geschichte der Zwangsarbeit in Österreich und Deutschland und zu deren Aufarbeitung

Hubert Lobnig, Studium an der Hochschule für angewandte Kunst in Wien; Gründung von TIGERPARK; Längere Arbeitsaufenthalte in Stockholm, Rom und Durham-Ontario; zahlreiche Projekte und Ausstellungen im In- und Ausland; diverse Preise und Stipendien

Karin Macher ist Regisseurin und lehrt an der Filmakademie Wien das Fach „Schulproduktion"

Sylvia Mattl, Historikerin; Kuratorin im *Wien Museum*

Dilman Muradoğlu, Studium der Publizistik und Kommunikationswissenschaft in Wien; lebt als Sprachlehrerin und literarische Übersetzerin in Istanbul

Gamze Ongan, Studium der Theaterwissenschaft; Obfrau von *Peregrina* – Bildungs-, Beratungs- und Therapiezentrum für Migrantinnen, Vorstandsmitglied der *Initiative Minderheiten*, derzeit Gesamtkoordinatorin des EQUAL-Projekts *open up* – Empowerment gegen Rassismen am Arbeitsmarkt

Peter Payer, freier Historiker und Stadtforscher in Wien

Thomas Schmidinger ist Politikwissenschafter, Redakteur der Zeitschrift Context XXI, Mitarbeiter der im Irak tätigen Hilfsorganisation *Wadi* und schreibt u. a. für Jungle World, Aufbau, Konkret, Risse …

Nora Sternfeld, Kunstvermittlerin, Mitglied des *trafo.K* – Büro für Vermittlung in Museen und Ausstellungen

Vladimir Wakounig, unterrichtet am Institut für Erziehungswissenschaft an der Universität Klagenfurt; Obmann der *Initiative Minderheiten*

Renée Winter studiert Geschichte, Gender Studies / feministische Theorien, Internationale Entwicklung und Russisch in Wien und beschäftigt sich mit audio-visuellen Medien / Erzeugnissen

GASTARBAJTERI – DAS GESAMTPROJEKT
WIEN MUSEUM, BÜCHEREIEN WIEN, FILMARCHIV AUSTRIA

Idee: Cemalettin Efe, Andrea Jantschko
Koordination: Cornelia Kogoj (Initiative Minderheiten)
Künstlerische Konzeption / Gestaltung: gangart (Simonetta Ferfoglia, Heinrich Pichler)
mit Wolfgang Ahrer, Ivan Tomov (Produktion und Technik)
Wissenschaftlicher Beirat: August Gächter, Sabine Strasser, Michael Fanizadeh,
Bernhard Perchinig
Katalog: Sascha Reichstein, Beate Schachinger (grafisches Konzept und Gestaltung),
ede (Lektorat)
Folder & Plakat: TiD (Eva Dertschei, Carlos Toledo)
Datenbank, Homepage: strg.at (Ivan Averintsev, Jürgen Schmid), Hanna Esezobor,
Karin Widhalm
Presse: Rahel Baumgartner, Karin Widhalm (Initiative Minderheiten), Michaela Adelberger
(Wien Museum), Jessica Beer (Bücherei), Karin Moser (Filmarchiv Austria)
Finanzen, Marketing: Karin Widhalm
Sekretariat: Helga Kovrigar

GASTARBAJTERI
40 JAHRE ARBEITSMIGRATION
WIEN MUSEUM KARLSPLATZ

Kuratorinnen: Cornelia Kogoj (Initiative Minderheiten), Sylvia Mattl (Wien Museum)
Recherscheleitung: Gamze Ongan
Recherchekoordination: Thomas Schmidinger
Konzeption und Recherche Initiative Minderheiten: Arif Akkılıç (*Arbeitersiedlung
Walddörfl / Wohnen, Demotreffpunkt / Selbstorganisation und Widerstand*), Vida Bakondy

(Fischfabrik C. Warhanek / Frauenarbeitsmigration), Ljubomir Bratić (Demotreffpunkt / Selbst-organisation und Widerstand), Hanna Esezobor (Bosanac - Waren aller Art am Mexikoplatz / selbstständige Erwerbstätigkeit), Dilman Muradoğlu, Gamze Ongan (Anwerbestelle Narmanlı Han / Anwerbung, Adatepe / Herkunft und Rückkehr), Thomas Schmidinger (Büro des Vereins der Zeitungskolporteure / Prekäre Arbeit, Islamischer Friedhof / Abschied von Rückkehr), Renée Winter (Fremdenpolizei / Regulierungsbestrebungen), Karin Widhalm (Fotorecherche)

Konzeption und Recherche Wien Museum: Sylvia Mattl (Lokalzeile am Naschmarkt / Migration und Gastronomie), Peter Payer (Grenzübergang Spielfeld-Straß / Gastarbeiter-route), René Leinthaler (Leihverkehr, Fotorechte)

„Orte"-Fotos: gangart

Zeitachse: August Gächter, Michaela Schaurecker, Recherche-Gruppe

Vermittlung: Büro trafo.K (Nora Sternfeld, Renate Höllwart, Elke Smodics), Arif Akkılıç, Ljubomir Bratić, Andreas Fogarasi, Jasmina Janković und das Vermittlungsteam des Wien Museums (Isabel Termini, Daniela Sommer, Christina Strahner)

ProtagonistInnen Videos: Adatepe (Nuri Çetin, Emine Yiğit, Bahar Yiğit, Hikmet Çetin, Fikret Çetin, Veli Çetin, Sebahattin Genç, Feridun Avanoğlu, Emine Sağlam, Fatma und Mehmet Karakaş, Mustafa Karakaş, Irfan Turan, Hakkı Usta), Gastarbeiterroute (Deniz Gönül, Franz Tscherner, Alattin Akgül, Erkan Nuri, Gordana Radijević), Narmanlı Han (Raşit Şahin, BewohnerInnen von Serçe Sokak), Fischfabrik (Cvijeta Bojanović, Mejra Huremović, Ana Urbajs, Sieglinde Wrann), Büro des Vereins der Zeitungskolporteure / Islamischer Friedhof (Ibrahim Ali, Abd el-Ahl, Andrea Saleh, Mona Elsabagh, Attila Dinçer, Tarek Eltayeb, Mehmet Ali Çankaya, Heinrich Vana), Mexikoplatz (Ismet Gutlić, Nadja Gutlić, Ana Janković, Helmut Lagor, Amalia Lagor, Mehmet Ali Çankaya), Fremdenpolizei (Araba Johnston-Arthur, Kemal Akın, Obiora C-Ik Ofoedu)

Video- und Fotoproduktion: gangart, Muzaffer Hasaltay (Postvideoproduction), Tina Leisch, Beatrix Bakondy (Fischfabrik), Manuel Çitak (Foto Istanbul / Adatepe), Tansel Bengüteniz (Video Istanbul / Adatepe), Walter Jaklitsch, Didi Sattmann (Foto Wien)

Intervention in Schausammlung: Peter Eppel

Für das Wien Museum: Wolfgang Kos (Direktion), Franz Novak, Hertha Schuller-Hamdi (Verwaltung), Michaela Adelberger, Peter Doujak, Oliver Frank, Alexander Pazdernik (Marketing und Pressearbeit) sowie die Werkstätten

GASTARBAJTERI
MEDIEN UND MIGRATION
HAUPTBÜCHEREI AM GÜRTEL

Produktionsleitung: Martina Böse
Künstlerische Projekte: şule attems, Fatih Aydoğdu, dezentrale medien (Eva Dertschei, Petja Dimitrova, Carlos Toledo, Borjana Ventzislavova), Mehmet Emir, Archiv Ali Gedik, Anna Kowalska, Hubert Lobnig, Karin Macher
Organisation, Veranstaltungsprogramm: Jessica Beer (Bücherei)
Projekte: Büro trafo.K, 4 youth 4 (Back Bone) und Ricarda Denzer, commulab, Ursula Hermann, Martina Böse, Petja Dimitrova, Hanna Esezobor
Für die Bücherei: Alfred Pfoser, Christian Jahl, Gunther Laher

GASTARBAJTERI
MIGRANTINNEN IM FILM
FILMARCHIV AUSTRIA / METRO KINO

Kurator Filmreihe: Robert Buchschwenter (Filmarchiv Austria)
Für das Filmarchiv Austria: Ernst Kieninger

GUTE ARBEIT
Dokumentarfilm, 45 min, 2004, im Auftrag der Initiative Minderheiten und des Migrantinnenzentrums Peregrina
Buch: Karin Macher (nach einem Konzept von Ruth Mader und Sigrid Awart)
Regie: Karin Macher
Kamera: Clemens Lechner
Ton: Jo Knaur, Dieter Draxler
Schnitt: Nina Kusturica
Protagonistinnen: Martina Kalininová, Gordana Mirković, Julietha Katambo
Produktion: Bonus Film (Robert Winkler, Paul Hofer)
Wissenschaftliche Beratung: Sigrid Awart (Peregrina), Katarina Farkasova (Alliance of Women of Slovakia)

Ehrenschutz:
- Terezija Stojsits
- Caspar Einem

Dank an:
- Abdulsamad Abbas
- Ägyptischer Club Wien
- Alexander Pollak
- Alexandra Marx
- Alfred Lampel
- Ana Martinćević
- Andrea Eckhart
- Andreas Görg
- Angela Hemelik
- Arbeitsamt Jesenice (Mojca Klement)
- Archiv Arbeiterzeitung (Christian Stadlmann)
- Archiv Wirtschaftskammer Österreich
  (Birgitt Rupp, Rita Tezzele)
- Archiv Gemeindeamt Globasnitz/Globasnica
- Archiv Hürriyet (Ufuk Ilman)
- Archiv Kleine Zeitung (Frau Kaiser)
- Austria Filmcoop
- Ayseli Frosch
- Barbara Albert
- Barbara Oberwasserlechner
- Barbara Szerb-Mantl
- Bernhard Denscher
- Bernhard Fuchs
- Bernhard Schneider
- Bertram Schütz
- BewohnerInnen aus Adatepe
- Borko Ivanokvić
- Branko Milutionović
- Caroline Grandperret
- Christian Kravagna
- Christian Müller
- Christiane Rainer
- Claudia Notfirth
- Didi Sattmann
- Erich Gruber
- Erwin Chvojka
- Eva Grabher
- Fabrikmuseum Delmenhorst
  (Hans Herrmann Precht)
- Familie Soytarıoğlu
- Fatma Bağır
- Ferdinand Wallner
- Firma Interalpin (Mustafa Maviengin)
- Flughafensozialdienst
- Franjo Schruiff

- Gabriele Kreidl-Kala,
  Gebietsbetreuung Leopoldstadt
- Gerd Valchars
- Gerda Neyer
- Gerhard Geissler
- Gerhard Hackl
- Gerhard Hänfling
- Gerhard Walter
- Goran Novaković
- Güzin Durmaszu
- Hasan Özer Keg
- Haydar Sarı
- Helene Vergeiner
- Herbert Langthaler
- Herta Wenkovitsch
- Horst Kogoy
- Ilse Wintersberger
- Infoladen X
- Jadranka Brajdić
- Jaklin Freigang
- Jana Sommeregger
- Jean-Louis Gallen
- Johann Riss
- Johannes Seitner
- Josef Holos
- Josef Kolar
- Juli Habenschuss
- Karl Fischbacher
- Katharina Echsel
- Katja Weiss
- Kemal Boztepe
- Kinoki
- Kuratorium für Verkehrssicherheit
  (Klaus Robatsch, Thomas Mößlacher)
- Lazar Bilanović
- Leopold Wimmer
- Lisl Ponger
- Ljiljana Milosavljević
- Ljiljana Radonić
- MA 45 (Herr Fellinger)
- Magistratsdirektion Stadtbaudirektion
  (Gerhard Walter, Horst Berger)
- Maria Dumpelnik
- Maria Hündler
- Maria Krebs
- Maria Vassilakou
- Marinko Čulina
- Marktgemeinde Peggau (Franz Wild)
- Meryem Çitak
- Michael Lohmeyer

- Mico Djekić
- MitarbeiterInnen der Firma Elfin
- Milutin Ilić
- Mohiy Hussein
- Monika Godai
- Nesime Karakaş
- Nesli Avcı
- Norbert Bichl
- Norbert Entres
- ÖBB-Personenverkehr (Norbert Angeler)
- Olgica Kapsarev
- Österreichische DialektautorInnen
- Österreichisches Staatsarchiv (Manfred Fink)
- Pater Mario Maggi
- Patrik Volf
- Petar Gićić
- Peter Belada
- Peter Großkopf
- Peter Grusch
- Peter Till
- Petra Hammerl
- Radisa Djokić
- Radojica Petrović
- Regina Haberfellner
- Regina Wonisch
- Reinhard Mayr
- Reinhold Jawhari
- Roman Berka
- Roman Hummel
- Samo Kobenter
- Schakfeh Anas
- Siegfried Pflegerl
- Slobodan Jovanović
- Sofie Schatz
- Sonja Sarı
- Städtische Friedhofwaltung Wien
- Stefan Schennach
- Teodor Domej
- Thomas Mößlacher
- Tom
- Ursula Hemetek
- Valter Mlinar
- Vida Obid
- Werner Friedrich
- Werner Kläy
- Werner Koroschitz
- Wolfgang Schlag
- Yaşar Sarikoç
- Zdravko Spajić
- Zuhal Holler

- Andreas Görg, Wien
- Angela Hemelik, Traun/Linz
- Allgemeines Verwaltungsarchiv, Wien
- Arbeitsamt Jesenice
- Archiv der Arbeiterzeitung, Wien
- Archiv der Wirtschaftskammer Österreichs, Wien
- Archiv der Republik, Wien
- Archiv Hürriyet, Istanbul
- ATIGF (Föderation der Arbeiter und Jugendlichen aus der Türkei in Österreich)
- Bauamt der Stadt Wien
- BDFA (Bunte Demokratie für Alle)
- Branko Milutinović, Innsbruck
- Christian Müller, Wien
- Cvijeta Bojanović, Wien
- Demokratischer Frauenbund aus der Türkei in Vorarlberg
- Deniz Gönül, Wien
- DIDF (Föderation der Vereine demokratischer Arbeiter und Arbeiterinnen)
- Die Gemeinnützige Wohnungs- und Siedlungs- Aktiengesellschaft „Schwarzatal", Ternitz
- Emine Yiğit, Adatepe
- Fabrikmuseum Delmenhorst, Hans-Hermann Precht
- Falter-Archiv, Wien
- Familie Fırat
- Familie Karakaş, Adatepe und Wien
- Familie Sahan
- Fatma Bağır, Wien
- Firma Interalpin, Mustafa Maviengin, Graz
- Fotoarchiv des ÖGB, Margarete Strakka, Wien
- Gemeinde Globasnica/Globasnitz
- Güzin Durmaszu, Wien
- Helmut Lagor, Wien
- Ibrahim Ali, Wien
- Infoladen X, Wien
- Internationale Pressebild-Agentur Votava, Wien
- Islamischer Besuchs- und Sozialdienst, Wien
- Juli Habenschuss, Traun/Linz
- Kleine Zeitung, Graz
- Kulturreferat der Gemeinde Ternitz
- Kuratorium für Verkehrssicherheit, Wien
- Kurier Archiv und Marketingabteilung, Wien
- Ljubomir Bratić, Wien.

- Magistrat der Stadt Wien, MA 41, Stadtteilvermessung
- Magistrat der Stadt Wien, MA 59 ‚Marktamt OAR Gottfried Beutl, Wien
- Magistrat der Stadt Wien, MA 64, Rechtliche Bau-, Energie-, Eisenbahn-und Luftfahrtangelegenheiten
- Marinko Čulina, Wien
- Marktgemeinde Peggau, Franz Wild
- Mejra Huremović, Traun/Linz
- Mustafa Maviengin
- Mustafa Soytarıoğlu, Adatepe und Wien
- Nuri Çetin, Adatepe
- ÖBB-Personenverkehr, Norbert Angeler, Wien
- Peter Payer, Wien
- Peter Till, Wien
- Photo Philipp, Graz
- Pressefoto- und Bildagentur Begsteiger KEG, Gleisdorf
- Privatarchiv Çankaya
- Privatarchiv Gutlić
- RA Heinrich Vana, Wien
- Radisa Djokić, Wien
- Redaktionsarchiv der Kleinen Zeitung, Graz
- Roman Hummel, Wien
- Siegfried Pflegerl, Wien
- Sieglinde Wrann, Velden
- Slobodan Jovanović, Wien
- Stadtarchiv Neunkirchen
- Ünzile Soytarıoğlu, Adatepe und Wien
- Valter Mlinar, Völs
- Verein für Geschichte der Arbeiterbewegung, Wien
- Verein Hewkom
- Verein Peregrina, Wien
- Werner Kläy, Schweiz und Globasnitz
- Yaşar Sarikoç
- Zentralarbeitsinspektorat, Wien, Bundesministerium für Arbeit und Wirtschaft, Wien
- Zradvko Spajić, Wien

ZONIERUNGSPLAN WIEN MUSEUM KARLSPLATZ
Sonderausstellungsraum und Atrium

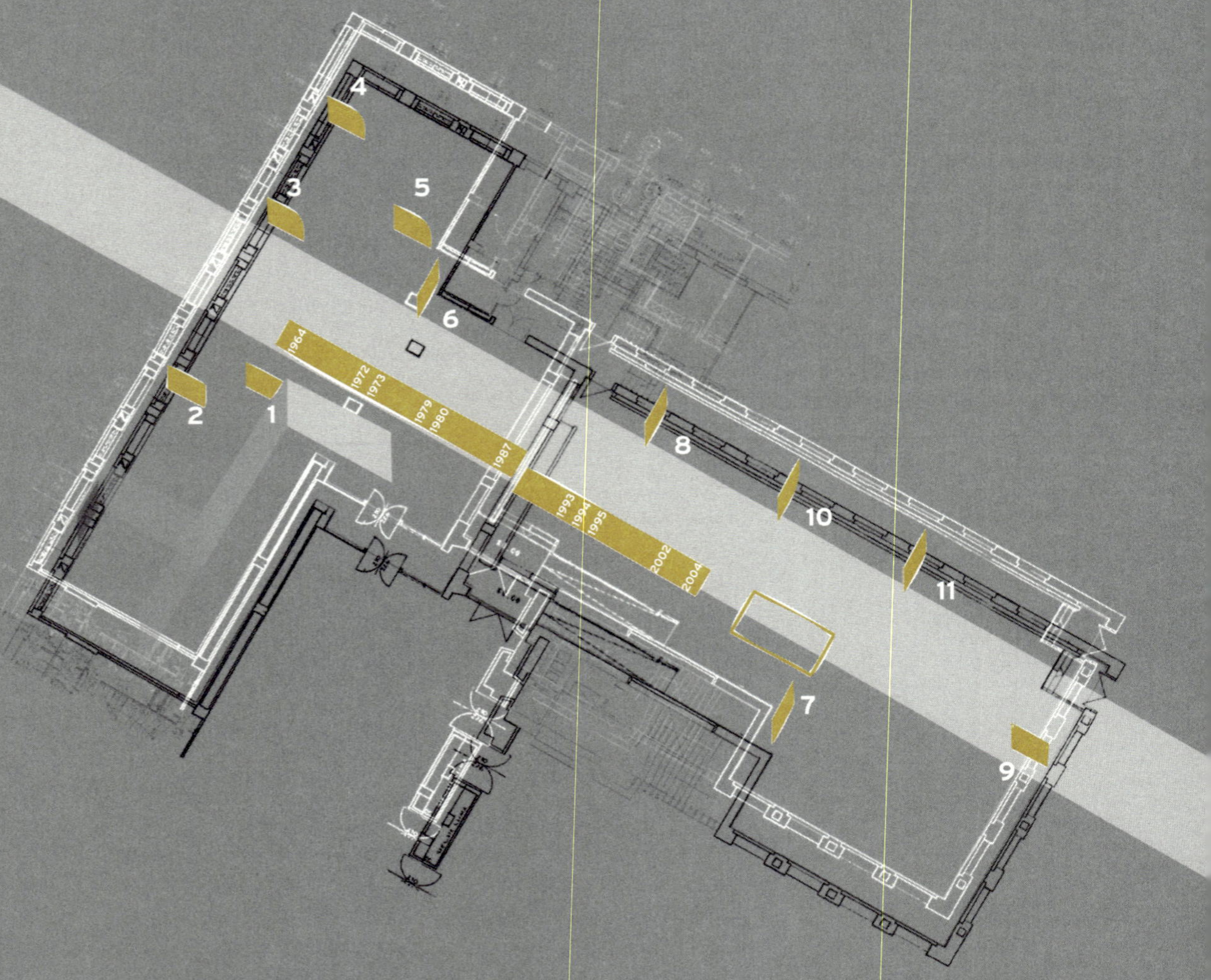

4

3   5

6

1964

1972
1973
2   1   1979
1980

1987   8

1992
1994   10
1995

2002
2004   11

7

9

1 **Anwerbestelle Narmanlı Han**, Istiklal Caddesi 390, Beyoğlu, Istanbul.
1964 Eröffnung des Büros der österreichischen Anwerbekommission
in der Türkei. Anwerbung

2 **Grenzübergang Spielfeld-Straß**, Spielfeld/Steiermark. **1972**.
Ausbau des Grenzübergangs für die mehrspurige Abfertigung.
Gastarbeiterroute

3 **Bosanac - Waren aller Art am Mexikoplatz**, Wachaustraße 21,
1020 Wien. **1973**. Gründung der Gutlic OHG. Selbstständige
Erwerbstätigkeit

4 **Arbeitersiedlung Walddörfl**, Wassergasse, Ternitz. **1979**.
Teilabbruch und Neubesiedelung mit Gastarbeiterfamilien. Wohnen

5 **Fischfabrik C. Warhanek**, Troststraße 73, 1100 Wien. **Um 1980**.
Beschäftigung ansässiger statt angeworbener Migrantinnen.
Frauenarbeitsmigration

6 **Büro des Vereins der Zeitungskolporteure**, Ägyptischer Club,
Volksgartenstraße 5/3, 1010 Wien. **1987**. Gründung des Vereins der
Zeitungskolporteure. Prekäre Arbeit

7 **Demotreffpunkt**, Herbert von Karajan-Platz, 1010 Wien. **1993**.
Demonstrationen gegen das Aufenthaltsgesetz. Selbstorganisation
und Widerstand

8 **Adatepe**, Marmararegion, Türkei. **1994**. Rückkehr der ersten
PensionistInnen. Herkunft und Rückkehr

9 **Lokalzeile am Naschmarkt**, Linke Wienzeile, 1060 Wien. **1995**.
Etablierung einer Lokalszene in der zweiten Zeile des Naschmarkts.
Migration und Gastronomie

10 **Fremdenpolizei**, Hernalser Gürtel 6-12, 1080 Wien. **2002**.
Übersiedlung des fremdenpolizeilichen Büros ins Gebäude des
Schubhaftgefängnisses. Regulierungsbestrebungen

11 **Islamischer Friedhof**, Laxenburgerstraße/Haböckgasse/
Großmarktstraße, 1230 Wien. **2004**. Errichtung des islamischen
Friedhofs. Abschied von Rückkehr

Die Ausstellung im Wien Museum ist in elf Stationen gegliedert und auf
Panelen artikuliert, die als Band auf Sichthöhe die Wände der verfügba-
ren Ausstellungsflächen umspannen. Unterbrochen sind sie durch in den
Raum geklappte Segmente, die die Startpunkte der Stationen markieren.
Deren Außenseite trägt das Foto des Ausgangsortes der Station, auf der
Innenseite sind Monitore eingelassen, auf denen einführende Videos
gezeigt werden. Abgesetzte waagrechte Elemente gleicher Bauart die-
nen nicht nur zur Präsentation von Objekten, sondern bieten den
Besucherinnen und Besuchern auch eine informelle Sitzgelegenheit.

Das Video am Beginn jeder der Stationen artikuliert in kurzer prägnan-
ter Form das Thema, das in der Recherche über den jeweiligen Ort maß-
geblich war, und stellt die Bezüge zwischen der konkreten, einzelnen
Situation und dem ursächlichen Kontext her. Ausgangspunkt sind
Interviews mit den handelnden Personen.

Eine zentral angeordnete und die beiden Ausstellungsräume durchdrin-
gende Timeline bildet das kontextualisierende Element, das die historischen Rahmenbedingungen, sei es aus einer strukturellen, sei es aus
einer persönlich-migrantischen Sicht, zusammenfasst und textlich sowie
in Abbildungen darstellt. An den entsprechenden Stellen sind kleine
Monitore positioniert, die synchron die Videos der Stationen zeigen und
diese zeitlich/geschichtlich lokalisieren.

In dieser Konzeption bleibt der Ausstellungsraum ein offener, der durch
wiedergeschaffene Sichtverbindungen (die das gesamte Gebäude von
Oswald Haerdtl umlaufenden Fensteröffnungen sind erst mit nachträg-
lichen Einbauten verschlossen worden) physisch in einen urbanen Bezug
gesetzt ist und in seinem vordergründigen Erscheinungsbild auch ein
Straßenbild wiedergibt.

Grafik und Text: gangart

WERKVERZEICHNIS*

1 ANWERBESTELLE NARMANLI HAN, ISTANBUL / ANWERBUNG

(die in diesem Kapitel angegebenen Archivalien und Dokumente stammen, soweit nicht anders angegeben, aus dem Archiv der Bundeswirtschaftskammer Österreichs)

Sitz der Anwerbekommission

Abkommen zwischen der Republik Österreich und der türkischen Republik über die Anwerbung türkischer Arbeitskräfte und deren Beschäftigung in Österreich, 15.5.1964
Wien, Archiv der Republik

Abkommen zwischen der Republik Österreich und der Sozialistischen Föderativen Republik Jugoslawien über die Regelung der Beschäftigung jugoslawischer Dienstnehmer in Österreich, 19.11.1965, Wien, Archiv der Republik

Stadtplan Istanbul, 2003
Net Turistik Yayinlari A.S.

Stadtplan Pera (Beyoglu), 2003
Matay Harita ve Yayincilik

Mietvertrag des Büros der Österreichischen Anwerbekommission in der Türkei (mit deutscher Übersetzung), 1969

Briefkopf der Österreichischen Anwerbekommission in der Türkei, 1969

Korrespondenz der Österreichischen Anwerbekommission in der Türkei mit der AG für die Anwerbung ausländischer Arbeitskräfte

bezüglich neuer Räumlichkeiten der Kommission in Serce Sokak, 1970

Serce Sokak, 1970
5 Fotos: Siegfried Pflegerl

Abwicklung der Anwerbung

Merkblatt über die Anwerbung und Beschäftigung ausländischer Arbeitskräfte, Ausgabe 1969, hrsg. v. der Bundeskammer der gewerblichen Wirtschaft

Kontingentüberziehungen Mitte September 1969, Tabelle

Aufschlüsselung der Gesamtkosten der Anwerbung und Verrechnungskonto „Anwerbepauschale", 1969

Liste der Ausschussmitglieder der AG für die Anwerbung ausländischer Arbeitskräfte 1962-1970, 1970

Zusicherungsbescheinigung des LAA Wien für Arbeitskräfte aus der Türkei, 1964

Telegramm von Baumeister Gaugusch an die Bundeskammer der gewerblichen Wirtschaft, „Abteilung Fremdarbeiter": Anforderung von türkischen Arbeitskräften, 60er-Jahre

Auftrag des allgemeinen öffentlichen Krankenhauses Horn zur Anwerbung von jugoslawischen Krankenschwestern, 1969

Arbeitsvertrag für die Beschäftigung eines türkischen Arbeitnehmers, 1964

Arbeitsvertrag für „Rückholer", 1967

Beilage zur Arbeiteranforderung, Anhaltspunkte über Verdienstmöglichkeiten und Ersparnisse, 60er-Jahre

Erledigte Aufträge der Österreichischen Kommission in der Türkei, 1990

Auftragstabelle der Firma Andritz Maschinenbau für jugoslawische Arbeitskräfte, 1972

Gesundheitsuntersuchungen an Arbeitern und Arbeiterinnen

Schulheft mit handschriftlichen Aufzeichnungen der Anwerbekommission in Istanbul über die Röntgenaufnahmen der türkischen Arbeitskräfte, 1974

Korrespondenz der Österreichischen Anwerbekommission in der Türkei mit der deutschen Verbindungsstelle bezüglich der Bezahlung der Röntgenaufnahmen

Formular der deutschen Verbindungsstelle in Istanbul mit handschriftlichen Aufzeichnungen über die Röntgenaufnahmen im Auftrag der österreichischen Anwerbekommission, 1974

Leerformular ärztliches Zeugnis, deutsch und serbokroatisch, 1967

Fachliche Eignungstests für Arbeiter und Arbeiterinnen

Facharbeiter-Prüfungsfragen, um 1977

Schneidertestbogen der österreichischen Kommission in Istanbul mit Aktenvermerk zur Durchführung, 1977

Korrespondenz der Österreichischen Kommission in Belgrad mit der Österreichischen Kommission in Istanbul bezüglich Anforderung von „Selektionsunterlagen", 1973

Korrespondenz der Österreichischen Kommission in Istanbul mit der Österreichischen Kommission in Belgrad bezüglich „Selektionsunterlagen"

Strenge Kontrollen in der Türkei: Erst nach speziellen Tests zur Arbeit nach Vorarlberg
In: Vorarlberger Nachrichten, 30.4.1974

„Transport" der Arbeiter und Arbeiterinnen

Jugendliche Glasarbeiter vor der Abfahrt in Istanbul, 1964, Foto, Istanbul, Archiv Hürriyet

Arbeiter am Sirkeci Bahnhof Istanbul, 1971
Foto, Istanbul, Archiv Hürriyet

Arbeiter vor der Abfahrt in Istanbul, 1971
Foto, Istanbul, Archiv Hürriyet

Arbeiter am Sirkeci Bahnhof in Istanbul in
einem ÖBB-Waggon, 1976
Foto, Istanbul, Archiv Hürriyet

Arbeiter nach der Ankunft in Wien, 1970er-
Jahre, Foto, Istanbul, Archiv Hürriyet

Korrespondenz der Österreichischen Kommission in Istanbul mit der AG zur Anwerbung
ausländischer Arbeitskräfte bezüglich der
Bahntransporte der Arbeitskräfte, 1985

Vertrag zwischen der Österreichischen
Kommission in der Türkei und der Busfirma
Bosfor Turizm über den Transport von
Arbeitskräften nach Österreich, 1971

Korrespondenz der Österreichischen Kommission
in Istanbul mit Bosfor Turizm bezüglich der Ziel-
orte der zu befördernden Arbeitskräfte, 1974

Korrespondenz der Busfirma Bosfor Turizm mit
der österreichischen Kommission in Istanbul bezüglich der Verpflegungskosten der beförderten
Arbeitskräfte mit beiliegender Rechnung, 1977

Bestätigung über den Erhalt der Bahnkarte
und von 100,- ATS Verpflegungsgeld, 1964

Merkblatt für die Bahnfahrt Zagreb -
Zell am See, 1967

Merkblatt für die Bahnfahrt Wien - Spittal a. d.
Drau, 60er-Jahre, türkisch-deutsch

Namensliste „6. Türkentransport vom
2.4.1964", 1964

Rechnung des Reisebüros Primus an die
Bundeskammer der gewerblichen Wirtschaft
für Beförderung der Arbeitskräfte mit
beiliegendem Lieferschein, 1964

Beziehungen mit den Entsendeländern

Aktenvermerk der Österreichischen Kommission
in der Türkei über die vorgesehene Verteilung
der Repräsentationsgeschenke, 1975

Farbbroschüre von Design Philipps: Präsente
mit Stil, 1970er-Jahre

Tabelle zur Abstimmung der Kammern und
Bundessektionen über Maßnahmen betreffend
die Anwerbung aus Jugoslawien, 1970er-Jahre

Bericht der AG für die Anwerbung ausländischer
Arbeitskräfte über den Österreich-Besuch des
türkischen Arbeitsministers, 1970

Jugoslawiens Präsident Tito zum Gastarbeiter-
problem „Nicht den Kapitalisten helfen"
In: Die Furche, Nr. 16, 14.4.1971

Bericht der AG für die Anwerbung ausländischer
Arbeitskräfte über die Verhandlungen der
österreichisch-jugoslawischen gemischten
Kommission in Zagreb, 1970

Bericht der AG für die Anwerbung ausländischer Arbeitskräfte über das Gespräch mit
dem ersten Sekretär der jugoslawischen
Botschaft Spiridon Petrovic, 1970

Aktenvermerk der AG für die Anwerbung
ausländischer Arbeitskräfte über die
jugoslawischen Pressenotizen, 1970

Bruch des Abkommens über die Beschäftigung
von Gastarbeitern, Übersetzung eines Artikels
aus der jugoslawischen Regierungszeitung
„BORBA", 1970

Probleme gemildert aber nicht gelöst; Artikel
und Übersetzung aus der Zeitung Novosti Iz
Jugoslavije, 22.10.1970

Konkurrenz mit Deutschland

Bericht von Dr. B. Weinrich, Betriebsarzt der
Vöslauer Kammgarn-Fabrik, über die Anwerbe-
untersuchungen in Banja Luka, samt sich
daraus ergebender Korrespondenz, 1969

Auftrag der Bundeskammer an die Kommis-
sionsleiter in Istanbul und Belgrad betreffend
die Erstellung von Vergleichsmaterial von
Anwerbekommissionen anderer Staaten, 1970

Vergleichsdaten der französischen und deutschen
Verbindungsstellen in der Türkei, erstellt von der
österreichischen Kommission in Istanbul, 1970

Vergleichsdaten der französischen, deutschen
und schwedischen Verbindungsstellen in
Jugoslawien, erstellt von der österreichischen
Kommission in Belgrad, 1970

Reisen der Kammerfunktionäre

Reisegruppe des Vorarlberger Landtags am
Zürcher Flughafen vor dem Abflug nach
Istanbul: Foto aus Vorarlberger Nachrichten
26.4.1974

Schreiben Siegfried Pflegerl, Leiter der
österreichischen Kommission in Istanbul,
betreffend die Personalleiter-Studienreise nach
Istanbul, 1976

Reiseprogramm der Studien- und Informations-
reise nach Istanbul für den Arbeitskreis der
Industrie-Personalleiter, 1976

Siegfried Pflegerl: Gastarbeiter: Zwischen
Integration und Abstoßung. Verlag Jugend und
Volk, Wien-München 1977, Wien, Archiv
Siegfried Pflegerl

Siegfried Pflegerl bei der Betriebsbesichtigung
der Firma Kunert in Rankweil-Brederis, 1976
Fotos, u.a. aus Vorarlberger Nachrichten
24.11.1976

Siegfried Pflegerl als Vortragender über die
„gesamtgesellschaftlichen Faktoren der Gast-
arbeiterintegration" in Vorarlberg, 1976, Foto

Quantifizierung der Agenden der Kommission
Istanbul, 80er-Jahre

Österreichische Unternehmen

Korrespondenzen verschiedener Firmen mit
der AG für die Anwerbung ausländischer
Arbeitskräfte bezüglich Übersetzungen, Zu-
sendung eines Wörterbuchs deutsch/türkisch,
Anforderung von Familienmitgliedern, 1963-65

Arbeiter und Arbeiterinnen aktiv

Leserbriefe an das Hürriyet-Büro in Wien, 1976
Foto, Istanbul, Archiv Hürriyet

Diverse Beschwerdebriefe und Korrespondenzen, 1963, 1965

2 AUSBAU DES GRENZÜBERGANGS SPIELFELD FÜR DIE MEHRSPURIGE ABFERTIGUNG / GASTARBEITERROUTE

Europakarte 1:3 000 000, um 1970, Druck: Hallwag Berne, Wien, Gamze Ongan

„Balkan-Express"

Zwei Kursbücher Österreichische Bundesbahnen (ÖBB), 1970/71, Wien, ÖBB/Kursbuchabteilung

Wiener Südbahnhof: Ankunft türkischer „Gastarbeiter", 1964; Zwei Fotos von Harald Nap, Wien, Verein für Geschichte der Arbeiterbewegung, AZ-Archiv

Wiener Südbahnhof: „Gastarbeiter" in der Halle, bei den Steinbänken im Schalterbereich, im Buffet, um 1970, Drei Fotos, Wien, Österreichischer Gewerkschaftsbund, Bildarchiv

„Wiens Südbahnhof wurde zum ‚Dorfplatz' der Gastarbeiter". In: Die Presse, 10. Juli 1971

Drei Werbeheftchen der Firma Wasteels, 1987-89
Wien, Slobodan Jovanović

Die „Straße der Völkerwanderung"

Straßenkarte Österreich, 1973; Wien, Archiv des Kuratoriums für Verkehrssicherheit

„Gastarbeiterroute" südlich von Graz, 80er-Jahre, Foto von Peter Phillipp, Graz, Kleine Zeitung, Fotoarchiv

„Gastarbeiterroute" bei Niklasdorf und „Gastarbeiter-Rast", 80er-Jahre; Zwei Fotos von A. M. Begsteiger, Graz, Kleine Zeitung, Fotoarchiv

Imbiss entlang der „Gastarbeiterroute", 1983, Foto von Harry Stuhlhofer, Graz, Kleine Zeitung, Fotoarchiv

Grenzübergang Spielfeld 1975, zwei Fotos, Graz, Steirisches Landesmuseum Joanneum, Bildarchiv

„Ein Massenmord auf den steirischen Straßen". In: Kleine Zeitung, 7. September 1976

Werbefolder zur Eröffnung des Teilabschnitts „Wald-Kalwang" der A9 Pyrhnautobahn, 1993
Wien, Archiv des Kuratoriums für Verkehrssicherheit

„Gastarbeiter" mit Chevrolet, 1965, Foto von Alfred Cermak, Wien, Institut für Zeitgeschichte, Bildarchiv

Bosfor Turizm: Lokal in Wien 4., Argentinierstraße 67, Abfahrtsstelle beim Wiener Süd-

bahnhof, Autobus am Wiener Heldenplatz, um 1987, drei Fotos; Wien, Bosfor Reisebüro, Archiv Deniz Gönül

Bosfor Turizm: Busticket, 1980er-Jahre, Wien, Bosfor Reisebüro, Archiv Deniz Gönül

Bericht zum 25-jährigen Firmenjubiläum von Bosfor Turizm (inkl. drei Abbildungen: Mitarbeiter im Wiener Büro, Haltestelle, Buschauffeure). Artikel in Türk Postasi, Juni 1988, Wien, Bosfor Reisebüro, Archiv Deniz Gönül

Varan Turizm: Werbeprospekt, um 1985, Wien, Bosfor Reisebüro, Archiv Deniz Gönül
Zeitprotokoll einer Busfahrt Istanbul-Wien, 1984, Notizheft, Wien, Gamze Ongan

Proteste und Warnungen

Peggau: Protestversammlung und Sitzstreik, 12. August 1977, Vier Fotos und ein Plakat
Peggau, Gemeindearchiv

„Der Sitzstreik in Peggau: Signal fürs ganze Land", In: Kleine Zeitung, 13. August 1977; Peggau, Gemeindearchiv

Dreisprachige Warntafeln „Lebensgefährliche Strecke. Nicht Überholen! Mach Rast!", 80er-Jahre, zwei Fotos von Klösch, Graz, Kleine Zeitung, Bildarchiv

Dreisprachige Warntafeln „Gefährliche Strecke. Licht auch am Tag", 1988, drei Fotos, Graz, Fotoagentur GEPA-pictures

„Helfen wir Kolaric!", Aus: Auto-Touring. Die österreichische Kraftfahrzeitung. Offizielles Organ des ÖAMTC. Juni/Juli 1972 (zwei Kopien)
Wien, ÖAMTC, Archiv

Rastplatz Mautern

Moslem-Rastplatz Mautern, 1988, fünf Fotos, Graz, Fotoagentur GEPA-pictures

Moslem-Rastplatz Mautern: neu errichtetes Büffet (Keravanserei), 1989, vier Fotos, Graz, Mustafa Maviengin

Transferobjekt Österreich-Türkei: Puppe „Deutsches Mädchen", um 1976, Wien, Güzin Durmaszu

Transferobjekt Türkei-Österreich: Fotoalbum mit Darstellung der Ahmed-Moschee, um 1970, Leder mit Kupferrelief, Wien, Fatma Bagir

Neue Wege

„Gastarbeiterroute wieder offen", In: Die Presse, 6.4.1996

Autofahrt von Adatepe/Türkei nach Wien, 2003, drei Fotos, Wien, Emine Yigit
Flughafen Wien-Schwechat: Wartehalle, 90er-Jahre, Foto, Wien, Mustafa Karakas

Gepäckkarte der Turkish Airlines, um 1980
Wien, Ünzile Soytariöglu

Werbematerial der „Marmara Lines":
Schiffsverbindungen in die Türkei, 2003, Wien,
Bosfor Reisebüro, Archiv Deniz Gönül

3 BOSANAC - WAREN ALLER ART AM MEXIKOPLATZ / SELBSTÄNDIGE ERWERBS-TÄTIGKEIT

„Sie kamen als Arbeitnehmer und blieben als Arbeitgeber"

„Chef Kolaric"; Aus der Zeitschrift: Die
Wirtschaft, Juni 1974, Nr. 20

Bundesgesetzblatt Gewerbeordnung 1968,
Aufgeschlagen §8 Ausländer, Wien, Bibliothek
der Bundeswirtschaftskammer

Bundesgesetzblatt Gewerbeordnung 1973
Aufgeschlagen: §14, Wien, Ferdinand Wallner,
WKÖ Wien

Auszug der Gewerberechtsnovelle 2003
Wien, Ferdinand Wallner, WKÖ Wien

Luftbilder vom 2. Wiener Gemeindebezirk,
1970, 1975, 1979, 2003, Wien, MA 41,
Stadtteilvermessung

Mexikoplatz: eine bewegte Geschichte

Brigitte Galanda, Wien, Mexikoplatz. Eine Repor-
tage, In: AZ Journal, 14.12.1974 Wien, Verein
für Geschichte der Arbeiterbewegung

Geschäfte am Mexikoplatz, 1968/1970, 3 Fotos,
Wien, Internationale Pressebild-Agentur Votava

EinkäuferInnen am Mexikoplatz, 1978, Foto,
Verein für Geschichte der Arbeiterbewegung,
AZ-Archiv

Aufschriften an einem Geschäft am Mexikoplatz,
Foto von Harald Kragora; Wien, Kurier-Archiv

Szene auf dem Mexikoplatz, 1979, Foto: Alfred
Cermak, Wien, Verein für Geschichte der
Arbeiterbewegung, AZ-Archiv

Warensortiment in einer Auslage am
Mexikoplatz, 6.3.1985; Foto: Wilhelm Schraml;
Wien, Kurier-Archiv

Szene auf dem Mexikoplatz, 1981-84
Foto: Otto Barte, Wien, Kurierarchiv

Straßenbild Mexikoplatz; Foto: Otto Bartel,
Wien, Verein für Geschichte der Arbeiterbewegung, AZ-Archiv

**Unternehmen am Mexikoplatz
„Bosanac-Waren aller Art"**

Nadja und Ismet Gutlic vor ihrem Geschäft
Bosanac, 1973, Foto, Wien, Fam. Gutlić

Vertrag zwischen Rosa Mandel und Ismet
Gutlic in deutsch und serbokroatisch, 1972
Wien, Fam. Gutlić

Gewerbeschein Gutlić Ismet, 1973
Wien, Bezirksamt für den 2. Bezirk

Beglaubigte Abschrift aus dem Handelsregister,
1975, Wien, Fam. Gutlić

Plastiksack von Bosanac, 70er-Jahre; Wien,
Fam. Gutlić

Lieferschein für Waren aus Hongkong an die
Gutlic OHG, 1972, Wien, Fam. Gutlić

Uhren-Eigenmarke Gutlić, Wien, Fam. Gutlić

Zweiter Standort der Gutlić OHG Wien 2,
Wachauerstrasse 25, 1970er-Jahre, Foto: gangart

Der Supermarkt in Spielfeld bei der Eröffnung,
1984, Fotos, Wien, Fam. Gutlić

Familie Gutlic mit Firmenlogo, 1984
Foto, Wien, Fam. Gutlić

Firmenlogo der Gutlić OHG, 1980er-Jahre,
Abziehbild, Wien, Fam. Gutlić

Warenkatalog, 1984, Wien, Fam. Gutlić

Türschild, 1980er-Jahre, Wien, Fam. Gutlić

Parkgarage und Büro der Firma Fam. Gutlić,
2003, Foto von gangart

Übersetzungsbüro Preyodi

Tafel vor dem Übersetzungsbüro, 1960er-Jahre
Wien, Helmut Lagor

Druckplatten, 1960/70er-Jahre, Wien,
Helmut Lagor

Fahrschulbücher in Serbokroatisch für
Führerschein A, C und E, 1973, 1977, Druck,
Wien, Helmut Lagor

Radio - Kassetten - Musik

Geschäftslokal von Frau Ana, 1991, Foto:
Didi Sattmann, 1991, Wien Museum

Musikladen ANA, 2003
Foto: gangart

Bäckerei Hisar/Uecler

Mexikoplatz mit Hisar Bäckerei (vormals
Körber Bäckerei), 3.7.1984, Foto: G. Sokol
Wien, Kurier-Archiv

Kupferteller und Holzteller-Werbegeschenk der
Firma Hisar, 1980er-Jahre, Wien, M. A. Cankaya

Hisar Stand am Mexikoplatz, 1991; Fotos: Didi
Sattmann, Wien Museum

Mehmet Ali Cankaya – Nachfolger von Arif Görec – vor der Bäckerei und vor dem Hisarbus, um 1991, Foto: Didi Sattmann, Wien Museum

Szenen aus der Bäckerei am Mexikoplatz, Fotos gerahmt, Wien, M. A. Cankaya

Mexikoplatz zur Zeit der Ostöffnung 1989/90

Mexikoplatz kurz nach der „Ostöffnung", 1989/90, Foto: Otto Bartel, Wien, Verein für Geschichte der Arbeiterbewegung, AZ-Archiv

Menschen aus den benachbarten Staaten verkaufen kleine mitgebrachte Waren, 1989, Foto, Wien, Kurier-Archiv

Einkaufsszenen am Mexikoplatz und den angrenzenden Straßenzügen, 1989/90, Foto: Helene Waldner, Wien, Verein für Geschichte der Arbeiterbewegung, AZ-Archiv

Stromaufwärts gelegene Seite des Mexiko-platzes, 2.10.1987, Foto: Hubert Luger, Wien, Kurier-Archiv

Busparkplatz, August 1990; Foto von Kolarik Wien, Verein für Geschichte der Arbeiterbe-wegung, AZ-Archiv

Mexikoplatz heute

Diverse Geschäftslokale am Mexikoplatz, 2003 Fotos: gangart

4 ARBEITERSIEDLUNG WALDDÖRFL, WASSERGASSE, TERNITZ / WOHNEN

Luftaufnahme des Werksgeländes Schöller-Bleckmann, 1960er-Jahre, Foto, Ternitz, Archiv des Kulturreferats der Gemeinde Ternitz

Arbeitersiedlung Walddörfl, 1960er-Jahre, vier Fotos, Ternitz, Archiv des Kulturreferats der Gemeinde Ternitz

Mietverträge von den „Gastarbeiterfamilien" der Arbeitergasse „Mexico" in Ternitz, Ternitz, Archiv der Gemeinnützigen Wohnungs- und Siedlungs-Aktiengesellschaft „Schwarzatal" in Ternitz

Familie Firat, Wassergasse und Arbeitergasse, 1980er-Jahre, Fotos, Ternitz, Fam. Firat

Familie Sahan, Wassergasse und Arbeitergasse, 1980er-Jahre, Fotos, Ternitz, Fam. Sahan

Ternitz: Altes in einer jungen Stadt; In: Schwarzataler Bezirksbote, 22.12.1961

Ternitz: Alte Wohnungen - große Sorgen, In: Schwarzataler Bezirksbote, 24.12.1976

Das sogenannte Walddörfl, Artikel in Schwarzataler Bezirksbote, 8.7.1977

Walddörfl. Bilder mit Kommentaren, Artikel in Niederösterreichische Nachrichten, 3.8.1977

Ternitz: Anfang vom Ende des Walddörfls, In: Schwarzataler Bezirksbote,19.8.1977

Es war einmal... In: Mitteilungsblatt der Stadtgemeinde Ternitz, November 1979

Ternitz: Gastarbeiter im Walddörfl, In: Nieder-österreichische Nachrichten, 28.8.1985

Ternitz: Renovierung Siedlung „Mexiko", In: Niederösterreichische Nachrichten PW Juni 1994

Ich würde mich genieren, In: Niederöster-reichische Nachrichten PW Juni 1994

Wohnpark Mexico, In: Niederösterreichische Nachrichten, 10.9.1999

Ternitz: Renovierung der Siedlung „Mexiko", In: Niederösterreichische Nachrichten, PW Juni 1994

25,91 Quadratmeter Österreich In: Der Standard, 13.11.1989

Schöner wohnen für Ausländer, In: Der Standard, 16.4.1997

Migrantengemeinderat zum Thema Wohnen In: Der Standard, 16.12.1998

5 FISCHFABRIK C. WARHANEK / FRAUENARBEITSMIGRATION

(Soweit nicht anders angegeben wurden die Archivalien und Dokumente der Dissertation von Erwin Till, Die österreichische Fischkon-servenindustrie, Wien 1979, entnommen)

Statistik zur Beschäftigungsstruktur in der öster-reichischen Fischverarbeitungsindustrie, 1979

Das Unternehmen C. Warhanek

Stammfabrik der Fa. C. Warhanek in Wien und die nach dem zweiten Weltkrieg gegründeten Filialbetriebe in Linz/St. Martin und in Villach/St. Magdalen, 1960er-Jahre, Fotos

Fischindustrielle Betriebe der Fa. C. Warhanek aus dem Gebiet Österreich-Ungarns, 1979, Foto

Standorte der österreichischen fischverar-beitenden Betriebe, 1979, Karte und Statistik

120 jährige Firmenchronik von C. Warhanek, 1979, Artikel von E. Till in Ernährung/Nutrition, 1979

C. Warhanek : Produktfotografien Traun, A. Hemelik

C. Warhanek: Zwei Produktbehältnisse und ein Deckel, Glas, Plastik, Traun, A. Hemelik

Firmenchronik von C.Warhanek in St. Martin bei Linz, 1949–1988, Fotoalbum von A. Hemelik, Traun, A. Hemelik

Arbeiterinnen vor dem ersten fahrbaren Untersatz bei C. Warhanek in Linz, 1953, Gruppenfoto von Arbeiterinnen in der Mittagspause, 1950er-Jahre, Arbeiterinnen bei der Fischverarbeitung in der „Holly Baracke", 1961, Fotos aus Fotoalbum, Traun, A. Hemelik

Die Essigfabrik, 1965, Foto aus Fotoalbum, Traun, A. Hemelik

Gruppenfoto von Arbeiterinnen vor dem Firmen-LKW, 1960er-Jahre Foto, Velden, Sieglinde Wrann

Pläne von der Betriebsanlage C. Warhanek in Wien 10., Troststrasse, 1950/60er-Jahre, Wien, ZAI

Anwerbung

Akten zur Anwerbung sowie Namenslisten von jugoslawischen Arbeitskräften für C. Warhanek St. Martin/Linz und Wien, 1965-1967, Wien, Archiv der WKÖ

Korrespondenzen zwischen C. Warhanek und der AG für die Anwerbung ausländischer Arbeitskräfte bezüglich Anwerbungen, Abrechnungen, Kostenrefundierungen, Transportabwicklung etc., 1965-1967, Wien, Archiv der WKÖ

Beschwerdebrief von vier slowenischen Arbeiterinnen an das Landesarbeitsamt Ljubljana bezüglich Arbeitsbedingungen bei C. Warhanek Wien, 15.11.1967, samt sich daraus ergebender Korrespondenz, 28.11. und 5.12.1967 Wien, Archiv der WKÖ

Arbeitsbescheinigungen für jugoslawische Arbeitnehmerinnen bei C. Warhanek Villach, 1967/68; Jesenice, Arbeitsamt Jesenice

Korrespondenz zwischen C. Warhanek und der Anwerbekommission Istanbul bezüglich der Anwerbung von 170 Arbeiterinnen, 1976, Wien, Archiv der WKÖ

Arbeit und Arbeitsbedingungen in der Fischfabrik

Akt des Arbeitsinspektorats zu C. Warhanek, Wien, 1929-1993, Wien, ZAI

Ansuchen bezüglich Feiertagsarbeit, 4.1.1962, Inspektionsbögen, 1961-1993, Mutterschutz-erhebungen, 1960-1981, Wien, ZAI

Drei Gewerbebescheide ausgestellt vom Arbeitsinspektorats für C. Warhanek , Wien, 17.8.1951, 18.1.1963, 1986, Wien, ZAI

Tabelle zum Arbeitsstundenaufwand in einem fischindustriellen Betrieb, 1979

Aufnahme vor der neuen Förderbandanlage, 1970, Fotografie, Traun, Angela Hemelik

ArbeiterInnen bei der Fischverarbeitung, 1972 Konvolut von 8 Fotografien, Traun, A. Hemelik

ArbeiterInnen in St. Martin/Linz, Konvolut von 8 Fotos, Traun, Mejra Huremović

Arbeiterinnen bei der Fischverarbeitung, 70er-Jahre, 3 Fotografien, Traun, Juli Habenschuss

ÖGB-Legitimationskarte für die Betriebsratfunk-tion in St. Martin/Linz, Traun, Juli Habenschuss

Rezeptheftchen für Marinaden, 1950/70er-Jahre sowie Produktionsanweisungen für Essiggurken Traun, Juli Habenschuss

Arbeiterinnen in der Fabrik Wien, 1980er 3 Fotografien, Wien, Cvijeta Bojanović

Cvijeta Bojanović im Wohnheim, 1974/75, Foto, Wien, Cvijeta Bojanović

Die Fischverarbeitungsindustrie heute

„K. u. K. Rollmöpse – Noch immer ein Klassiker fürs Katerfrühstück", 1/2003,In: Der Feinspitz aus Österreich, S.56-57.

Letzte Aufnahmen vom Betriebsareal nach der Schließung, 1988, Fotografien, Traun, A. Hemelik

Schreiben von C. Warhanek an das Arbeits-inspektorat bezüglich Einstellung des Groß-handelsbetriebes in Wien, 11.1.1993, Wien, ZAI

6 BÜRO DER ZEITUNGSKOLPORTEURE WIEN / PREKÄRE ARBEIT

Flugblatt des Vereins für Zeitungskolporteure Wien, Ibrahim Ali

Eingangsschild des Ägyptischen Clubs, Wien 7 Foto: Thomas Schmidinger

Selbstorganisation und Öffentlichkeitsarbeit

„Ein Herz für Sklaven"; Flugblatt vom Dezember 1980, Wien, Mohiy Hussein

Diverse Zeitungsartikel zum Thema Zeitungs-kolporteure:
Extrablatt 1/1981: Ein Herz für Sklaven von Sepp Auer
Extrablatt 1/1981: „Außtretn hab i a paar" von Fritz Hausjell
Extrablatt 12/1980: Sklaven für die Presse-freiheit von Sepp Auer
Extrablatt 2/1981: Grundsätzliche Erwägungen von Sepp Auer
Extrablatt 3/1981: Kanzlerworte von Sepp Auer
Extrablatt 3/1978: Kein Platz für fremde Männer von Peter Pilz

Diverse Flugblätter des Vereins für Zeitungs-kolporteure, 1981, Wien, Ibrahim Ali

Arbeitsbedingungen

Statistiken zur sozialen Situation und zu den Arbeitsbedingungen von Kolporteuren, Wien, Roman Hummel

Quittungen für Materialeinsatz bei der Kronen-Zeitung, Wien, Privatbesitz

Gutschrift, Verkaufs-/Retourabrechnung eines Kolporteurs der Kronen-Zeitung, Wien, Privatbesitz

Bescheid des Finanzamts über die Ablehnung
einer Zahlungserleichterung bei der Entrichtung
von Abgabenschuldigkeiten Wien, Privatbesitz

Bescheid des Finanzamts über die Bewilligung
von Zahlungserleichterungen, Wien, Privatbesitz

Extrablatt von Martin Bolkovac, Christian
Zickbauer und Tom Schmid, Artikel aus der
Zeitschrift Kompetenz 11/96

Juristisches

Paß-, Fremdenpolizei und Asylrecht, Wien,
Juridica-Verlag

Gegenschrift der Rechtsanwälte Zerner, Vana
und Kolbitsch im Verfahren gegen die Mediaprint Zeitungsvertriebs-GesmbH & Co KG Wien,
RA Heinrich Vana

Mehrsprachiges Schreiben an Kolporteure der
Mediaprint vom 9.8.1988; Wien, RA Heinrich
Vana

Antrag auf Feststellung der Versicherungspflicht
(§ 410 ASVG) bei der Wiener Gebietskrankenkasse sowie diverse sich daraus ergebende
Korrespondenzen, Wien, RA Heinrich Vana

Bescheid des Bundesministeriums für Arbeit
und Soziales vom 18. August 1992, Zl.121.487/1-
7/92, Wien, RA Heinrich Vana

Erkenntnis des Verwaltungsgerichtshofs vom
18.10.2001, VwSlg 14216 A/1995, Wien, RA
Heinrich Vana

Kontrollprotokolle der Kolportageabteilung der
Mediaprint, 1986-1987, Wien, RA Heinrich Vana

Blicke auf Kolporteure

Zeitungskolporteure bei der Arbeit und zur
Wohnsituation von Zeitungskolporteuren
Fotoserie von Didi Sattmann für das Extrablatt,
1980/81, Wien, Didi Sattmann

Unsere exotischen Helfer, In: Die Kronen-
Zeitung, 16. Oktober 1977

Kinowerbefilme für die Tageszeitung „Kurier"
von 1995 bis 1999, Wien, Kurier Marketingabteilung

Zeitungswerbungen für die Tageszeitung
„Kurier", 2003, Wien, Kurier Marketingabteilung

Literarische Verarbeitung

Ausweise von Tarek Eltayeb, Wien, Privatbesitz

Kolporteursausweis der Kronen-Zeitung, Wien,
Privatbesitz

**7 DEMOTREFFPUNKT / SELBSTORGANISATION
UND WIDERSTAND / DEMONSTRATION GEGEN
DAS AUFENTHALTSGESETZ, 1993**

Flugblatt zur Demonstration des Jugoslawischen
Verbandes gegen das Aufenthaltsgesetz in
Wien am 3.10.1993, Wien, Ljubomir Bratić

Am 01.5.1991 beteiligt sich der Jugoslawische
Verband in Wien bei der 1. Mai Parade mit der
Forderung nach dem Wahlrecht für die
MigrantInnen. Wien, Slobodan Jovanović

Jugoslawischer Dachverband

Organisationsschema der jugoslawischen
Vereine in Österreich, Wien, Ljubomir Bratić

Europaweites Adressar der jugoslawischen
Vereine und Verbände im Jahr 1981, Wien,
Ljubomir Bratić

Monographie des Verbandes der jugoslawischen
Vereine in Wien anlässlich ihres 30 jährigen
Bestehens 2001, Wien, Ljubomir Bratić
Arbeitsplan für das Jahr 1986 des jugosla-

wischen Vereins „Bratstvo" in Innsbruck, 1985,
Innsbruck, Branko Milutinović

Statut des Sport- und Kulturvereins jugoslawischer Arbeiter in Wien, 1981, Innsbruck,
Branko Milutinović

**Zusammenhalt der Selbstorganisationen
Reisen**

Fotoalbum, hergestellt anlässlich des Besuches
vom Tiroler Dachverband der jugoslawischen
Vereine in der Gemeinde Bosanska Grupa in
Jugoslawien, 1987, Innsbruck, Branko Milutinović

Arbeitersportspiele

Jugoslawische Migranten-Fußballspieler vor
der Abfahrt zum Fußballturnier nach Götzens
am 29.3.1969, Foto, Innsbruck, Branko
Milutinović

Aufmarsch der Sportmannschaften aus der
Steiermark anlässlich der 2. Arbeitersport-
spiele in Innsbruck 1981, Foto: Jovan Ritopecki,
Innsbruck, Slobodan Jovanović

Aufmarsch der Sportmannschaften aus
Kärnten anlässlich der 2. Arbeitersportspiele in
Innsbruck 1981, Foto: Jovan Ritopecki, Wien,
Slobodan Jovanović

Medien

Kolo-Zeitschrift für jugoslawische Schüler in
Wien (1990), hrsg. von der Vereinigung der
Lehrer aus Jugoslawien, Wien, Ljubomir Bratić

Zwei Infoblätter, erschienen während der
Arbeitersportspiele 1989 in Wien, Wien,
Slobodan Jovanović

„Glas" (Die Stimme), Zeitung für jugoslawische
MigrantInnen, erschienen während der 1980er-
Jahre in Wien. Wien, Ljubomir Bratić und
Slobodan Jovanović

Die Zeitschrift „Bratstvo" - Informationsblatt
vom jugoslawischen Verein Bratstvo in
Innsbruck (monatl. zw. 1984-1990)
Ausgestellt: 1. Ausgabe 1984, Nr. 14 aus 1986

und die letzte Ausgabe 1990,
Innsbruck, Branko Milutinović, Völs, Valter
Mlinar und Wien, Ljubomir Bratić

Der Sportjournalist der Jugoliga, Slobodan
Jovanović in der Sendung „Zivot u Becu"
Foto, Wien, Slobodan Jovanović

Das Programm für die 100. Sendung von „Zivot
u Becu" am 10.2.1984, Wien, Slobodan Jovanović
Veranstaltung im Radiokulturhaus anlässlich
der 100. Sendung von „Zivot u Becu" am
10.2.1984, Foto: Jovan Ritopecki; Wien,
Slobodan Jovanović

Nato-Bombardierung Jugoslawiens 1999

Zeitschrift „Diaspora" (ersch. anlässlich der
NATO-Bombardierung Jugoslawiens im
Frühling 1999) Wien, Radisa Djokić

Demonstration des Jugoslawischen Dachver-
bands in Wien gegen die NATO-Bombardierung
Jugoslawiens am Heldenplatz, 1.3.1999, 3 Fotos,
Wien, Radisa Djokić und Ljubomir Bratić

Demonstration des Jugoslawischen Dachverbands in Wien gegen die NATO-Bombardierung Jugoslawiens am Heldenplatz,
9.5.1999, Foto, Wien, Radisa Djokić

Symbol des Targets, verteilt auf allen 78 Demonstrationen des Jugoslawischen Dachverbands gegen die NATO-Bombardierung Jugoslawiens im Frühling 1999, Wien, Ljubomir Bratić

Arbeit ohne Mitbestimmung ist Sklaverei

Sitzung zur Erstellung der KandidatInnenliste
der BDFA für AK-Wahlen 2000 in den Räumlichkeiten des serbischen Vereins Nikola Tesla
Foto, Wien, Archiv BDFA

Flugblatt der BDFA während des Wahlkampfs
zu den AK-Wahlen in Wien 2000, Wien,
Ljubomir Bratić

Werbematerialien von der BDFA für den
Wahlkampf zu den AK-Wahlen in Wien 2000,
Wien, Ljubomir Bratić

Presseerklärung anlässlich der ersten Presse-
konferenz der BDFA im Wahlkampf zu den AK-
Wahlen 2000, Wien, Ljubomir Bratić

Infoblätter der BDFA „BDFA NEWS" (Nr. 1/März
2001, Nr. 4/Juni 2002), Wien, Ljubomir Bratić

Konferenz als Schauplatz der Differenz

Kurze Geschichte der Wiener Integrations-
konferenz 1999 bis 2002. AutorInnen:
RepräsentantInnen der Wiener Integrations-
konferenz, 2002, Wien, Andreas Görg

Türkische Vereine

Flugblätter, Plakate, Unterschriftenlisten, Arbeits-
programme, Broschüren, Zeitschriften, Wien,
Archiv der Föderation der Arbeiter und Jugendlichen aus der Türkei in Österreich, ATIGF.

Zeitschriften/Zeitungen Devrimci Isci und
Türkei Information, Flugblätter und Vereins-
statuten, Wien, Archiv der Vereinigung der
Studenten aus der Türkei

Fotos von Vereinsaktivitäten, Flugblätter und
Folder, Wien, Archiv DIDF

8 ADATEPE, TÜRKEI / HERKUNFT UND RÜCKKEHR

Der erste zurückgekehrte Pensionist, Nuri Çetin

Nuri Çetin, erster Pensionist in Adatepe, mit
Kindern und Enkelkindern, 2002, Foto, Wien,
Emine Yiğit

Nuri Çetins Haus in Adatepe, 2003, Foto:
Dilman Muradoğlu

Nuri Çetins Auto, 2002, Wien, Emine Yiğit

Behandlungskarte fürs Zahnambulatorium,
1981, Adatepe, Nuri Çetin

Urlaubskarte der Bauarbeiter-Urlaubskasse,
1979, Adatepe, Nuri Çetin

Mitgliedsbuch der Gewerkschaft der Bau- und
Holzarbeiter, 1980, Adatepe, Nuri Çetin

Thermosflasche aus Plastik, beige-braun, 1965
Adatepe, Nuri Çetin

Nuri Çetin mit Bruder und Freund in Wien,
1970er-Jahre, Wien, Emine Yiğit

2 türkische Reisepässe, 1970/1986
Adatepe, Nuri Çetin

Emine (Cetin) Yiğit mit Bruder in Wien, 1971
Foto, Adatepe, Emine Yiğit

Geschwister Cetin auf dem Wiener Flughafen,
2002; 3 Fotos, Adatepe, Emine Yiğit

Ortsbild Adatepe

Türkeikarte 1:1 800 000, 2003
Druck, Gürbüz Yayinlari

Ortsbild Adatepe
38 Fotos von Dilman Muradoğlu, 2003, Irfan
Turan, 1990er-Jahre, Tansel Bengüdeniz
(Videostills), 2003

Aufrechterhalten von wechselseitigen Beziehungen

Familie Karakaş

Familie Karakaş in Wien und Adatepe, 8 Fotos
Adatepe, Fam. Karakaş

Passhülle, von EGE Reisen, mit Aufschrift
„Weg in die Heimat", 1980er-Jahre,
Wien/Adatepe, Fam. Karakaş

Innenaufnahmen vom Haus in Adatepe, 2003,
9 Fotos: Dilman Muradoğlu

Familie Yigit

Emine (Cetin) Yiğit und die Familie; 12 Fotos,
Wien, Emine Yiğit

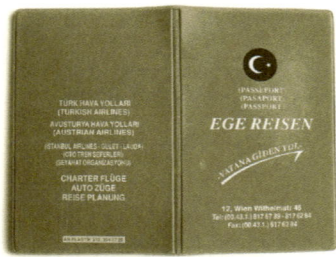

Familie Soytarioglu

Netzkarte der Wiener Verkehrsbetriebe, 1976,
Adatepe, Ünzile Soytarıoğlu

Führerschein, 1976, Adatepe, Mustafa Soytarıoğlu

2 Versicherungskarten, 1970er-Jahre
Adatepe, Mustafa Soytarıoğlu

Mitgliedsbuch der Gewerkschaft der Bau- und
Holzarbeiter, 1975, Adatepe, Ünzile Soytarıoğlu

Beschäftigungsbewilligungen von Ünzile und
Mustafa Soytarioglu, 1976–1981, Adatepe,
Familie Soytarıoğlu

Dokumentenmappe des V.A.G Service System
für einen VW Golf mit Betriebsanleitung, Netzkarte Europa, Servicekarte und Adressenver-
zeichnis, 1980, Adatepe, Mustafa Soytarıoğlu

Antrag an das Finanzamt bezüglich der
Überweisung der Kinderzulage, 1981, Adatepe,
Mustafa Soytarıoğlu

5 Devisenverkaufscheine, 1989/90; Adatepe,
Mustafa Soytarıoğlu
Bescheide, Mitteilungsblätter und diverse
Dokumente, betreffend die Zuerkennung der

Alterspension, 1999/2000; Adatepe, Mustafa
Soytarıoğlu

Geldbörse, Leder 1970, Adatepe, Mustafa
Soytarıoğlu

9 LOKALZEILE AM NASCHMARKT, WIEN MIGRATION UND GASTRONOMIE

Naschmarkt

„Der Naschmarkt als Attraktion für Touristen"
In: Die Presse, 2.5.1987, Wien, MA 59,
Marktamtsabteilung f. d. 4.-7. Bezirk

Blickpunkt Kurier, in: Kurier, 6.9.1975, Wien,
MA 59, Marktamtsabteilung f. d. 4.-7. Bezirk

„Neues Leben für alten Naschmarkt"
In: „Stadtkrone"; Wien, MA 59,
Marktamtsabteilung f. d. 4.-7. Bezirk

„Frischer Ingwer vom Bosporus"; In: Samstag,
17.6.1989; Wien, MA 59, Marktamtsabteilung f.
d. 4.-7. Bezirk

„Teufelsdreck und Bockshornklee" von
Christoph Wagner; Nachrichten vom Promena-
dendeck, Folge 65: Der Hintern des Naschmarkt,
In: Die WirtschaftsWoche Nr. 23, 1.6.1995

Werner T. Bauer, Die Wiener Märkte, Falter
Verlag 1996

Luftbildaufnahme Naschmarkt, 1961, Foto,
Wien, MA 41, Stadtteilvermessung

Luftbildaufnahme, 1963, Foto, Wien, MA 41,
Stadtteilvermessung

Luftbildaufnahme, 1985, Foto, Wien,
MA 41, Stadtteilvermessung

Luftbildaufnahme, 1985, Foto, Wien ,
MA 41, Stadtteilvermessung

Plan vom Naschmarkt mit allen Ständen und
Besitzverhältnissen, Wien, MA 59,
Marktamtsabteilung f. d. 4.-7. Bezirk

Stefan Eisenbach, Der Wiener Naschmarkt,
Projektarbeit Fachbereich Wirtschaftskunde
und Geografie, 1996/97 RG 23, Anton Krieger-
Gasse 25

Kebab

„Kebabträume"; In: Profil, 11. April 1988, Wien
Museum

Papiersackerl DÖNER KEBAB, Papier, Wien,
Peter Payer

Diverse Anzeigen, Türk postasi, Juni 1988

Wien wie es isst, 1983, 1995, 2003
Falter Verlag, Wien, Falter-Archiv

Lokalzeile am Naschmarkt

Fotoessay von Didi Sattmann, Herbst 2003
„Cross"-Color Prints, Wien Museum

10 FREMDENPOLIZEI / HERNALSER GÜRTEL / REGULIERUNGSBESTREBUNGEN

Stadtplan Wiener Zuwandererfonds, Anfang
1970er-Jahre, Privatbesitz Marinko Čulina

„Kolaric" und die Fremdenpolizei: Razzien,
Schubhaft und Bescheide, In: Arbeiter-
Zeitung / Tagblatt, 18.11.1987

Antrag auf Erteilung eines Sichtvermerkes für
jugoslawische und türkische Gastarbeiter,
Anfang 1980er-Jahre; Wien, Zradvko Spajić

Bescheinigung des fremdenpolizeilichen Büros
über gültigen A-Sichtvermerk, Unausgefülltes
Formular, Anfang 1980er-Jahre, Wien, Archiv
der WKÖ

Abwanderung und TouristInnenbeschäftigung

Pass- und Grenzkontrollgesetz 1969, BGBl.
Nr. 423, Wien, Allgemeines Verwaltungsarchiv

Bescheinigung über die Sicherstellung von
Fremdarbeitern im Rahmen der Fremdarbeiter-
Vereinbarung 1964, Wien, Archiv der WKÖ

"Krieg" um Gastarbeiter. Jugoslawien lockt
Österreicher in die Adriahotels, In: Linzer
Volksblatt, 4.5.1971

Abwanderung wird zum Kernproblem.
Arbeitnehmer-Exodus nimmt bedrohliche
Ausmaße an – Bisher kaum Gegenmaßnahmen
In: Die Presse, 3.4.1971

Industrie fürchtet Abwanderung der Gastarbeiter, In: Oberösterreichische Nachrichten,
27.4.1970

Belgrad zieht Gastarbeiter-Bremse.
Katastrophenperspektive für Österreich:
Fremdarbeiterverlust von 80 Prozent
In: Die Wirtschaft, Wien, 9.11.1970

Wenn entlassen werden muss: Als erste gehen
die Gastarbeiter! In: Express, 15.2.1967

Durchzugsland für Gastarbeiter, In: Wiener
Zeitung, 17.6.1965

2 1/2 Millionen arbeiten im Ausland. Europas
Fremdarbeiterbewegung... In: Arbeiter-Zeitung,
10.9.1964

Industrie gegen Diskriminierung der türkischen
Arbeitskräfte, Pressedienst der Industrie,
15.5.1970

Gesetzliche Regulierungsbestrebungen

Der Antikaperbrief Grundsatzvereinbarung der
Bundeswirtschaftskammer mit dem ÖGB über
ausländische Arbeitskräfte. Abwerbung soll
künftig unterbunden werden. In: Die
Wochenpresse, 29.12.1965

Antrag auf Ausstellung eines Einreise/Durch-
reise Sichtvermerks, Wien, Archiv der WKÖ

Ausländerbeschäftigungsgesetz, BGBl.
Nr. 218/1975

Kreisky: Auch in Österreich bald Gastarbeiter-
Stop, In: Kronen Zeitung, 2.12.1973

Die politischen Rechte der Einwanderer und
ihre Beteiligung am öffentlichen Leben, Madrid
(Reden/Texte von Erwin Lanc), 22. Mai 1980
Artikel in Öffentliche Sicherheit 5/1982

„Absolute Sperre" Der Mohr hat seine
Schuldigkeit getan, In: Die Wochenpresse,
22.2.1983

Runderlass an alle Vertretungsbehörden mit
Sichtvermerksbefugnis. Kennzeichnung von

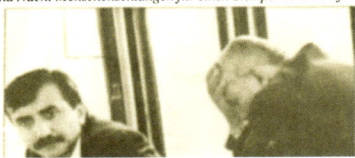

„Wir warten, hoffen, bangen und zittern"
Vor Österreichs Generalkonsulat in Istanbul stehen Tag und Nacht Menschenschlangen für einen Stempel in den Paß

Arbeits-Sichtvermerken, Bundesministerium
für auswärtige Angelegenheiten, 21.4.1983

Erlass und Modellstempel, Wien, Archiv der
WKÖ

AK: Gastarbeiter sind meistens Einwanderer,
In: Neue Vorarlberger Tageszeitung, 17.10.1986

„Ich wäre gerne Österreicher" Ein Leitfaden
für Staatsbürgerschaftswerber, Artikel in
Öffentliche Sicherheit, S 4/87

Meldezettel mit Stempel „Ausländer"
Wien, 1975, 1982, 1985, Wien, Privatbesitz

Lohnsteuerbescheinigung 1977, Wien,
Privatbesitz

Ausländer-Arbeitskarten, 1972-1976,
Beschäftigungsbewilligungen, 1977-1982
Wien, Slobodan Jovanović

Befreiungsscheine 1982-1993, 1993-1998
Wien, Slobodan Jovanović

Lebenslauf zur Beantragung der österreichischen Staatsbürgerschaft, Wien, Slobodan
Jovanović

Bescheid über die Verleihung der österreichischen Staatsbürgerschaft nach Nachweis
über „Ausscheiden aus dem jugoslawischen
Staatsverband", 1995, Wien, Slobodan
Jovanović

Bescheid über die Verleihung der
österreichischen Staatsbürgerschaft, 1997
Wien, Slobodan Jovanović

Antrag auf Ausstellung/Verlängerung eines
Reisedokumentes/Fremdenpasses/Lichtbild-
ausweises für Fremde, März 1995, Wien,
Zradvko Spajić

Antrag auf Erstausstellung/ Verlängerung/
Übertrag/Mit-eintragung der Kinder einer
Aufenthaltserlaubnis/eines Fremdenpasses/
eines Lichtbildausweises für Fremde/Nieder-
lassungsbewilligung/Konventionsreisedoku-
mentes/Lichtbildausweises für EWR-Bürger
November 1997, Wien, Zradvko Spajić

„Iscidir" belgesi olmayan gurbetcilerden
cikarken 50 dolar konut fonualinacak. Milliyet,
Büro Frankfurt, o. Jz., Wien, Archiv der WKÖ

Restriktionen Illegalisierungen
Abschiebungen

„Aufbieten sämtlicher Kräfte", Interview mit
Stefan Stortecky in Öffentliche Sicherheit
10/1995

Innovationen und Reformen, In: Öffentliche
Sicherheit 5/1995

Aufenthaltsgesetz Bundesgesetz: Regelung des
Aufenthalts von Fremden in Österreich BGBl.
Nr. 466/1992

Bundesgesetz: Erlassung des Fremdengesetzes
und Änderung des Asylgesetzes 1991 sowie des
Aufenthaltsgesetzes BGBl. Nr. 838/1992

Bundesgesetz: Fremdengesetz 1997–FrG BGBl. I
Nr. 75/1997

Bundesgesetz: Änderung des Fremdengesetzes
1997 (FrG-Novelle 2002), des Asylgesetzes
1997 (AsylG-Novelle 2002) und des Ausländer-
beschäftigungsgesetzes BGBl. I Nr. 126/2002

Aufenthaltsgesetz (AufG) 1993, hg. v. Johann
Bezdeka, Wien 1994.

Apartheid in Österreich. Am 26. Juni soll das
neue Aufenthaltsgesetz beschlossen werden,
Plattform gegen Fremdenhass, 1993, Flugblatt
Wien, Flughafensozialdienst

Informationsblatt zum Aufenthaltsgesetz, hg.
vom BMI u BM für Arbeit und Soziales, 1993
Wien, Flughafensozialdienst

Diskussion um Ausländerquote. Arbeiterkammer: "Kein Neuzuzug, Verdrängungs-
ängste", In: Salzburger Nachrichten, 10.9.1994

Stellungnahmen des Leiters der Anwerbekommission Istanbul zur Visumspflicht für türkische
StaatsbürgerInnen zur Einreise nach Österreich, 1980, 1989, 1990, Wien, Archiv der WKÖ

Antrag auf Ausstellung eines Sichtvermerkes
zur Einreise nach Österreich, Unausgefülltes
Formular, 1990, Wien, Archiv der WKÖ

Abdruck eines Einreise-Sichtvermerks-
Stempels, 1990, Wien, Archiv der WKÖ

Beschäftigung ausländischer Arbeitskräfte
In: Die Wiener Handelskammer, 29.1.1966

Mitteilung der AG für die Anwerbung auslän-
discher Arbeitskräfte an die Fa. Salzburger
Strumpfindustrie über die Abschiebung einer
Arbeiterin wegen Erkrankung, 3.1.1967
Wien, Archiv der WKÖ

"Abschiebung braucht man" Innenminister
Schlögl über den Tod eines Schubhäftlings aus
Nigeria und den Umgang mit unerwünschten
Ausländern, In: Kurier, 4.5.1999

Omofuma ist nicht erstickt
Titelblatt, Neue Kronen Zeitung, 6.11.1999

"Omofuma ist sicher erstickt". Das neueste
Gutachten im Fall Marcus Omofuma belegt,
dass der Schubhäftling starb, "weil er verklebt
wurde", In: News 28/00, S. 59

Bedingte Strafen für Omofumas Polizisten
In: Der Standard, 16.4.2002, S. 10

Rassismus tötet. Gerechtigkeit für Marcus
Omofuma. Für eine Welt ohne Rassismus
Plakat, Aufruf zur Demonstration am 5.6.1999
Wien, Thomas Schmidinger

Wo ist Omofuma; Plakat, kO, 2000
Wien, Archiv des Infoladen X

MA 62 und Überfremdungsbescheide

22 ablehnende Bescheide der MA 62, 1995-
1998; Wien, Verein Peregrina, Maria Vassilakou

"Integration" statt "Überfremdung". Der
Vollzug der Fremdengesetze wandert zu neuer
Abteilung und neuer Leiterin
In: Der Standard, 16.12.1998

Verwirrspiel um Ablösung
In: Profil, 2.6.1997, S. 21

"Überfremdungsbescheide sind gesetzeswidrig".
In: Salzburger Nachrichten, 5.5.1997

"Überfremdungsbescheide" abgestellt.
In: Der Standard, 19.2.1997

Obersenatsrat beklagt "Überfremdung".
Seltsame Argumente der Wiener Stadt-
regierung gegen Familienzusammenführung
In: Der Standard, 18.2.1997

Die umstrittene MA 62 wird umstrukturiert.
Aufenthaltsgesetz wird ausgelagert
In: Der Standard, 7.7.1998

**Bedeutungsverschiebungen
Thema „Grenze"**

Diverse Artikel in „Öffentliche Sicherheit",
1966, 1993-1998

„SCHLEPPER", Verbot der Abwerbung von
Gastarbeitern in Österreich; In: Neue Zürcher
Zeitung, 4.4.1970

Diverse Artikel zum Thema „Schlepper",
1970/72, In: Die Presse, 28. 3. 1970, 25. 3. 1972
u. in Oberösterreichische Nachrichten,
21.5.1971

„Jetzt plant Löschnak Visapflicht für Türken.
Schleppern soll dadurch endgültig das
Handwerk gelegt werden" In: Arbeiter-Zeitung,
12.12.1989

Serie: Schlepper, Schwarz-Arbeiter, Schwindler.
„Wir warten, hoffen, bangen und zittern"
In: Arbeiter-Zeitung, 30.1.1990

Anzeige wegen Schlepperei gegen den Innenminister. „Asyl in Not" reagiert auf Vorfall bei
Gmünd; In: Der Standard, 20.11.2003, 8.

Drohnen gegen Schlepper
In: Öffentliche Sicherheit 4/99

**Bedeutungsverschiebungen / Thema
„Scheinehe"**

Scheinehe als „billigste Form" der Scheidung
In: Der Standard, 19. 12. 1996

„Scheinehe" gibt es nicht
In: Öffentliche Sicherheit, 3/1984,

Weniger Scheinehen?
In: Öffentliche Sicherheit, S 11/1994

"Scheinehe"-Fragebögen der MA 62
Unausgefüllter Amtsbehelf, ausgefüllter
Fragebogen vom 5.10.1995, ablehnender
Bescheid aus 1996, Wien, Verein Peregrina,
Maria Vassilakou

„Fingerabdrücke"

Fingerabdrücke als Menschenrechtsfrage?
In: Öffentliche Sicherheit, 6/1983

Eurodac-Computer in Traiskirchen, 2003,
Fotos, Wien, Christian Müller

11 ERRICHTUNG DES ISLAMISCHEN FRIEDHOFS WIEN, 2004 / ABSCHIED UND RÜCKKEHR

Plan des neuen islamischen Friedhofs in Wien
23, Haböckgasse, Großmarktstraße, Laxenburgerstraße, Wien, Islamische Glaubensgemeinschaft

Bauschild der Stadt Wien mit Hinweis auf den
Bau des neuen islamischen Friedhofs
Wien, MA 64

Gelände des neuen islamischen Friedhofs in
Wien, Fotos: Thomas Schmidinger

Renderings vom neuen islamischen Friedhof in
Wien, Wien, MA 64

Der neue islamische Friedhof, Diverse
Zeitungsartikel, Kronenzeitung, Kurier, Presse,
Standard, Salzburger Nachrichten, 6.12.2001

Gemeinderatsdebatte zum neuen islamischen
Friedhof Wien

Zentralfriedhof

Briefwechsel zwischen ägyptischem Club und
der Wiener Bestattung, Wien, Ibrahim Ali

Entwurfszeichnungen für die ägyptische Abteilung des Zentralfriedhofs, Wien, Ibrahim Ali

Die ägyptische, die koptische, die islamische
und die alte islamische Abteilung des Zentralfriedhofs, Foto: Thomas Schmidinger

Islamische Krankenseelsorge

Muna El-Sabah und Andrea Saleh vom
Islamischen Besuchs- und Sozialdienst,
Foto: Thomas Schmidinger

Interview mit Muna El-Sabah und Andrea Saleh
vom Islamischen Besuchs- und Sozialdienst
Foto: Thomas Schmidinger

CD mit Quranrezitation

Vorarlberg/Bundesländer

Islamische Gräber auf den katholischen
Friedhöfen in Frastanz und Hohenems
Fotos: Thomas Schmidinger

Attila Dinçer: Studie für die Gemeinde
Dornbirn „Der Tod im Islam"; Attila Dinçer

Schändung islamischer Gräber in Linz In: Die
Kleine Zeitung, 6.10.2001 In: Kurier, 7.10.2001

Überführung

Überführungspapiere aus Vorarlberg
Privatbesitz

Protokoll über die am 5. 11. 1968 um 14.30h im
Bundeskammergebäude, Wien I., stattgefun-
dene Sitzung des Ausschusses der AG für die
Anwerbung ausländischer Arbeitskräfte, Wien,
Archiv der WKÖ

Telegramme und handschriftliche Notiz über
die Überführung eines jugoslawischen
„Gastarbeiters" 1966, Wien, Archiv der WKÖ

Fotos:
S. 194: Istanbul, Archiv Hürriyet; S. 196: Wien,
Archiv Deniz Gönül; S. 197: Didi Sattmann,
Wien Museum; S. 198: Ternitz, Archiv des
Kulturreferates; S. 199: Traun, Angela Hemelik;
S. 200: Didi Sattmann, Wien Museum; S. 201:
Wien, Ljuobomir Bratić; S. 202: Wien/Adatepe:
Familie Karakas; S. 202: Didi Sattmann, Wien
Museum, S. 203: AZ 30.1.1990, S. 205: Wien,
MA 64

Abkürzungen:
Archiv der WKÖ = Archiv der Wirtschafts-
kammer Österreich, Wien
ZAI = Zentralarbeitsinspektorat, Bundes-
ministerium für Wirtschaft und Arbeit
BDFA = Bunte Demokratie für Alle
DIDF = Föderation der Vereine demokra-
tischer Arbeiter und Arbeiterinnen

* Das Werkverzeichnis zur Ausstellung
"gastarbajteri - 40 Jahre Arbeitsmigration"
im Wien Museum Karlsplatz wurde von
Sylvia Mattl redigiert.

Ein Projekt von:

WIEN MUSEUM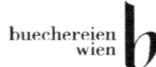

Gefördert durch:

aus Mitteln des
Europäischen Fonds
für Regionale
Entwicklung (EFRE)

  bm:bwk  StaDt♥Wien

OGB    Presseinformatonsdienst
der Stadt Wien

In Kooperation mit:

 DER STANDARD

  science communications
www.science.co.at museum in progress **BUM**